国家社科基金
后期资助项目

中国博物馆管理体制的嬗变与演进研究

The Research on the Transformation and Evolution of the Management System of Chinese Museums

何璇 著

长江出版传媒 湖北人民出版社

图书在版编目（CIP）数据

中国博物馆管理体制的嬗变与演进研究 / 何璇著.武汉：湖北人民出版社，2024.9. -- ISBN 978-7-216-10890-4

Ⅰ.G269.2

中国国家版本馆CIP数据核字第2024UQ2851号

责任编辑：张倩玉　许智元
封面设计：董　昀
责任校对：范承勇
责任印制：蔡　琦

中国博物馆管理体制的嬗变与演进研究
ZHONGGUO BOWUGUAN GUANLI TIZHI DE SHANBIAN YU YANJIN YANJIU

出版发行：湖北人民出版社	地址：武汉市雄楚大道268号
印刷：武汉市籍缘印刷厂	邮编：430070
开本：787毫米×1092毫米 1/16	印张：17.25
字数：299千字	插页：3
版次：2024年9月第1版	印次：2024年9月第1次印刷
书号：ISBN 978-7-216-10890-4	定价：76.00元

本社网址：http://www.hbpp.com.cn
本社旗舰店：http://hbrmcbs.tmall.com
读者服务部电话：027-87679656
投诉举报电话：027-87679757
（图书如出现印装质量问题，由本社负责调换）

国家社科基金后期资助项目
出版说明

　　后期资助项目是国家社科基金设立的一类重要项目，旨在鼓励广大社科研究者潜心治学，支持基础研究多出优秀成果。它是经过严格评审，从接近完成的科研成果中遴选立项的。为扩大后期资助项目的影响，更好地推动学术发展，促进成果转化，全国哲学社会科学工作办公室按照"统一设计、统一标识、统一版式、形成系列"的总体要求，组织出版国家社科基金后期资助项目成果。

全国哲学社会科学工作办公室

内容摘要

现代博物馆的兴建自15世纪在西方开启,至19世纪传入中国,对我国近代公共文化领域的形成、文化教育模式的创新、文化管理体制的构建起到重要的推动作用。本书运用公共文化领域、公共空间、制度变迁、文化治理等相关理论,分析对比国外博物馆管理模式与运营机制,梳理我国近代博物馆管理体制的构建历程,探究新中国成立后我国博物馆管理体制及其后在文化体制改革中博物馆领域的制度变迁,并探析博物馆管理体制改革下博物馆运营机制的发展。即以历史发展脉络为纵轴,以各国博物馆管理制度比较为横轴,系统论述我国博物馆管理体制的嬗变与演进。

我国近代意义上的博物馆诞生于鸦片战争后,在社会转型、西学东渐的大背景下,我国开启了博物馆的建设与发展之路。国家将博物馆作为学校教育的补充以求民智开启;将博物馆及文物展览作为对外文化交流的窗口,以期让世界各国认识到中华文化的源远流长。市民将博物馆作为学习、休闲、鉴赏的公共文化空间,进而对中国传统文化、民族精神、国家形象形成认知和认同。在政府与市民的相互作用下,博物馆成为近代公共文化领域的组成部分,以启迪民智、促进民族觉醒为己任,承担起推动社会转型的责任,起到了发展文化教育、促进文化认同、增强民族凝聚力的社会功能。

本书以公共文化领域、公共空间等相关理论研究近代博物馆事业的开创与发展,透过制度层面的研究深入认识博物馆在近代国家认同建构及国家转型过程中所发挥的作用。近代中国博物馆的建设、管理与运营基本沿袭西方博物馆制度,诸如文物保管陈列制度、理事会制度、基金制度、捐赠制度等,在管理制度方面构建了我国博物馆事业发展的框架。博物馆管理与运营也逐步从临时性走向制度性,从分散性走向系统性。近代博物馆事业的建立与发展,对新中国成立后中国博物馆管理模式的构建产生了深远的影响。

新中国成立后,受苏联模式的影响,我国各类博物馆被纳入国家文化事业体系,党和国家对博物馆的创办、运营、人员、经费等进行直接、集中的管理,逐步建立起社会主义公有化博物馆体系。随着社会经济改革的推进、人民精神文化需求的增长、文化体制改革的深入,我国博物馆事业开启了管理体制的改革和变迁。博物馆体制改革虽然未涉及所有权变动,但本质上是一个制度变迁的过程。博物馆领域的改革从经营制度、人事制度、薪酬制度等边缘性制度开始,逐步过渡到法人制度、理事会制度等核心性制度改革。随着博物馆被划入公共文化服务体系,我国博物馆领域的产权问题基本得到解决,但博物馆管理体制中的文物登记制度、博物馆法人制度、博物馆内部激励机制等方面的建设仍是博物馆体制改革的难点。本书将运用文化治理、制度变迁等理论探析我国博物馆管理体制的发展与演进,并对未来深化博物馆体制改革提出可行性建议和意见。

综上所述,本书旨在梳理近代、新中国成立之初、改革开放后三个阶段我国博物馆管理体制的构建、嬗变与演进,以期全面勾勒我国博物馆体制的发展脉络,并探析未来的改革方向。

目　录

第一章　绪论 ……………………………………………………………1
　第一节　博物馆的起源与发展 ………………………………………4
　第二节　研究综述 …………………………………………………12
　第三节　研究方法及框架 …………………………………………35

第二章　国外博物馆管理模式和运营机制 …………………………38
　第一节　英国博物馆的管理模式和运营机制 ……………………39
　第二节　法国博物馆的管理模式和运营机制 ……………………48
　第三节　欧盟博物馆的管理模式和运营机制 ……………………56
　第四节　日本博物馆的管理模式和运营机制 ……………………61
　第五节　美国博物馆的管理模式和运营机制 ……………………70
　第六节　国外博物馆管理模式和运营机制的总结与借鉴 ………79

第三章　中国近代博物馆的创建和发展 ……………………………83
　第一节　晚清时期博物馆事业的开启 ……………………………84
　第二节　北洋政府时期博物馆事业的发展与演进 ………………88
　第三节　南京国民政府时期博物馆管理体制的构建 ……………104

第四章　中国当代博物馆管理体制的构建与变迁 …………………139
　第一节　1949—1978年公有化博物馆体制的构建 ………………140
　第二节　1979—1983年博物馆体制改革的开启 …………………160
　第三节　1984—2002年博物馆体制改革的探索 …………………169
　第四节　2003—2012年博物馆体制改革的推进 …………………186
　第五节　2013年至今博物馆体制改革的深化 ……………………212

第五章　中国博物馆体制的历史沿革与结构变迁……233

　　第一节　近代博物馆的兴起与公共文化领域的形成……233

　　第二节　新中国博物馆体制的渊源与制度变迁……238

　　第三节　博物馆制度变迁的未来方向……245

结　语……250

参考文献……252

第一章 绪论

2016年11月10日,中国国家主席习近平向国际博物馆高级别论坛致贺信时指出,博物馆是保护和传承人类文明的重要殿堂,是连接过去、现在、未来的桥梁,在促进世界文明交流互鉴方面具有特殊作用。博物馆事业在我国的发展虽仅有百余年历史,但已在保护文化多样性、促进人类文明进步方面有丰厚成果。

文物保护与博物馆建设在西方历经数百年演进,西方最早的"博物馆"是"缪斯之庙"(Temple of the Muses),但这不是现代意义上对公众开放的博物馆。最早具有现代意义的博物馆是阿什莫林博物馆(Ashmolean Museum)。万斯年在《欧美博物馆史略》中提到:"对古物的收集并不是古已有之,直到罗马帝制下,已经浸润了文明的时候,希腊雕像、铜器、瓶及诸如此类的东西的搜集,也尚未达到博物馆的形成。这些东西,仅只是用来装饰富翁王子别墅,或公共建筑物如浴室,运动场的艺术品而已。"[①]后来文艺复兴到来,西欧重燃对于希腊罗马艺术文学的兴趣,于是人们第一次为自己的利益及满足自己嗜好而搜集物品,而不是为教导和满足他人而收集。18世纪及19世纪初个人珍藏逐渐并入公共博物馆,古物便找到了永生的住所。[②]当时参观博物馆的大众一部分是为了学习自然、艺术、科学知识,另一部分是为了满足好奇心。19世纪教育的普及与考古研究、自然科学、机械科学的发展,促进了考古和博物馆事业的发展。

考古及博物馆事业在西方发展后,西方学者对于博物馆的社会功能进行了探讨。艾琳·胡珀—格林希尔认为,公共博物馆是一种承担了新功能的新机构,是"艺术精华的殿堂,民主教育的利器"[③]。福柯从政治理性角度,认为公共博物馆应遵循公共权利原则和充分表征原则,即博物馆对所有人平

[①②] 万斯年:《欧美博物馆史略》,《国闻周报》1936年第13卷第29期。

[③] Hooper-Greenhill Eilena. "The Museum in the Disciplinary Society." *Museum Studies in Material Culture*, 1989.

等开放,同时博物馆要满足不同公众的文化价值需求。①公众在一定的行为规范束缚下自愿地控制自身行为,实现公民的自由和自治。葛兰西在《狱中札记》中提出博物馆的出现是政府和民众之间形成的一系列新关系的组成部分。他认为政府在这个关系中是教育者的角色,博物馆成为政府的工具,但另一方面博物馆也体现了新的文明类型和文明水平,同时博物馆的创办也是现代资产阶级国家的显著标志。②巴里·斯马特更赞同福柯的观点,即社会公众需要通过规范行为的方式实现社会凝聚和认同,而非葛兰西提出的"文化霸权"(文化领导权)模式,他认为博物馆是形成社会规范和文化认同的空间。威廉·斯坦利·杰文斯则用政治经济学中的"效用增值理论"解读博物馆的社会功能,认为博物馆应发挥大众教育机构的作用,并表明博物馆的成立实现了藏品由私有化向公有化转变后的价值,即实现了文化资源的公有化。③

西方学者认为博物馆是"文化联合体"的一部分,是实现资产阶级国家文化治理的组成部分。晚清以来,在与西方的文化交流中,我国政府及学界也开始注重文物保护与博物馆建设。1913年《内务部公布古物陈列所章程、保存古物协进会章程令》中提到:"我国地大物博,文化最先,经传图志之所载,山泽陵谷之所蕴,天府旧家之所宝,名流墨客之所藏,珍赏并陈,何可胜纪。近世学者虽亦为保持古物不逮,寖至废辍,此学者之忧而国家之责也。本部有鉴于兹,爰乃默察国民崇古之心理,搜集累世尊秘之宝藏,于都市之中辟古物陈列所一区以为博物院之先导。"④在学界方面,张謇于1905年分别向清政府学部和大臣张之洞上书《上学部请设博览馆议》和《上南皮相国请京师建设帝国博览馆议》,建议先在京师设立帝室博览馆。至此,我国开启了国家与地方博物馆的建设之路。在博物馆事业的发展历程中,政府、博物馆机构、社会三者相互作用、相互推动,共同构建了博物馆的管理体制。

近代以来我国博物馆管理体制的构建及其变迁也是本书的研究内容。博物馆事业隶属于文化事业,博物馆管理体制涵盖于文化体制之中。武汉

---

① 〔英〕托尼·本尼特:《文化、治理与社会》,王杰、强东红译,中国出版集团东方出版中心2016年版,第281页。

② Antonio Gramsci. *Selections from the Prison Notebooks*. London: Awrenceand Wishar, 1971, p.247.

③ 〔英〕托尼·本尼特:《文化、治理与社会》,王杰、强东红译,中国出版集团东方出版中心2016年版,第297页。

④ 《内务部公布古物陈列所章程、保存古物协进会章程令》(1913年12月24日),载中国第二历史档案馆编:《中华民国史档案资料汇编·文化》,江苏古籍出版社1994年版,第268页。

大学傅才武教授提出："文化体制是文化机构内外部活动所遵循的规则,是政府、组织在文化活动中自发产生或规定设置的行为规范,具有结构性、规范性和系统性。不同的制度通过不同的连接方式可产生不同的体制,如美式文化体制、英式文化体制、苏式文化体制。"①文化体制与文化制度不同,文化制度指文化活动中遵循的具体规则或条例,文化体制则指文化活动中政府与文化组织、文化组织之间、文化组织与市民儿者之间的相互关系。

博物馆管理体制是在文化体制的总体框架下形成的,具体表现在博物馆机构与政府的关系、博物馆机构的社会功能、博物馆机构与市民社会的关系。纵观我国博物馆管理体制演进的历程,可将不同阶段的博物馆体制与西方国家相应的博物馆管理模式进行比对。清末至民国时期,我国博物馆体制与英国、美国、日本等国较为接近,政府对博物馆进行宏观管理,予以资金支持,博物馆享有一定的自主权,运营资金来源多样,内部设立理事会对博物馆内部业务进行决策、审议与执行。但此时我国博物馆的自主权远不及英、美、日等国,尤其是南京国民政府时期博物馆事业处于国家"文化统制"模式之下,博物馆运营自主权有限,理事会制度在这一时期开始探索但尚不成熟。中华人民共和国成立后,我国博物馆体制参考苏联模式,对博物馆事业的业务运营、人员配备、资金拨付等方面进行高度集中式管理。伴随文化体制改革的深入,我国博物馆事业被纳入公共文化服务体系,此后我国博物馆事业体制与法国最为接近,都是在原有的行政导向管理模式下逐步简政放权,加强对博物馆公共管理与公共服务职能的建设,赋予博物馆充分的自主权,并再次进行博物馆法人制度的探索。

结合我国博物馆事业的发展情况,可将我国的博物馆管理体制具体划分为几个阶段。晚清时期,我国近代意义上的博物馆开始建立,文物保护事业开始萌芽;北洋政府时期,承袭了清末博物馆管理体制并加以创新,博物馆事业逐步被纳入国家社会教育体系与法制体系之中;南京国民政府时期,国家对博物馆事业的管理更趋制度性、科学性、专业性,近代博物馆事业管理体制基本建立;1949—1977年,博物馆事业被纳入国家文化事业体系内,行政部门对文博单位的人事、财务、运营等方面实行集中统一领导;1978—1983年,行政部门对博物馆事业由微观管理过渡到宏观管理,积极响应国家"分级管理、分灶吃饭"的财政体制改革;1984—2002年,国家从"办博物馆"转变为"管博物馆",推行聘任制、奖惩制的人事制度和"以文补文"的财务制

---

① 傅才武:《近代中国国家文化体制的起源、演进与定型》,中国社会科学出版社2016年版,第4页。

度;2003—2012年,博物馆事业被纳入公共文化服务体系内,国家加强公共管理与公共服务,各地博物馆全面落实"竞聘制"和免费开放制下"收支两条线"原则;2013年至今,博物馆事业发展更趋多元化,理事会制度、政府购买公共文化服务等吸引社会力量参与管理运营的改革方式得到有力践行。

我国博物馆事业的发展与国际博物馆领域的发展变迁密不可分,博物馆事业可以作为桥梁和纽带连接东西、共享文明发展成果,促进人类命运共同体的文明交流,推动人类社会和谐共进。本书将从博物馆事业的溯源、各国博物馆体制比较、我国博物馆体制的创建与变迁等方面探析博物馆管理体制与社会制度的关联以及博物馆事业与社会经济发展的关系。

第一节 博物馆的起源与发展

世界上最早使用"博物馆"这个名称的是创建于公元前283年的埃及亚历山大博物馆,该博物馆被称为"缪斯之庙",收藏了亚历山大大帝在欧洲、亚洲及非洲的征战中得到的珍品,建有修道院、演讲厅和附设的动物园、植物园。[1]不过,这并不是一座现代意义上的博物馆,仅是一座带有图书馆的学院。第一座具有现代意义的博物馆当数牛津大学的阿什莫林博物馆(Ashmolean Museum),其前身是藏有约翰·特雷德斯坎特(John Tradescantianum)父子搜集品的陈列所(Museum Tradescantianum)。藏品包括自然标本、货币及各种珍玩,存于当时的南朗伯斯(South Lambeth)。1695年,小特雷德斯坎特将这些藏品送给阿什莫林(Elias Ashmole),随后阿什莫林又增添自己的私藏,一并赠予牛津大学,使其成为阿什莫林博物馆的珍藏之一。

一、各国早期的博物馆建设

博物馆现象最初萌发于人们的收藏意识。真正意义上的博物馆起源于西方,地理大发现使世界逐渐连成一个整体,资本主义原始财富的积累为博物馆的出现提供了物质基础,文艺复兴、启蒙运动也推动了西方博物馆事业的发展。

(一)英国

作为老牌的资本主义发达国家,英国的博物馆事业十分发达,并拥有大

---

[1] 池永梅:《公共博物馆在欧洲的起源》,厦门大学硕士学位论文,2018年。

英博物馆、维多利亚与艾伯特博物馆等一批世界知名博物馆,博物馆在英国社会生活中占有重要位置。1683年向公众开放的英国牛津大学阿什莫林博物馆是现代意义上的第一所博物馆,它早期的藏品是阿什莫林捐赠给牛津大学的私人收藏。1753年成立的大英博物馆是世界上第一个国家级博物馆,是世界上历史最悠久、规模最宏伟的综合性博物馆,也是世界上规模最大、最著名的五大博物馆之一,藏品丰富,种类繁多。

(二)美国

美国是一个博物馆大国,博物馆数量庞大,种类繁多。据2014年相关数据,美国从殖民时期的6座博物馆发展到1997年的8000多座,至2014年共有各类博物馆30000多家,远远超过了其他任何国家的博物馆数量。其中历史类博物馆数量最多,占总数的55.5%。[1]在早期美国博物馆的探索与建设时期,这些博物馆的领导者把"重视公众的教育和娱乐"当作他们的首要宗旨,将其置于"为学者和专家的研究而收集藏品"之上。1870年,为了鼓励和发展艺术在生产和日常生活中的应用,推动艺术的通识教育,并为大众提供相应的指导,一群银行家、商人、艺术家发起了建立大都会艺术博物馆的倡议,同年4月13日博物馆通过了《大都会艺术博物馆宪章》。1872年2月20日,纽约大都会艺术博物馆首次开放。[2]此外,古根海姆博物馆以及位于首都华盛顿的史密森尼学会(Smithsonian Institution)所属各博物馆,都是世界上知名的博物馆。

(三)法国

1792年至1793年间,法国兴起的"汪达尔主义"给许多法国文物造成了破坏。之后,法国政府意识到了保护文物的重要性,随即成立了"文物古迹委员会"来管理被没收的旧贵族和王室的财产。1793年8月10日,巴黎卢浮宫正式对外开放,这是历史上首次让公众自由看到前法国王室的收藏。几个世纪以来,由法国历届君主收藏的珍贵艺术珍藏,每十天向公众开放三天(在法国共和历中,用十天的计时单位用来取代星期)。卢浮宫现已成为世界著名的艺术殿堂和最大的艺术宝库之一。此外,法国还拥有奥赛博物馆、蓬皮杜中心、罗丹博物馆、凡尔赛宫等一批世界一流的博物馆。

---

[1] 《一周(5.19—5.25)海外艺术动态——美国博物馆数量近年增长迅速》,雅昌艺术网,2014年5月23日。

[2] 《精英主导的纽约大都会博物馆》,《东方早报》2011年10月26日。

(四)意大利

文艺复兴时期,意大利艺术巨匠辈出。这一时期,艺术家社会地位上升,人们价值观念转变,对古希腊、古罗马艺术的推崇和艺术品的搜集推动了意大利文物收藏、展览事业的发展。1506年在意大利佛罗伦萨修建的梵蒂冈博物馆是世界上最早的博物馆之一,建于1560年的意大利佛罗伦萨的乌菲奇画廊是世界上最古老的美术馆之一,保存着文艺复兴时期以及17—18世纪的绘画和雕塑,被冠以"文艺复兴艺术宝库""文艺复兴博物馆"之称。意大利的博盖塞美术馆、都灵埃及博物馆、布雷拉绘画美术馆、威尼斯学院博物馆、翁布里亚国家美术馆等都是意大利受欢迎的博物馆。2017年意大利文化遗产、活动与旅游部统计数据显示,意大利所有博物馆的访问量都有显著的增长。其中对考古遗迹的访问量最大,大约三分之一的参观者都集中在罗马国家博物馆、庞贝古城、帕埃斯图姆神庙、罗马斗兽场、议事广场,以及古奥斯蒂亚、埃尔科拉诺、古阿皮亚、那不勒斯、塔兰托、威尼斯和雷焦·卡拉布里亚等地的博物馆。[1]

二、博物馆相关概念

(一)博物馆的概念

当今使用的"博物馆"一词,是从英文"Museum"翻译过来的,而其英文词源则来自希腊语的Μουσεῖον,即"缪斯"。在早期,对博物馆的定义是"贮存和收藏各种自然、科学、文学珍品或趣物或艺术品的场所"。当近代博物馆产生后,1755年塞缪尔·约翰逊(Samuel Johnson)在《英语词典》中将博物馆定义为"蕴含丰富学问的珍贵物品的贮藏和陈列场所"。1946年国际博物馆协会于法国巴黎成立,在其章程中按类型对博物馆进行定义:"博物馆包括藏品对公众开放的所有艺术的、技术的、科学的、历史的或考古的机构,也包括动物园、植物园和保持永久展厅的图书馆。"[2]随着时代的发展,国际博物馆协会不断修改博物馆的定义,以适应时代的需求和各国博物馆体制的变化。

各国也对博物馆进行了定义。英国博物馆协会认为"博物馆代表社会利益保藏文物,并且积极服务公众,鼓励公众通过探究藏品获得启迪、知识和快乐"。美国博物馆协会将博物馆定义为"收集、保存最能有效地说明自

---

[1] 《新纪录,意大利博物馆参观人数超过5千万》,"意大利国家旅游局"微信公众号,2018年1月12日。

[2] 张晋平:《国际博协深入讨论"博物馆定义"》,《中国文物报》2004年11月5日。

然现象及人类生活的资料,并将之用于增进人们的知识和启蒙教育的机关"。法国博物馆法中对博物馆的定义是"以服务公众知识、教育和欣赏为目的而组织藏品,代表公共利益保护和陈列藏品的永久性机构"。[1]

在我国,从西方"Museum"翻译过来的"博物馆"一词最早见于1839—1840年由林则徐主持编译的地理著作《四洲志》。[2]1868年,王韬在《漫游随录》里将"Museum"译为"博物院",并将其定义为"搜求器物,博览兼收,益智集思的机构"。这一概念逐渐被国人认识和接受。民国时期,我国博物馆事业初步发展,对博物馆的定义逐渐明确,在20世纪30年代,学术界将博物馆定义为"具有保存、教育、研究功能的文化机关或设施",广义上将博物院、古物陈列所、古物保存所、陈列所、纪念馆、美术馆、动物园、植物园、水族馆都纳入博物馆的范畴。[3]新中国成立后,国家建设进程加快,依据我国国情,学术界对博物馆的定义有了更加全面的理解。2015年1月14日,国务院通过的《博物馆条例》[4]对我国博物馆进行定义,强调博物馆"是指以教育、研究和欣赏为目的,收藏、保护并向公众展示人类活动和自然环境的见证物,经登记管理机关依法登记的非营利组织"。

(二)博物馆管理与运营相关概念

《辞海》对"体制"一词的解释为国家机关、企业事业单位在机构设置、领导隶属关系和管理权限划分等方面的体系、制度、方法、形式等的总称。管理体制是管理系统的结构和组成方式,即采用怎样的组织形式以及如何将这些组织形式结合成为一个合理的有机系统,并借助怎样的手段和方法去实现管理的目的。管理体制的核心是管理机构的设置、各管理机构职权的分配以及各机构间的相互协调。这些因素直接影响到管理的效率和效能,在中央、地方、部门、企业的管理中起着决定性作用。

博物馆作为公共文化机构,其管理体制属于文化体制中的一部分。傅才武教授在《近代中国国家文化体制的起源、演进与定型》一书中指出,文化体制是在某种社会制度下文化领域的设置、管理权限的划分以及具体文化行政机关、企事业单位的工作程序和行为规范,是政府和社会主体借以规范

---

[1] 孟庆金:《现代博物馆功能演变研究》,大连理工大学博士学位论文,2011年。
[2] 中国博物馆学史课题组:《知识·理论·体系·学科——中国博物馆学研究轨迹检视》,《中国博物馆》2006年第2期。
[3] 刘华:《〈申报〉(1912—1949)博物馆史料初步整理与分析》,吉林大学硕士学位论文,2016年。
[4] 该《博物馆条例》由中华人民共和国国务院于2015年2月9日发布,自2015年3月20日起施行。

各种文化组织设置及运转的、具有特定内在逻辑关系的一系列制度集合。文化体制体现和反映了一个国家关于文化与政治、文化与经济关系的制度性,集中体现了执政主体关于这三者关系的理论主张,以及在这种理论主张下建立起来的体制和政策系统。文化管理体制是指国家管理文化事业、文化活动的组织体系及其运行机制,在很大程度上受到意识形态的影响。文化管理历来被视为政治治理的重要组成部分,因此文化管理体制实质上是一种国家权力介入文化事务的管理体制,而一个国家的文化体制也是为了满足一定的国家文化管理职能而建立的。

本书旨在研究文化体制中的政府及相关部门与博物馆机构的相互关系及其变迁,以及在博物馆管理体制变迁下博物馆内部运营机制的发展。因而本书对"博物馆管理体制"的定义是:在博物馆领域内的政府机构、文化组织和个人按照一定的逻辑和顺序进行关联,实现结构化组织并保持运转的制度体系。同时本书也关注文化体制改革背景下的博物馆改革。博物馆体制改革是在文化体制改革的大背景下,相关行政管理部门进行管理机构、管理职能及管理方式的改革,以及博物馆内部顺应改革需要而进行的管理制度改革,如人事制度、财务制度等。博物馆管理体制改革需要顺应时代潮流,行政管理部门应逐步简政放权,解决博物馆法人地位、文物产权等问题,发挥博物馆组织的主动性与灵活性,更好地为社会发展服务。在博物馆领域体制改革和博物馆内部制度改革的基础上,近年来我国博物馆在运营制度上也加大创新。博物馆运营机制主要指博物馆的日常运营制度和系统,包括博物馆的机构设置、营运管理、服务创新等。近年来,为了提升运营效能,我国博物馆在博物馆数字化、博物馆文创等领域展开了大力探索。

三、我国博物馆事业的发展历程

中国古代文物收藏起源较早,并形成了专门的文物收藏国家机构。随着时代的变迁,文物收藏更加专门化、制度化,为近代博物馆的诞生奠定了坚实的基础。

(一)我国古代的文物收藏

在我国,商周时期就形成了文物保护的意识,并进行了专门的文物收藏工作。周代设立专门的文物珍品管理处、收藏处,名为"玉府""天府",直接为王权服务,王国所有的"玉镇大宝器"都藏于天府之中。[①]汉代"创置秘阁,

---

① 王金玉:《周代档案府及其收藏》,《档案管理》1993年第1期。

以聚图书",国家修建了天禄阁与石渠阁,用于保管收藏各类书籍,同时进行学术研究与书籍著述。①唐代文化鼎盛,不仅国家重视文物收藏,当时的文人雅士也热衷于收藏和鉴赏前朝文物。宋代收集文物成风,对文物的研究和鉴赏活动同时也走向了发展顶峰。两宋最重要的收藏机构为"三馆秘阁","三馆"分别是集贤阁、昭文馆和史馆,主要用来收藏书籍图册、编撰书籍、记录内府收藏,兼有收藏古物的职能。②明代主要是由司礼监负责保管"古今书籍、名画、册页、手卷、笔、墨、砚、绫纱绢布、纸扎"③。清代文物收藏在乾隆时期达到顶峰,众多门类的藏品都有专门的存储场所,并且朝廷还设立了管理官员并制定了相关制度。在藏书方面以明代皇室遗存为基础,选取其中宋、元、明本置于昭仁殿,精心审校、装裱。在古器物方面则十分重视青铜礼器的保护,收藏的青铜器数量庞大,主要收录在"西清四鉴"。④

(二) 我国近代博物馆的起源

鸦片战争后,随着西方的入侵,西方博物馆制度对我国本土博物馆也产生了影响。1848年英国人在上海建立"宝顺行"商行,下设动物园。1864年,美国传教士狄考文(Calvin Wilson Mateer)在山东创立登州文会馆,为满足教学和传播科学知识的需要,登州文会馆设立博物馆。至迟在1874年,法国人建成的北京北堂自然博物馆开放。同年,外国团体"皇家亚洲文会北中国支会"(The North China Branch of the Royal Asiatic Society)成立亚洲文会博物馆。1876年,美国传教士郭显德(Hunter Corbett)自筹在山东烟台建立"博物院福音堂"。外国人还相继成立了香港博物院、徐家汇博物院、上海博物院、青州博物堂、敬业书院博物院等一批博物馆。⑤

我国对于公共博物馆的相关认知始于晚清时期出访西方的大臣和当时少数睁眼看世界的先进知识分子。1868年,王韬认识到国家设立公共博物馆"非徒令人炫奇好异,悦目怡情",而是具有"佐读书之不逮"的特殊国民教育功能。⑥国人开始对筹建博物馆进行初步探索,主要集中在北京、上海等地,如1876年创办了京师同文馆博物馆,以及华众会博物院、梅溪书院植物

---

① 胡明想:《古代兰台述略》,《档案学研究》1999年第4期。
② 曾主陶:《唐宋时期的馆阁制度》,《文献》1991年第2期。
③ 赵晶:《明代宫廷书画收藏考略》,《浙江大学学报(人文社会科学版)》2018年第3期。
④ 郑欣淼:《乾隆皇帝的收藏与鉴赏》,《中国美术》2014年第2期。
⑤ 王宣懿:《传承中的裂变——中国近代博物馆与民族主义相关问题研究(1840—1925)》,中央美术学院硕士学位论文,2016年。
⑥ 王韬:《漫游随录》,岳麓书社1985年版,第103页。

园、上海格致书院知新会、北京官书局陈列室等。①随着时代的发展,实业家代表张謇对公共博物馆的认识逐渐深入,于1905年分别上书清政府学部和大臣张之洞,建议先在京师设立帝室博览馆,并以此为模范推广至各省,提议未被采纳。②后来,张謇在家乡南通自行创办了中国第一所公共博物馆——南通博物苑。南通博物苑的成立是中国对西方博物馆理念的实践,标志着中国社会对于创设博物馆逐渐形成社会共识。1912年,政府在北京国子监旧址筹设中国第一个国立博物馆——国立历史博物馆。1925年9月,政府讨论通过了《故宫博物院临时组织大纲》,同年10月10日,故宫博物院正式成立并对外开放。随后,各省、市陆续建立博物馆,通过相关章程对博物馆进行制度化管理。1927年河南博物馆成立,1931年《河南博物馆组织条例》出台。四川、陕西等地也相继建立起四川博物馆、陕西省历史博物馆等地方博物馆,出台了《四川博物馆组织规程》《陕西省历史博物馆组织规程》等博物馆管理章程。1936年相关数据统计,当时全国共有博物馆77所,连同带有博物馆性质的美术馆、古物保存所则共有231所。③

(三)现阶段我国博物馆事业的发展

近年来,我国博物馆事业取得显著的成就。

一是文物保护状况明显改善,文物保护基础工作进一步加强。2007年至2011年的第三次全国文物普查结果显示,我国现有不可移动文化遗产76.7万多处,其中全国重点文物保护单位4296处,可移动文物约1.08亿件,非物质文化遗产资源近87万项。④2019年10月,国务院公布第八批全国重点文物保护单位名单,共计762处,一批重要的产业文化遗产、文化景观成为重点保护对象。此外,考古工作扎实开展,水下文化遗产保护工作稳步推进,大遗址保护和国家考古遗址公园的建设实现了文物保护与生态文明建设、经济建设紧密结合。世界文化遗产保护也取得新进展,红河哈尼梯田、"丝绸之路:长安—天山廊道路网"、土司遗址、鼓浪屿、良渚古城遗址等申遗成功,我国以53项世界遗产的总数位居世界第二。

二是博物馆事业蓬勃发展。基础设施建设步伐加快,截至2018年底,全国博物馆总数达5354家。博物馆免费开放机制进一步完善,开始实现从

---

① 陈为:《博物馆与中国近代社会变革研究》,中国艺术研究院硕士学位论文,2011年。
② 李明勋、尤世玮:《张謇全集·公文》,上海辞书出版社2012年版,第114—118页。
③ 杨志刚:《博物馆与中国近代以来公共意识的拓展》,《复旦学报(社会科学版)》1999年第3期。
④ 张楠:《第三次全国文物普查数据发布》,《中国科学报》2012年1月6日。

数量增长向质量提升的根本性转变。博物馆服务功能日臻完善,全国博物馆每年举办万余场展览,2017年全国各级各类博物馆接待参观者9亿人次左右。此外,博物馆作为爱国主义教育基地、科学普及教育基地的功能逐渐强化,仅2014年就有15个省(区、市)的150多家国有和民办博物馆参与博物馆教育功能试点建设,挖掘教育课程和体验项目1000余项,实施教育活动3000余场次,惠及中小学生134万余人。[①]

三是博物馆管理体系日趋完善。2015年3月,我国博物馆行业首个全国性法规文件《博物馆条例》正式发布实施,中共中央办公厅、国务院办公厅于2018年7月印发了《关于实施革命文物保护利用工程(2018—2022年)的意见》。此外,还有《大运河遗产保护管理办法》《关于进一步做好旅游等开发建设活动中文物保护工作的意见》《可移动文物修复管理办法》《文物违法行为举报管理办法(试行)》等条例法规相继出台,推动建立起全面覆盖且科学协调的文物保护法律体系。

我国博物馆事业经历了长期的发展,在当下,文物保护事业、博物馆事业对经济社会发展的贡献显著,在促进民族团结、增强文化自信、推动对外交流等方面发挥了积极的作用。党的十九大报告指出,"文化是一个国家、一个民族的灵魂",同时也强调要"加强文物保护利用和文化遗产保护传承"。2018年10月,中共中央办公厅、国务院办公厅印发《关于加强文物保护利用改革的若干意见》,提出16项主要任务,包括构建中华文明标识体系、创新文物价值传播推广体系、完善革命文物保护传承体系、开展国家文物督察试点、建立文物安全长效机制、建立文物资源资产管理机制、建立健全不可移动文物保护机制、大力推进文物合理利用、健全社会参与机制、激发博物馆创新活力、促进文物市场活跃有序发展、深化"一带一路"文物交流合作、加强科技支撑、创新人才机制、加强文物保护管理队伍建设、完善文物保护投入机制。

新时代博物馆事业有着重要的价值与意义。首先,博物馆事业的发展要始终坚定文化自信,开拓创新。博物馆里蕴含着丰富的文化信息,无论是生动的历史故事,还是独特的地域文化、悠久的民风民俗,都是构筑中华民族文化自信的基石,在建设公共文化服务体系和传承中华优秀传统文化的进程中发挥着不可替代的地位和作用。博物馆要充分发挥自身的优势和特点,坚定文化自信,挖掘历史资源,开拓创新,推动社会主义文化繁荣兴盛,

---

① 李雪:《"十二五"时期我国文物博物馆事业蓬勃发展》,《中国文化报》2015年11月17日。

提升国家文化软实力。①其次,博物馆与旅游融合充分响应了国家推进文旅深度融合发展的要求。文博旅游兼具艺术欣赏、历史回忆、科学研究、教育学习等方面的价值与功能,逐渐成为公共文化服务和旅游发展的前沿阵地与有效载体。文博旅游已成为提升人民幸福感的方式之一,文化和旅游部的组建推动博物馆旅游的发展,文化体验的市场需求催生文博旅游热潮。面对人民日益增长的美好生活需要,博物馆在推动文旅融合方面积极创新。②最后,博物馆事业的发展将为国家"一带一路"倡议的实施作出贡献。博物馆在国际交流中充当着"民间大使"的作用,"一带一路"共建国家博物馆间的合作将把沿线人民的情感和文化紧密相连。③中国在国际文化遗产领域的地位和作用不断凸显,中国文物"走出去"的步伐日渐加大,博物馆日益成为促进人类文明交流互鉴的重要支撑,必将推动构建人类命运共同体,促进"一带一路"倡议的实施。

我国历史文化资源丰富,在当下国家"一带一路"倡议及促进"文旅融合"意见的引领下,研究我国博物馆体制的构建、发展、变迁对于落实国家文化发展战略、践行文化强国目标有切实之必要。

第二节　研究综述

博物馆是保护、研究和展示历史文化遗产和人类环境物证的文化教育机构。从17世纪开始,一些西方学者已经开始研究博物馆的历史并探讨其发展方向,从近代至现代,英美日等国家有许多专家对博物馆的概念、作用以及实践进行研究。

一、国外学者关于博物馆的研究

国外学者关于博物馆的研究要早于我国,目前主要集中在博物馆定义、博物馆管理、博物馆财政政策等方面。

乔治·埃里斯·博寇在《新博物馆学手册》④一书中对博物馆的定义、起源

---

① 罗松晨:《博物馆的文化自信与传承创新》,《文物鉴定与鉴赏》2019年第1期。
② 转引自《博物馆与文旅融合发展,文旅产业将是下一个爆发点》,"梅州大观天下"微信公众号,2018年10月19日。
③ 刘江伟、李韵:《让博物馆成为"一带一路"的形象大使》,《光明日报》2019年4月16日。
④ 〔美〕G.Ellis Burcaw:《新博物馆学手册》,张云、曹志建、吴瑜等译,重庆大学出版社2011年版。

等基础概念进行了详细叙述,并对博物馆的社会意义包括教育等方面进行了分析,基于此对博物馆未来发展方向提出了相关性建议。

吉·莱恩在《博物馆管理员:博物馆协会和博物馆专业化水平的提高》[1]一文中从博物馆的理念入手,对博物馆管理员职业的性质、具体的工作、如何培训、公众对这一职业的认可等问题进行具体阐述,论证了"博物馆管理员虽然有一些成功的专业活动,但其工作效率有限,最基本的问题是他们的工作场所是由外部因素来衡量和定义的"这一观点,为这一领域的继续研究提供思路。

德斯·格里芬在《博物馆:治理、管理与政府》[2]一文中围绕在博物馆的管理中,受托人和政府在博物馆的日常运作和长期运作方面应扮演怎样的角色这一问题,分别对政府、受托人以及博物馆组织的作用与职责进行论述。他认为信托基金或委员会的职责是确保本组织的业绩与为本组织所确立的作用相匹配或在一定程度上相一致,使政府立法或本组织缔造者所设定的目标得以实现;政府力求确保其所有相互竞争的职能目标之间的协调和其他各方对政府政策的遵守,受托人则是在管理(执行)即政策的制定和执行中起作用。

莫滕·伦贝克在《丹麦博物馆组织和1984年博物馆法》[3]一文中对丹麦博物馆运营的公共补贴方面进行分析,以丹麦国家博物馆、皇家美术博物馆等博物馆为例,论述了博物馆的资金来源中"公共补贴"这一项的发展变化。并对现行阶段丹麦博物馆要获得资助需要具备的条件进行总结,指出博物馆获得预算金额的影响因素包括地方政府的人口规模、参观人数、组织年会和课程等方面。

内夫拉·爱特克在《土耳其考古遗址博物馆管理模式》[4]一文中以土耳其考古遗址博物馆为研究对象,讨论考古遗址博物馆在保护文化遗产方面的作用,指出在管理上存在着专业人员不足、设施不足、显示技术简陋等困难,对土耳

---

[1] J. Lynne Teather. "The Museum Keepers: The Museums Association and the Growth of Museum Professionalism". *Museum Management and Curatorship*, Vol. 9, No. 1, March 1990.

[2] Des Griffin. "Museums—Governance, Management and Government: Or, Why are so many of the Apples on the Ground so far from the Tree?". *The International Journal of Management Education*, Vol. 16, No. 3, November 2018.

[3] Morten Lundbaek. "Organization of Museums in Denmark and the 1984 Museum Act". *International Journal of Museum Management and Curatorship*, Vol. 4, No. 1, March 1985.

[4] Nevra Erturk. "A Management Model for Archaeological Site Museums in Turkey". *Museum Management and Curatorship*, Vol.21, No.4, December 2006.

其考古遗址博物馆的管理模式进行总结并针对管理存在的困难提出建议。

蒂莫西·阿姆布罗斯在《苏格兰博物馆理事会的发展：1984—1994》[1]一文中首先介绍了苏格兰博物馆理事会，然后对1984—1994年苏格兰博物馆以下方面的规划进行论述并提出合理建议：管理、评估服务的前瞻规划，藏品保护计划，博物馆额外资金来源和营销服务，咨询服务，培训服务和个人发展，研究与奖学金，赠款，其他特别项目，伙伴关系与合作。

卢卡·赞在《大英博物馆管理》[2]一文中认为，大英博物馆需要仔细定义职责并分配相应资源，同时增加公共部门中各个组织的自主权和问责权。文章首先介绍了大英博物馆，然后分别从管理学的角度以及外部学术管理研究的角度对大英博物馆文化管理的典型案例爱德华兹报告进行阐释并总结其不足，最后提出大英博物馆应该吸取的教训。

苏珊娜·洛佩兹在《欧洲共同体的文化政策及其对博物馆的影响》[3]一文中指出，自《罗马条约》签订起，欧洲各国并未出台关于文化的规定；欧洲共同体的成立是在文化领域采取措施的第一步；《单一欧洲法》的制定使得欧洲共同体对文化领域的参与开始缓慢增多，这对于博物馆等场所而言是有利的；《马斯特里赫特条约》的签订为欧共体参与文化活动提供了法律效力，并成为新项目（可能影响博物馆）的法律基础。之后，她对欧洲共同体的文化政策变化过程进行梳理并从中分析对博物馆的影响。

凯莉·伊丽莎白·亚萨蒂斯在《收藏文化和大英博物馆》[4]一文中首先介绍了汉斯·斯隆爵士的生平，以及他的行为如何帮助确定了博物馆的最初收藏目标。此后对国家遗产观和世界遗产观基础上的藏品所有权和权利争端这一问题进行论述，归纳出博物馆的收藏实践以及博物馆的收藏政策。最后讨论了影响当今大英博物馆藏品主要因素的藏品伦理。

西蒙·罗德豪斯在《英国博物馆培训去向何方》[5]一文中对1986年以来英国的博物馆培训发展进行梳理，以及对MTI模式下博物馆藏品、人员结

---

[1] Timothy Ambrose. "The Development of the Scottish Museums Council 1984—94". *Museum Management and Curatorship*, Vol.14, December 1995.

[2] Luca Zan. "Management and the British Museum". *Museum Management and Curatorship*, Vol.18, No.3, September 2000.

[3] Susana López. "The Cultural Policy of the European Community and its Influence on Museums". *Museum Management and Curatorship*, Vol.12, No.2, June 1993.

[4] Kelly Elizabeth Yasaitis. "Collecting Culture and the British Museum". *Curator the Museum Journal*, Vol.49, No.2, May 2010.

[5] Simon Roodhouse. "Where is Museum Training in the United Kingdom Going Now?". *Museum Management and Curatorship*, Vol.17, No.3, September 1998.

构等进行分析,最后指出英国的博物馆培训已经取得了博物馆协会开始将NVQ作为会员资格准入等成就。

朱莉娅·哈里森在《20世纪90年代的博物馆理念》[1]一文中围绕"智力危机与反智力危机""金钱、权力和身份""新博物馆学"这三种博物馆理念进行论述。她认为,"世界文化为质疑任何一种意识形态结构对西方世界总体统治地位的假定权力创造了条件",而博物馆可以在这一过程中发挥作用。

朱莉娅·哈里森在《世界的博物馆——我们该拿策展人怎么办》[2]一文中提到,在多种趋势的推动下博物馆比以往任何时候都更需要具有应用主题和收藏专业知识的人员。她对德威收藏馆的保护、1400年前的意大利绘画、艺术星球计划、波兰Ciechanowiecki基金会、国际艺术服务、艺术与电视等进行具体阐述,以此为例来论证策展知识和技能的重要性。

达莉亚·阿卜杜勒—阿齐兹在《对文物建筑新用途兼容性的评估》[3]一文中评估了埃及传统建筑的适应性和再利用的兼容性,并以文献综述指标、半结构化访谈等方法对亚历山大国家博物馆进行评估。她认为对大多数公共遗产的干预要在政策和政府两个层面上进行。

米罗斯拉夫·穆德拉在《捷克斯洛伐克博物馆的自动登记系统》[4]一文中提到,捷克斯洛伐克博物馆的自动登记系统将首次使计算机能够全面应用于筛选和有目的地扩展馆藏,使之被纳入文件系统网络。文章对捷克斯洛伐克社会主义共和国和其他国家/地区设计馆藏自动注册系统的尝试进行了分析和评估,对该技术项目的具体实施进行了论述。

芙罗拉·阿马托、安杰洛·基亚内塞等人在《博物馆访谈项目》[5]一文中介绍了21次对博物馆信息专业人士进行半结构化访谈的结果,概括了被访谈者们在信息资源、工具和技术方面的经验并对这些访谈进行了分析,以得出在博物馆工作的4种类型的信息专业人员的资料。文章重点介绍了当今博

---

[1] Julia D. Harrison. "Ideas of Museums in the 1990s". *Museum Management and Curatorship*, Vol.13, No.2, June 1994.

[2] Julia D. Harrison. "World of Museums: What Shall We Do With the Curators?". *Museum Management and Curatorship*, Vol.9, No.2, August 1990.

[3] Dalia Abdelaziz Elsorady. "Assessment of the Compatibility of New Uses for Heritage Buildings: The Example of Alexandria National Museum, Alexandria". *Journal of Cultural Heritage*, Vol.15, No.5, September–October 2014.

[4] Miroslav Mudra. "Projected Automated Registration System for Czechoslovak Museums". *Museum International (Edition Francaise)*, Vol. 30, Issue 3—4, January/December 1978.

[5] Flora Amato, Angelo Chianese, Antonino Mazzeo, Vincenzo Moscato, Francesco Piccialli. "The Talking Museum Project". *Procedia Computer Science*, Vol. 21, 2013.

物馆信息专业人员的职责及其在满足现代博物馆用户需求方面的作用,从而增进对博物馆信息专业人员不断发展的作用的了解。

席龙·德·鲁伊、格特扬·普莱茨等人在《朝着具有成本效益的3D考古遗产登记迈进》一文中使用PhotoScan软件包(Agisoft LCC)以基于计算机视觉的方法考察了考古特征进行3D注册的可能性。与传统的文档记录方法相比较,本文论证了它是一种科学且具有成本效益的改进,使可视化和无法移动的考古遗产进入更广泛的领域。[1]

安德烈·德瓦雷和方斯瓦·梅黑斯指导撰写的《博物馆学关键概念》[2]一书阐述了法国博物馆界得到其他国家普遍认可的21个博物馆专业知识的基本概念,挖掘了这些概念的深层意义,最终在批判思考的基础上对现代博物馆及其功能实践进行重新定义、呈现新兴概念——特别是虚拟博物馆和网络博物馆的概念,从而在博物馆的大众化过程中有效把握博物馆的发展未来。

珍妮特·马斯汀在《新博物馆理论与实践导论》[3]中研究了各种博物馆实践的理念与主张。全书按照新博物馆理论的定义和将理论付诸实践的标准,在新博物馆理论定义部分,分别从建筑、20世纪70年代以来女性主义对馆藏策略与实践的影响、21世纪以来的藏品变化、历史博物馆的研究、影像与民主、博物馆的建设及重建等方面来进行研究;在理论付诸实践部分,分别从博物馆参观者、虚拟博物馆、画室重塑的创作与批评、大学博物馆和美术馆、博物馆档案等方面进行研究。

大卫·卡里尔在《博物馆怀疑论:公共美术馆中的艺术展览史》[4]中研究了当代国际学界有关艺术博物馆研究的最新思想并进行了理论探索。全书介绍了艺术博物馆的诞生、发展和终结,开从研究中总结出了公共艺术博物馆的发展趋势。作者首先以卢浮宫为例来说明艺术的阐释条件,在之后又阐述了博物馆怀疑论的内容及艺术博物馆。随后用具体案例介绍了代表性博物馆、亚洲艺术史、基金会和现代艺术在艺术博物馆中的地位及当代艺

---

[1] Jeroen De Reu, Gertjan Plets, Geert Verhoeven, Philippe De Smedt, Wim De Clercq. "Towards a Three-dimensional Cost-effective Registration of the Archaeological Heritage". *Journal of Archaeological Science*, Vol. 40, Issue. 2, February 2013.

[2] 〔法〕安德烈·德瓦雷、方斯瓦·梅黑斯:《博物馆学关键概念》,张婉真译,法国阿尔芒·柯兰出版社2010年版。

[3] 〔美〕珍妮特·马斯汀:《新博物馆理论与实践导论》,钱春霞等译,江苏美术出版社2008年版。

[4] 〔美〕大卫·卡里尔:《博物馆怀疑论:公共美术馆中的艺术展览史》,丁宁译,江苏美术出版社2009年版。

术。最后叙述了现代公共艺术博物馆的终结。

二、国内学者关于博物馆的研究

我国的博物馆事业从近代开始已经有一百多年的历史。随着博物馆事业的发展,各类学者对博物馆的研究也在不断跟进,目前国内关于博物馆的研究主要分为7类:关于近代博物馆的研究、关于当代博物馆发展的总体研究、关于博物馆管理体制的研究、关于博物馆运营的研究、关于博物馆文创的研究、关于博物馆绩效的研究、关于博物馆数字化的研究。

(一)关于近代博物馆的研究

1. 近代学者对博物馆的研究

费耕雨、费鸿年在《博物馆学概论》[①]中指出博物馆在学校与社会教育方面发挥着重要作用,中国应早日成立国立博物馆使人民获得裨益。他们还对博物馆发展的历史进行梳理;对博物馆的种类及效能进行分析;以国外博物馆为例说明地方博物馆的概况;对博物馆建设中物品的收集与保存、陈列、建造进行了分析,并将博物馆与社会事业联系起来。

陈端志在《博物馆》[②]中主要论述了博物馆建立与发展的理论基础和存在的具体活动,从理论层面出发对博物馆的筹建进行具体的分析总结,并从博物馆理论知识介绍、目标职能、建立详情、藏品活动、社会活动等方面探讨博物馆运营的实际操作问题。

陈端志在《博物馆学通论》[③]中主要论述了博物馆基础理论、博物馆分类及工作方法等方面的内容。他总结了博物馆各项业务工作与技术方法,主要包括博物馆藏品搜集和整理、博物馆陈列和设备、博物馆宣传、馆舍建筑及工作人员的培养等。他对世界博物馆的历史、博物馆的类型也做了系统介绍,并针对中国博物馆的实际情况,强调博物馆专门人才的培养。他指出博物馆人员必须有两种准备,一是普通学识的基本训练,二是专业知识技能的培养,并提出要在大学设立博物馆学系。

荆三林在《博物馆学大纲》[④]中分六个部分对博物馆的功用形式和陈列方法进行探讨。他按照普通博物馆、专门博物馆和时间三个标准将博物馆进行分类,指出博物馆的功用为保存、研究、欣赏,并提到博物馆的教育职能。他着

[①] 费耕雨、费鸿年:《博物馆学概论》,中华书局1948年版。
[②] 陈端志:《博物馆》,商务印书馆1937年版。
[③] 陈端志:《博物馆学通论》,上海市博物馆,1936年。
[④] 荆三林:《博物馆学大纲》,中国文化服务社陕西分社1979年版。

重论述了博物馆陈列的重要地位,细致全面地介绍了外国博物馆的陈列运营方式,并指出了可以被我国发展博物馆事业借鉴的地方。在附录中辑入了英美博物馆游记,其中详细论述了博物馆陈列方法、存在问题等。

曾昭燏、李济在《博物馆》①中主要论述了博物馆的工作重点,特别提到了战争时期的工作重点,并就战时博物馆的应对作出了较为详细的探讨。该书指出:"由于我国处于抗战时期,沦陷区博物馆遭战火损毁严重,但后方博物馆建设仍处于积极发展的状态。"该书对博物馆的应用进行分类说明;对博物馆自身建设问题进行探讨,包括建筑、设备、藏品搜集保存等;对博物馆各种日常工作进行阐述,涵盖研究、教育;着重提出战时工作中需要注意的地方。

2. 当代学者对中华人民共和国成立前的博物馆的研究

傅振伦在《博物馆学概论》②中对博物馆进行了初步分类,保留了与近代博物馆学有关的一些基本史料,为后面的研究者提供了研究的基础。

包遵彭的《中国博物馆史》③高度肯定了近代博物馆在社会教育中的重要作用,对于近代古物非法输出的情况和我国名胜古迹及战时文物保护工作等进行了详细论述。

梁吉生在《中国博物馆协会及其学术活动》④中系统阐述了近代博物馆学专业学术团体——中国博物馆协会的建立过程、学术活动及其对近代博物馆学学科化的贡献。他指出,正是有了中国博物馆协会的倡导和组织,学界才对博物馆的各个方面展开了学术研究和探讨,其对中国博物馆学的发展具有奠基性作用。

刘华在《〈申报〉(1912—1949)博物馆史料初步整理与分析》⑤中,通过对博物馆史料进行整体情况、史料个体、史料主题的分析,论证了1912年至1949年《申报》博物馆史料的丰富性,发现了很多鲜为人知的民国博物馆史料。通过梳理,他指出:民国时期的博物馆内涵广泛且种类多样;中国博物馆学专业在民国时期已经被纳入高等教育体系;民国时期的博物馆在积极融入社会的同时也承担了一定的社会责任,进一步推动了民国博物馆史学的研究。

彭露在《1949年以前中国博物馆学学科构建初探——以1949年前博物

---

① 曾昭燏、李济:《博物馆》,正中书局1943年版。
② 傅振伦:《博物馆学概论》,商务印书馆1957年版。
③ 包遵彭主编:《中国博物馆史》,中华丛书编审委员会印行,1964年。
④ 梁吉生:《中国博物馆协会及其学术活动》,《中国文化遗产》2005年第4期。
⑤ 刘华:《〈申报〉(1912—1949)博物馆史料初步整理与分析》,吉林大学硕士学位论文,2016年。

馆学通论性专著为对象》①中首先明确界定了中国博物馆学学科建设的开端时间点是1935年;而后以文本分析为主,通过解读专著的主体内容和附录设置,从基础理论、学术论著、专业团队、人才培养、学术交流等多方面探讨和分析当时中国博物馆学界为博物馆学科建设所作的贡献和存在的不足;最后总结提出中国博物馆学的学科建设在该阶段是成效显著的。同时为现阶段中国博物馆的学科构建提供历史借鉴,寻求和探索当下博物馆学学科建设方式与方向。

陈春晓在《博物馆视角下的近代中国知识体系的蜕变》②中指出,外国学者把中国的学问解析后纳入他们的知识结构中,而中国知识分子学习西式的研究方法来更新中国传统学术架构。作者通过考察中国近代殖民者所办的西式博物馆及国人开办的博物馆,阐释近代社会中国知识体系的演变与发展脉络。

陈为在《博物馆与中国近代社会变革研究》③中指出,博物馆作为社会的一个独立的领域和有机的组成部分,不只是被动地受社会变革的影响,也积极地参与和推动了中国近代的社会变革。作者认为博物馆的发展深受社会变革的影响,同时博物馆的发展也有其自身的规律,并从器物变革、制度变革和文化变革这样三个阶段和层面探讨了博物馆与中国近代社会变革的关系。

杨志刚在《博物馆与中国近代以来公共意识的拓展》④中对19世纪下半叶至今中国博物馆事业的产生与发展,以及国人对博物馆认识的不断改变进行梳理。他认为博物馆体现着一个国家的公民的综合素质,反映了一个民族、一个社会的文明程度。并预计在不久的将来,"发展权"的意识将构成博物馆及它所代表的公共空间的最坚固的精神基石。

余文倩在《陈列、诠释与再创造:近代以来城市博物馆的发展历程——以成都为例》⑤中以成都为例,将近代城市博物馆的发展历程划分为三个阶

---

① 彭露:《1949年以前中国博物馆学学科构建初探——以1949年前博物馆学通论性专著为对象》,重庆师范大学硕士学位论文,2016年。
② 陈春晓:《博物馆视角下的近代中国知识体系的蜕变》,《中原文物》2010年第6期。
③ 陈为:《博物馆与中国近代社会变革研究》,中国艺术研究院硕士学位论文,2011年。
④ 杨志刚:《博物馆与中国近代以来公共意识的拓展》,《复旦学报(社会科学版)》1999年第3期。
⑤ 余文倩:《陈列、诠释与再创造:近代以来城市博物馆的发展历程——以成都为例》,载中国博物馆协会城市博物馆专业委员会主编:《城市记忆的变奏——中国博物馆协会城市博物馆专业委员会论文集(2013—2014)》,上海交通大学出版社2014年版。

段,分析总结博物馆功能定位、展览形式的变化,揭示其关注点从"物"到"人"转换这一规律,并对成都博物馆新馆的发展趋势进行了初步展望。

王宣懿在《传承中的裂变——中国近代博物馆与民族主义相关问题研究》[①]中对中国近代博物馆与民族主义的关系进行研究,她认为作为民族主义的展示舞台,近代中国博物馆始终游移于文明的传承与裂变之间,并随社会的变革、文化运动时而偏向某一方。文章通过外国博物馆与清末民族心理危机、民族主义的兴起与近代博物馆建设的开启,以及早期博物馆的诞生与民族国家建构这三个部分论证了这一观点。

程美宝在《从博物馆藏品看中国"近代史"》[②]中将"近代性"的着眼点放在日常用品或一些发明所呈现的细微变化上,以英国国家海事博物馆的一批藏品作为"西学东渐"的见证,论证了在传统的近代史研究思路中,研究者漠视了许多存在于史家划定为中国"近代"史时段中的"前近代"之物,在治近代史时,可以把自己研究场景中可能出现的物品考虑在内这一观点。

赵国香在《近代博物馆与中国公共空间关系试析——以来华西方人所建博物馆为例》[③]中以烟台博物院、青州博古堂等博物馆为例,从区位条件、空间规模和空间形态三方面就博物馆的建筑进行简要分析,从时间预设、身份预设、行为预设三方面来初步探析博物馆的管理,从展览、演讲和布道三方面对博物馆的活动做简要说明,从博物馆建筑、管理、活动等公共空间核心要素探讨近代博物馆与中国公共空间的关系。作者认为,来华西方人所建立的这些博物馆是近代中国城市中的新型公共空间形态,传教士们所做的科研工作对中国近代博物馆事业的开创具有一定推动作用,并促使中国人开始自己建立近代博物馆。

刘家宁在《近代天津博物馆发展战略研究》[④]中对国内外博物馆概况进行阐述,他指出国内博物馆在管理体制、运营模式、功能发挥、服务理念等方面存在一些问题,并运用PEST分析模型对宏观环境中的政治、经济、社会、科技因素进行分析。通过问卷调查分析观众对天津博物馆的满意程度,总结出近代天津博物馆存在的问题,运用SWOT分析方法对天津博物馆的各方面进行分析研究。最后针对问题提出发展战略:清晰定位,建立特色博物

---

① 王宣懿:《传承中的裂变——中国近代博物馆与民族主义相关问题研究》,中央美术学院硕士学位论文,2016年。
② 程美宝:《从博物馆藏品看中国"近代史"》,《近代史研究》2010年第2期。
③ 赵国香:《近代博物馆与中国公共空间关系试析——以来华西方人所建博物馆为例》,《博物院》2018年第4期。
④ 刘家宁:《近代天津博物馆发展战略研究》,天津大学硕士学位论文,2013年。

馆,形成品牌;建立藏品管理体系;充分发挥社会服务功能,吸引更多观众;开拓多种创收渠道。

艾智科在《近代中国博物馆的发展及其空间意义》[①]中提到:博物馆作为一种城市文化空间,对近代城市集体记忆的建构产生了重要影响。文章通过对近代博物馆事业的发展历程进行梳理,分析文化自觉与博物馆事业兴起的关系,以及随着博物馆事业的发展,新型文化空间形成的结果,最后论述指出博物馆在近代中国的出现不是偶然的,它是民族主义、国家观念以及公共意识影响下的一种文化自觉。

徐玲在《近代中国博物馆的公共性构建》[②]中对近代中国博物馆的公共性构建过程进行详细论述,她认为博物馆对公共性的强调促使传统古物的保存在实现博物馆化的同时,还有力拓展了近代中国城市的公共空间,重塑了国人的公共观念,成为公共意识培养的重要资源。

张娟娟在《近代中国博物馆源起探析》[③]中把近代中国博物馆的萌芽分为鸦片战争之后、近代中国人开始筹划在中国创办博物馆、张謇创办南通博物苑三个阶段,对近代中国博物馆源起进行深入探析,从中西文化交流的角度入手,揭示当时中国的政治、经济、文化状况。她以西洋文化的输入、中国人出洋的所观所想、外国人在中国办博物馆为切入点,层层剖析近代中国博物馆如何产生的问题,对中国博物馆事业的发展提供启示和帮助。

梁吉生在《近代中国第一座国立博物馆——国立历史博物馆》[④]中,对国立历史博物馆的筹备过程、不同时期馆藏资源的丰富历程、国立历史博物馆的工作等进行论述,重点分析了国立历史博物馆建立的意义:这是一种政府行为,起到了导向作用;促进了文物的保护和开放;其建立的是一种新型体制文化,总体来说促进了博物馆事业的进一步发展。

陈锐在《论康有为对近代博物馆的认知和宣传》[⑤]一文中认为,在中国博物馆发展史上,康有为是个无法被忽视的人物。文章以1898年为界,把康有为对近代博物馆的贡献分为两个时期:第一个时期,康有为通过阅读,宣传近代博物馆及其功能;第二个时期,康有为流亡海外,向国人介绍众多亲历的博物馆,并提出建立博物馆的理论和建议。文章主要论证了康有为对

---

① 艾智科:《近代中国博物馆的发展及其空间意义》,《中国文物科学研究》2011年第1期。
② 徐玲:《近代中国博物馆的公共性构建》,《文博》2012年第1期。
③ 张娟娟:《近代中国博物馆源起探析》,南京师范大学硕士学位论文,2006年。
④ 梁吉生:《近代中国第一座国立博物馆——国立历史博物馆》,《中国文化遗产》2005年第4期。
⑤ 陈锐:《论康有为对近代博物馆的认知和宣传》,《文史博览(理论)》2007年第1期。

中国近代博物馆事业作出的杰出贡献。

吕建昌在《略论近代工业遗址博物馆》[①]中对近代工业遗址博物馆的概念与特点、近代工业遗址博物馆与其他相关博物馆的区别、近代工业遗址博物馆的兴起原因三方面分别进行详细论述，并对我国工业遗址博物馆的发展进行展望，认为近代工业遗址博物馆的保护模式将会为更多人所认识和接受。

安琪在《民族文化与博物馆叙事——近代西南的"器物民族志"》[②]中以原华西协和大学古物博物馆为例展开论述，从云南省内民族博物馆的两个个案入手，为"中原—边陲"的二元关系提供了多层次的阐述空间。作者认为民族博物馆对促进近代西南边疆社会的一系列关键性观念和实践的形成起到了极其重要的作用。

易丹妮在《欧洲早期博物馆的兴起：背景与历程》[③]中从文化现象的角度出发，以美第奇家族的艺术品收藏为主要研究对象探究欧洲博物馆产生的萌芽阶段；以英国皇家军械库的有限开放为例探究博物馆产生的尝试阶段；以牛津大学阿什莫林博物馆和大英博物馆为例探究早期博物馆的起步阶段；以法国革命和卢浮宫博物馆的开放为例研究博物馆发展的巅峰时刻。她还对欧洲早期公共博物馆产生方式进行比较，总结出近代早期博物馆产生的两大重要条件：一是资本主义社会关系经过制度的确立；二是由特权社会向大众社会的转变——公共化的体现。

陈雅靖在《日本国立博物馆的中国艺术资源运营研究——以京都国立博物馆藏中国近代绘画为中心》[④]一文中以京都国立博物馆藏中国近代绘画中特定藏品的具体管理措施为切入点，来探讨日本国立博物馆对待中国艺术资源的态度及其背后的运营机制，并由此引申出当今日本国立博物馆在大型特别展览会制度等方面的指导和影响下所呈现出的对外来艺术资源管理的未来视野及全球战略。再通过与欧美国家博物馆进行横向对比，概括出国家文化事业从"行政管理"到"资本运营"的必然趋势，博物馆作为国际资讯中心的平台塑造，以及外来艺术资源本土化运营具有的多方面战略价值。

[①] 吕建昌：《略论近代工业遗址博物馆》，《中国博物馆》2008年第1期。
[②] 安琪：《民族文化与博物馆叙事——近代西南的"器物民族志"》，《民族文学研究》2010年第3期。
[③] 易丹妮：《欧洲早期博物馆的兴起：背景与历程》，浙江大学硕士学位论文，2014年。
[④] 陈雅靖：《日本国立博物馆的中国艺术资源运营研究——以京都国立博物馆藏中国近代绘画为中心》，上海大学博士学位论文，2018年。

李飞在《他山之石：博物馆助推中国近代社会变革》①中认为博物馆是近代中国对西方文化整体性吸纳当中的一个环节。文章通过引述国际博物馆协会2013年博物馆日主题"博物馆（记忆＋创造）＝社会变革"，分析了国际博协关于博物馆变革社会表述的局限之处，立足于中国博物馆的历史事实，以对国际博协的观点进行扩充。全文围绕近代以来中国的博物馆在理念或实际上力图促成社会变革的问题进行论述，试图勾勒出博物馆变革中国近代社会的四种模式。

刘冠缨在《西学东渐与近代中国博物馆兴起》②中阐释了西学东渐与中国近代博物馆兴起之间的重要历史联系。他认为从洋务运动到维新变法之前，国人不断深入观摩、了解西方博物馆，著书立说，这些对博物馆的认知得以广泛传播是中国近代博物馆兴起的重要因素。他总结出近代中国博物馆兴起阶段的时间范围是以1840年鸦片战争为始，至第一座近代中国自建博物馆南通博物苑建成为止，并将这一阶段再分为三个时间段，分别对其特点进行分析。

王秀伟、黄文川在《辛亥革命对中国近代博物馆事业发展的影响》③中肯定了辛亥革命的胜利对中国近代博物馆学理论的发展和完善，以及博物馆实践在改革和探索中获得的巨大进步，但同时也提出应认识到辛亥革命后中国近代博物馆在学习西方的过程中已逐渐走上了程式化和模仿化的道路，应正确理性看待这一事件对中国近代博物馆事业发展的影响。

郭辉在《严修与近代天津博物馆》④中对严修的生平及其在日本的游历进行介绍，然后详细论述了其借鉴日本博物馆的发展模式，逐步推进的具体办馆实践：积极举办临时性的教育品陈列场，与周学熙、陈宝泉协力创办天津教育品陈列馆，联合天津有名望的缙绅筹资建立私立的天津广智馆。文章论证了严修的一系列举措为天津早期博物馆事业的发展奠定了坚实基础。

李飞在《由"集新"到"集旧"：中国近代博物馆的一个演进趋向》⑤中从"博物馆"的概念入手，整理出清季人士眼中以"集新"为职能的"博物馆"演变成民国后仅以"集旧"为主的"博物馆"变化的过程，他认为这一变化"揭示

---

① 李飞：《他山之石：博物馆助推中国近代社会变革》，《中国博物馆》2013年第3期。
② 刘冠缨：《西学东渐与近代中国博物馆兴起》，《文物世界》2019年第2期。
③ 王秀伟、黄文川：《辛亥革命对中国近代博物馆事业发展的影响》，《文史博览（理论）》2012年第9期。
④ 郭辉：《严修与近代天津博物馆》，华东师范大学硕士学位论文，2010年。
⑤ 李飞：《由"集新"到"集旧"：中国近代博物馆的一个演进趋向》，《东南文化》2013年第2期。

了近代民族主义在中国的兴起,也深刻反映出殖民地和宗主国之间的某些差异"。

金晶在《张謇与中国近代民间博物馆教育的兴起》[①]中以张謇创办南通博物苑为基本线索,重点考察张謇创办博物苑的原因,张謇从"教育救国"到发展民间博物馆教育的实践内容,南通博物苑的内在机制建构,南通博物苑促进近代民间博物馆教育的兴起及推动官方发展博物馆教育的历史意义与影响。

李飞在《中国近代早期博物馆史研究三题》[②]中在相应语境下对文献史料予以解读,对"魏源和新博物馆学""林鍼的'博古院'之旅"以及"中国最早的博物馆"这三个中国近代早期博物馆史中尚未被前人解决的三个问题展开探讨。

彭蕾《中国近代博物馆的法人治理结构》[③]从民国时期博物馆组织的名额、构成和产生方式、会议制度、职责和任期等方面梳理了民国时期几家博物馆的管理制度和治理架构,为实现公立、私立博物馆共存并产生良性互动指明发展方向,提供有益经验。对现行博物馆的法人治理结构提出建议:"将来,在试验层级、涵盖领域、改革力度等方面深化拓展,并系统总结试点经验,修改完善《暂行办法》,以便进一步推动博物馆法人治理结构改革工作的开展。"

沈钢、江幼玲在《中国近代第一所博物馆南通博物苑》[④]中对民国时期南通博物苑建立的时代背景、过程、建筑构造、馆藏资源、馆内馆外陈列进行分析,并介绍了新中国成立后南通博物苑的概况。

(二)关于当代博物馆发展的总体研究

窦宇在《博物馆连锁体系的形成机制与运营形态》[⑤]中,首先对英国泰特美术馆与泰特美术现代馆、法国卢浮宫分馆、美国纽约古根海姆博物馆分馆等进行了分析,其次对博物馆连锁体系的发展过程进行了叙述,最后对目前国际范围内博物馆连锁体系发展问题进行了探究。

徐玲在《博物馆与近现代中国文物保护》[⑥]中对中国文物保护历程,即由

---

① 金晶:《张謇与中国近代民间博物馆教育的兴起》,华东师范大学硕士学位论文,2016年。
② 李飞:《中国近代早期博物馆史研究三题》,《博物院》2018年第2期。
③ 彭蕾:《中国近代博物馆的法人治理结构》,《中国文物报》2019年5月16日。
④ 沈钢、江幼玲:《中国近代第一所博物馆南通博物苑》,《民主》2009年第5期。
⑤ 窦宇:《博物馆连锁体系的形成机制与运营形态》,《艺术管理(中英文)》2019年第3期。
⑥ 徐玲:《博物馆与近现代中国文物保护》,《中国博物馆》2019年第1期。

失序状态逐渐发展为博物馆体制下进行古物保护的过程进行了梳理,并从国家公器角度对古物保护与博物馆制度结合下古物保护的意义进行了肯定,强调古物不能再古董化,而应注重其公共性。

胡高伟在《博物馆分类与专业科技博物馆》[①]中提出专业科技博物馆应该属于科技类的博物馆。他详细总结了容易与专业科技博物馆混淆的几种博物馆:专门博物馆、专题博物馆、行业博物馆、科技类博物馆、专业科技博物馆。指出专业科技博物馆工作者需要厘清专业科技博物馆与其他类别博物馆的区别,要相互区别、相互联系,最后对专业科技博物馆的发展进行展望。

徐婧在《基于考古遗址保护与展示的国内遗址博物馆案例调查研究》[②]中结合秦始皇帝陵博物院、汉阳陵博物馆、金沙遗址博物馆、鸿山遗址博物馆、河姆渡遗址博物馆、熊家冢遗址博物馆、上海元代水闸遗址博物馆7个考古遗址博物馆案例,总结出了根据考古遗址的不同情况决定遗址博物馆的选址及造型体量设计、展览设计、文物遗址保护、运营管理等内容的类型标准。

王宏均主编的《中国博物馆学基础》[③]认为,博物馆管理是多样性的系统工程。为了争取管理的最佳整体效益,要注意管理的多样性分解与整体性综合,密切与社会的联系,及时协调以适应社会,时刻注意理论与实际的结合。并且博物馆管理要确定基本管理目标、阶段性目标,制定发展规划,理顺管理机制,增强运营活力。

曹淳亮在《浅论博物馆业的可持续发展》[④]中指出,在市场经济条件下,当产品进入流通领域,按其价值和使用价值进行等价交换的时候,产品就成为商品。他提出博物馆的陈列展览,包括博物馆的馆区、房屋建筑等部分组成要素,甚至包括博物馆本身都是观众消费的精神产品,可以通过门票或其他各种形式进行商品交换。

孟庆金的《现代博物馆功能演变研究》[⑤]在研究拓展博物馆功能的基础上,运用现代管理学和博物馆学,创新现代博物馆管理理念、经营模式和管理制度,探讨现代博物馆功能演变和博物馆与社会协调发展的可行性及前

[①] 胡高伟:《博物馆分类与专业科技博物馆》,《中国文物报》2019年11月26日。
[②] 徐婧:《基于考古遗址保护与展示的国内遗址博物馆案例调查研究》,西安建筑科技大学硕士学位论文,2014年。
[③] 王宏均主编:《中国博物馆学基础(修订本)》,上海古籍出版社2001年版。
[④] 曹淳亮:《浅论博物馆业的可持续发展》,《广东社会科学》2001年第4期。
[⑤] 孟庆金:《现代博物馆功能演变研究》,大连理工大学博士学位论文,2010年。

景。作者在研究过程中重构博物馆功能系统,提出"教育是博物馆的核心功能"和"区域博物馆"等新概念,明确指出现代博物馆应树立可持续发展的经营发展理念。作者认为应根据博物馆活动性质的不同,将博物馆划分为公益性组织和商品经营性组织两种类别,并指出了二者协同方式,还强调了博物馆的经济效益。最后,作者以自然科学类博物馆为例,验证了博物馆与区域社会之间的关系和协调发展的可行性及重要性。

段勇在《当代中国博物馆》[1]中指出:当代中国博物馆处于黄金发展期;藏品是博物馆存在和发展的基础;陈列展览是博物馆工作的核心业务;社会教育和公共服务是实现宗旨的重要手段;学术研究是博物馆发展的推动力;治理与运营是博物馆完成使命的保障。以全球视野对当代中国博物馆的职能、发展的现状、现存的问题作出总结,从博物馆的藏品、陈列展览、社会教育与公共服务、学术研究、治理与运营等方面深入分析,并思考当代中国博物馆可持续的发展方向。

张瀚予在《当代博物馆伦理问题研究》[2]中对博物馆伦理进行了定义与介绍,并通过列举种种案例引出对于博物馆伦理的思考。文章根据博物馆运营中所出现的问题与西方博物馆运营体制机制进行比较,论述公平性、公益性、公共性与博物馆伦理的关系以及梳理博物馆理念的变迁过程,对中国博物馆伦理机制提出可行性建议。

(三)关于博物馆管理体制的研究

章磊的《中国国有博物馆的效率、体制与市场关系研究》[3]认为中国国有博物馆长期以来沿用事业单位管理体制,以致不能适应市场经济条件下工作环境的变化,且缺乏合理的激励机制。改革的关键是在博物馆管理中引入市场理念和竞争机制,提高工作效率。

辛儒在《休闲经济背景下博物馆的经营与管理》[4]中对博物馆惨淡经营的原因进行了分析:就博物馆自身来讲,博物馆的机构文化与机构身份是博物馆缺乏市场意识、脱离休闲市场发展轨道的根本原因。并指出博物馆陈列展览的内容形式与时代脱节,休闲旅游产品吸引力差的问题极其突出。

---

[1] 段勇:《当代中国博物馆》,译林出版社2017年版。
[2] 张瀚予:《当代博物馆伦理问题研究》,中国艺术研究院博士学位论文,2012年。
[3] 章磊:《中国国有博物馆的效率、体制与市场关系研究》,北京化工大学硕士学位论文,2005年。
[4] 辛儒:《休闲经济背景下博物馆的经营与管理》,《河北大学学报(哲学社会科学版)》2006年第1期。

郑海鸥在《法人治理，让文化服务更精准》[①]中指出公共文化机构实行法人治理结构改革是提高服务效能、实现供需对接精准的有效途径，但同时也要协调工作节奏、审慎稳妥地对待改革方案。

尹静雅在《关于博物馆文化体制改革的思考》[②]中指出现阶段博物馆在藏品展览、延伸教育活动、文创产品研发等方面的问题源于博物馆不完善的经费筹集制度、管理体制和分配制度等，需要建立新的法人治理、人才培养和考核奖罚、收入分配机制，提高博物馆员工的积极性，把博物馆搞活。

高素娜在《激活文物　创新制度》[③]中报道了博物馆和美术馆一系列公共文化服务创新活动，指出博物馆的学科建设、行业发展新思路和新形式、美术馆的评审定级等建设都是公共文化服务机构角色和功能转化的结果，目标是提高观众的体验和展览质量，以提升自身的核心竞争力，扩大社会影响。

马小晶、吴为昊在《博物馆维保管理体制一体化的构建与创新》[④]中基于当下博物馆数量快速增长，规模不断扩大，博物馆发展趋于现代化、专业化、精细化、个性化的现状，并根据当前博物馆存在资源浪费等问题，对博物馆维护管理体制一体化的意义做了分析，同时根据其特点对发展路径提出了以维保管理体制为代表的相关可行性建议。

毕玉霞在《对文物博物馆管理体制创新的思考》[⑤]中首先对文物托管与博物馆托管体制进行了定义与介绍，其次对二者的出现提出了自己的见解，并对二者对于博物馆当下及未来发展的意义进行了充分肯定，最后对博物馆托管与文物体制的创新路径进行了探讨。

方胜强在《浅析中外博物馆管理体制差异》[⑥]中研究了中外博物馆管理体制差异。他首先用定义来引出微观和宏观管理体制的概念，随后列出中外博物馆在微观管理体制及宏观管理体制上的不同做法，最后进行中外博物馆管理体制的差异对比，得出我国博物馆管理体制发展过程中需坚持"中学为体，西学为用"的结论。

---

① 郑海鸥：《法人治理，让文化服务更精准》，《人民日报》2017年11月9日。
② 尹静雅：《关于博物馆文化体制改革的思考》，《文物鉴定与鉴赏》2018年第21期。
③ 高素娜：《激活文物　创新制度》，《中国文化报》2019年11月24日。
④ 马小晶、吴为昊：《博物馆维保管理体制一体化的构建与创新》，《领导科学论坛》2019年第13期。
⑤ 毕玉霞：《对文物博物馆管理体制创新的思考》，《黑龙江史志》2014年第21期。
⑥ 方胜强：《浅析中外博物馆管理体制差异》，《才智》2018年第16期。

王云霞、胡珊辰在《〈国际博物馆协会博物馆职业道德准则〉的法律意义》[1]一文中以《国际博物馆协会博物馆职业道德准则》为参照,总结了该准则的制定及其与法律的关系、国际法意义、在国外博物馆行业治理中的重要作用,以及借鉴该准则完善我国博物馆治理体系的可能性,为丰富和完善我国文博立法指明了方向、提供了参考。她们提出,依据该道德准则的时代精神完善博物馆相关法制并参照制定全面的博物馆职业道德准则,确立博物馆行业自律机制,是我国博物馆事业发展的必由之路。

迟昭在《日本美术博物馆学艺员制度研究》[2]中研究了日本学艺员制度,他首先对学艺员及其制度的概念进行了阐释,其次分别从学艺员制度的历史维度、法律基础、机构组织、人员培养及身份转变(策展人)的角度进行叙述,最后通过各国学艺员制度比较得出日本学艺员制度的特点,并从研究中得出它对我国相关法律制度、策展人身份认知的启示。

苏东海在《试论我国博物馆经营体制的改革》[3]中指出我国博物馆体制改革的重要一步便是把博物馆的经营主体从单一的政府办馆转向政府与社会多渠道办馆。作者以国外经验为例说明政府与社会共办博物馆事业的好处,结合我国国情提出社会办博物馆需要被倡导扶植以及如何倡导扶植的五大措施,从政府应提高政府办博物馆质量的三大方面来说明如何促进博物馆体制思想、体制管理的转变。

沈斌在《文物博物馆管理体制的创新路径分析》[4]中研究了文物博物馆管理体制存在的问题并提出建议。他指出了现今文物博物馆在管理体制、藏品保护、文物仿品开发及硬件设备方面存在的问题,并针对以上问题从增强管理意识、加大资金投入力度、创新管理体制和重视技术管理四大方面提出具体建议。

章磊在《中国国有博物馆的效率体制与市场关系研究》[5]中研究了国有博物馆与市场的关系及如何进行国有博物馆体制改革。作者从博物馆事业整体发展进行概述,利用经济学研究方法研究博物馆与市场的关系,并通过对国有博物馆现存问题进行研究及经济学分析得出"国有博物馆应该重视要素资源的运行效率"的结论。根据国有博物馆与政府和社会的关系模型和国有博物馆管理体制改革目标,对国有博物馆的体制机制改革及公共文

---

[1] 王云霞、胡珊辰:《〈国际博物馆协会博物馆职业道德准则〉的法律意义》,《东南文化》2018年第1期。
[2] 迟昭:《日本美术博物馆学艺员制度研究》,中央美术学院硕士学位论文,2017年。
[3] 苏东海:《试论我国博物馆经营体制的改革》,《中国博物馆》1998年第2期。
[4] 沈斌:《文物博物馆管理体制的创新路径分析》,《文物鉴定与鉴赏》2019年第7期。
[5] 章磊:《中国国有博物馆的效率体制与市场关系研究》,北京化工大学硕士学位论文,2005年。

化服务政策提出了建议。

张辉在《建立博物馆系统化工作体制的探讨》[①]中提出我国博物馆"三部分工"的职能分工在理论和实践层面上都存在问题,需要用更加科学、系统的组织机构来代替。应设置展位研究、讲解人员培训等岗位,并设置专门的文物保护部、财务部、外事部等部门,建立各部门相互联系、相互协调、研究专门、权责统一的科学组织形式。并且提出理论先行、实践跟进的原则。

王献本在《关于CS理论导入博物馆管理的思考》[②]中提出,不论是国立博物馆还是私立博物馆,在资金的筹措、展览的开发与创新、员工队伍的组织、观众的吸引与开发等方面,都可以借鉴企业化经营的理念,进行市场化运作。

(四)关于博物馆运营的研究

闽泉在《市场环境下的博物馆经营管理》[③]中认为博物馆的经营不仅是一种介入市场的经济行为,也是与内部管理密切相关的行为。"内部职能是博物馆工作的基础,外部职能是它的目的和结果。"博物馆的内部职能是围绕藏品这个中心展开的,而外部职能则以陈列展览为主,维系藏品与陈列的是基础研究,研究工作是它们的灵魂。

范辉在《博物馆业营销问题初探》[④]中指出,博物馆作为文化资源,不仅是丰富的文物藏品资源,更是具有深邃历史文化内涵的探索性资源,是未来发展文化产业不可忽视的重要经济资源。博物馆的市场化运作有助于将其资源优势向社会效益和经济效益方面转化。

张丹在《市场营销与博物馆经营策略》[⑤]中提出博物馆虽然是非营利组织,但它也必须以消费者为目标,以消费者的需求为导向,通过展览和服务的形式为消费者创造价值。

於照在《博物馆理事会制度改革问题研究——以宁波博物馆为例》[⑥]中从博物馆基本功能和发展趋势、我国国情等方面论证了中国博物馆理事会制度建设的必要性和可行性。并以宁波博物馆为例,阐述了理事会制度的积极意义,指出理事会制度改革面临体制障碍、经费不足、独立性差、社会参与少、内部机制不成熟等障碍,提出要发挥各主体的作用促进理事会制度的完善。

---

① 张辉:《建立博物馆系统化工作体制的探讨》,《中国博物馆》1985年第2期。
② 王献本:《关于CS理论导入博物馆管理的思考》,《中原文物》2002年第3期。
③ 闽泉:《市场环境下的博物馆经营管理》,《中国博物馆》2001年第2期。
④ 范辉:《博物馆业营销问题初探》,《经济师》2001年第10期。
⑤ 张丹:《市场营销与博物馆经营策略》,中央美术学院硕士学位论文,2007年。
⑥ 於照:《博物馆理事会制度改革问题研究——以宁波博物馆为例》,宁波大学硕士学位论文,2017年。

余刚在《博物馆免费开放后的运营管理分析》[①]中,首先结合博物馆在文化方面的重要意义以及门票过高的状况分析了博物馆免费开放在目前的必要性,其次对于目前博物馆资金、人员、可持续性发展、运营发展瓶颈等问题进行了分析,并对博物馆免费开放措施提出了自己的建议。

柳懿洋在《博物馆集群化运营模式研究——以史密森学会为例》[②]中提出博物馆集群化发展是中国博物馆未来发展的趋势。文章运用博物馆集群化的原理,从其发展现状、特点,博物馆集群化的建立、运营以及效果和意义来分析论证博物馆集群化对于博物馆发展的现实意义。分析了该学会实施博物馆集群化带来的观众数量增加、教育活动广泛拓展、藏品资源最大化利用以及人力资源合理化配置、弥补资金不足等方面的意义。并结合我国实际情况,借鉴该学会集群化运营的成功经验,对我国博物馆集群化的运营和发展提出路径思考与策略建议:建立以理事会为核心的管理体系与完善的集群化运营机制。

李震在《韩国国立民俗博物馆管理体制与业务运行探析》[③]中研究了韩国国立民俗博物馆的基本情况、组织机构的设置、业务运行、藏品收录和收藏、志愿者和讲解员培训、社会教育功能等问题,提出中国农业博物馆可借鉴开展两馆合作交流,争取经济支持,提高职员能力,重视学术研究、国际交流展、外语人才储备、儿童教育和志愿者作用等经验。

胡锐韬在《流动博物馆运营模式探析——以广东省流动博物馆为例》[④]中通过介绍广东省流动博物馆说明了流动博物馆在体制、形式、市场等方面的创新点,分别介绍了政府、行业、成员、个体、市场、自身对于流动博物馆建设的激励作用。最后指出流动博物馆目前存在着发展的标准和规范缺乏、上层机构资金缺位等问题,希望能通过流动博物馆带动文博资源共享,实现社会效益最大化。

贺德孝在《免费体制下的博物馆运营现状及对策探讨》[⑤]中指出,免费体制下的博物馆在运营过程中出现了博物馆运营压力增加及运营成本提高这两大问题。并针对问题提出了以下对策:开发多元化盈利模式,寻求社会公益性帮

[①] 余刚:《博物馆免费开放后的运营管理分析》,《文化创新比较研究》2018年第2期。
[②] 柳懿洋:《博物馆集群化运营模式研究——以史密森学会为例》,中央美术学院硕士学位论文,2017年。
[③] 李震:《韩国国立民俗博物馆管理体制与业务运行探析》,《古今农业》2010年第4期。
[④] 胡锐韬:《流动博物馆运营模式探析——以广东省流动博物馆为例》,《中国博物馆》2017年第2期。
[⑤] 贺德孝:《免费体制下的博物馆运营现状及对策探讨》,《客家文博》2014年第2期。

助,开办"流动博物馆",通过加强安保力量及提升参观人员素质来减少安全隐患。

丁一哲在《试论多种模式下博物馆运营方式的选择——以我国台湾地区和韩国的博物馆为例》①中研究了博物馆经营模式的种类,传统运营模式与OT、BOT、BTL模式的区别以及影响博物馆委外经营模式的因素,最后得出可根据博物馆种类选择不同经营模式来增加博物馆事业活性及减少政府开支的结论。

张颖岚在《以"公众教育"为纽带的博物馆运营》②中研究如何实现以"公众教育"为纽带的博物馆运营与管理。作者从博物馆的使命和运营理念出发,提出当今博物馆应树立起以"公众教育"为纽带的运营理念。还指出为构建以"公众教育"为纽带的运营模式,博物馆应立足自身资源及优势,科学分析行业现状,研究受众特点及需求,并通过"公众教育运作流程"(路线图)、"公众教育指导委员会"(核心)等来科学规划博物馆应确立的符合自身特色的公众教育发展道路。

方智在《自媒体时代博物馆微信的运营研究》③中指出博物馆应在自媒体时代利用微信、微博等自媒体。他总结了用微信进行博物馆宣传的两大优势:增加博物馆的关注人数及减少博物馆运行成本。同时也提出了现今博物馆微信运营中出现的问题。他建议博物馆应利用好自身文化资源来创新平台内容,重视微信运营工作,提升营销意识;微信公众平台应重视用户运营,拓展媒介平台,通过寻求多方合作来加强博物馆微信公众平台的运营。

(五)关于博物馆文创的研究

何晓雷在《博物馆文化创意产品开发的特征、问题及对策》④中对近年来博物馆文创产品开发特征进行了介绍,指出了近年来文创开发出现的规划滞后、理论与人才支持不足、政策与管理体制不合理、存在体制机制障碍等问题,吸取国外博物馆经验,对于文创产品的未来发展路径提出建议。

刘容在《免费开放博物馆文创产品开发的现状与观念困扰》⑤中指出了我国免费开放博物馆目前遇到的财政投入大、文创收益少等问题,明确了文创产品的定位取向、资金能否盈利、绩效考察的观念困扰,提出国家采取合

---

① 丁一哲:《试论多种模式下博物馆运营方式的选择——以我国台湾地区和韩国的博物馆为例》,《中国民族博览》2019年第4期。
② 张颖岚:《以"公众教育"为纽带的博物馆运营》,《中国文物报》2015年7月21日。
③ 方智:《自媒体时代博物馆微信的运营研究》,《智库时代》2019年第44期。
④ 何晓雷:《博物馆文化创意产品开发的特征、问题及对策》,《学习与实践》2016年第12期。
⑤ 刘容:《免费开放博物馆文创产品开发的现状与观念困扰》,《东南文化》2019年第5期。

适的政策引导免费开放博物馆的文创健康发展,释放博物馆创造活力。

张鑫的《基于价值链视角的陕西历史博物馆文创产品开发研究》[1]认为随着文化创意理念的日益普及,文化创意产业与相关产业融合发展的"文创+"模式正在成为城市提升文化软实力与创新活力的重要原动力。博物馆文创产品开发是博物馆满足公众文化需求的新方式,博物馆文创产品开发必将成为博物馆发展的重要方向之一。

江天若的《博物馆文创产品开发研究》[2]以资源基础理论为研究架构,选取了国内文创产业发展具有较高代表性的苏州博物馆以及台北故宫博物院为案例进行研究。

张薇的《博物馆公共文化服务中的文创开发模式研究——以湖北省博物馆为例》[3]以湖北省博物馆为研究对象,聚焦博物馆公共文化服务中的内容创新,对博物馆文创开发模式进行研究,为未来湖北省博物馆文创开发提出了五种模式。

(六)关于博物馆绩效的研究

李一在《国家一级博物馆运行评估指标体系研究》[4]中通过跟踪考察一级博物馆建设与发展状况,构建了一级博物馆运行评估定性和定量的评估指标体系。

吴新的《国内博物馆绩效考评指标探讨》[5]在国内博物馆运营实际的基础上指出国家一、二、三级博物馆目前缺乏考评指标,并提出建立一套动态管理系统,切实落实博物馆绩效考评的督促作用。

丁一哲在《BTL模式的博物馆运营成果评估——以韩国国立海洋博物馆为例》[6]中以韩国国立海洋博物馆为例分析运营成果评估体系的内容、标准、评估手段以及评估成果与政府支付金之间的关系,来探讨BTL运营成果评估模式应用于我国的可能性。他认为,海洋馆的运营成果评估或许可以作为博物馆免费开放补贴的一个参照,通过具体考评运营情况来下发补

---

[1] 张鑫:《基于价值链视角的陕西历史博物馆文创产品开发研究》,西安建筑科技大学硕士学位论文,2017年。
[2] 江天若:《博物馆文创产品开发研究》,陕西科技大学硕士学位论文,2016年。
[3] 张薇:《博物馆公共文化服务中的文创开发模式研究——以湖北省博物馆为例》,武汉科技大学硕士学位论文,2018年。
[4] 李一:《国家一级博物馆运行评估指标体系研究》,北京化工大学硕士学位论文,2010年。
[5] 吴新:《国内博物馆绩效考评指标探讨》,《文博》2016年第5期。
[6] 丁一哲:《BTL模式的博物馆运营成果评估——以韩国国立海洋博物馆为例》,《福建文博》2018年第3期。

贴,更加科学灵活地分配经费。

(七)关于博物馆数字化的研究

潘守永、尹凯在《当代博物馆变迁的全球新视野:挑战与启示》[1]中认为新技术改变了人类的时空观,博物馆藏品对当代及未来博物馆的意义将会发生改变,人们使用博物馆的方式、博物馆技术的逻辑和博物馆学的研究范式也将随之发生变化。

于志勇、周兴社、于志文等人在《iMuseum可扩展的情境感知智能博物馆系统》[2]中提出了一种可扩展的情境感知智能博物馆系统,对此系统的设计以及实施与评估进行介绍。这一系统能捕获有关访客和周围环境的情境,然后为用户提供适当的文物信息,解决了博物馆中应用程序的可伸缩性等问题。

秦世贤、陈成、高宝昌等在《基于网络的博物馆广告图片管理系统设计》[3]中从背景入手,首先阐述了图片管理系统的现状、存在的优势,其次介绍了系统环境需求、性能需求和系统角色需求,然后概述系统总体架构设计、案例设计、数据库设计,最后介绍了系统的详细设计和实现部分。

陈刚的《新媒体与博物馆信息传播》[4]认为,数字技术有助于实现用户与博物馆展示对象之间的互动,维持使用者的参与程度。

章巍的《博物馆数字化建设的方向和途径》[5]认为数字化时代博物馆应当是博物馆运营与数字技术两者间全方位、多层次的有机结合,这体现出"数字化无所不在"的原则。

宋继敏的《现代科技条件下我国博物馆的教育》[6]认为博物馆教育职能在现代科技尤其是网络技术的影响下具有开放性、互动性、时效性和趣味性的新特点。

---

[1] 潘守永、尹凯:《当代博物馆变迁的全球新视野:挑战与启示》,《中国博物馆》2012年第3期。
[2] Zhiyong Yu, Xingshe Zhou, Zhiwen Yu, Jong Hyuk Park, Jianhua Ma. "iMuseum: A Scalable Context-aware Intelligent Museum System". *Computer Communications*, Vol.31, No.18, December 2008.
[3] Shih-Hsien Chin, Cheng Chen, Po-Chang Ko, Shih-Yang Lin. "Design of Museum Advertisement Picture Management System based on Web". *Journal of Visual Communication and Image Representation*, Vol.63, August 2019.
[4] 陈刚:《新媒体与博物馆信息传播》,《中国博物馆》2012年第1期。
[5] 章巍:《博物馆数字化建设的方向和途径》,载吉林省博物馆协会:《春草集——吉林省博物馆协会第一届学术研讨会论文集》,吉林市博物馆,2011年。
[6] 宋继敏:《现代科技条件下我国博物馆的教育》,南京师范大学硕士学位论文,2008年。

张小李的《从社会发展及用户需求角度看数字博物馆的定义》[1]认为数字技术有效延展了实体博物馆的功能,数字博物馆需要向公众进行在线教育。

宋继敏在《现代科技条件下我国博物馆的教育》[2]中认为新媒体技术丰富了博物馆的展览陈列形式,使得展品的展示空间得到前所未有的扩展,为博物馆展览形式开辟了新的道路。视频、投影、互动体验、语音服务等多媒体技术构建了更为丰富的博物馆知识体系。

刘伟、张海、郭雯雯在《信息技术支持的非正式学习环境国外新进展》[3]中指出,无线手持设备技术等信息技术用于博物馆藏品展示,将博物馆学习体验与其他学习经验进行连接,可以方便非正式学习环境中的进一步学习活动。

龚森、江河在《博物馆微信公众号的设计和运营探索》[4]中,首先对微信的覆盖广度进行了肯定,并结合博物馆公益性的特征明确了博物馆建立微信公众号的重要作用。其次从运营目标、下拉式菜单、宣传内容、用户管理、功能开发等方面对微信公众号设计提出了建议。

三、研究述评

不同领域的学者在近代博物馆、当代博物馆发展、博物馆管理体制、运营、文创、绩效、数字化等方面的研究成果颇丰,分别从多个视角对博物馆展开研究,对于探索博物馆的发展历史、博物馆的建设实践、博物馆的功用、博物馆未来发展趋势具有重要意义。

在国外学者关于博物馆的研究中,学者们对博物馆的基本情况进行探讨;对博物馆的理论进行系统梳理;对博物馆内部的组织与管理总结经验并提出自己的建议;研究文化政策对博物馆的影响。

在国内学者关于博物馆的研究中,费耕雨、费鸿年、陈端志、荆三林等近代学者在当时条件下对博物馆的建立与发展历史、分类、建设进行了论述;当代学者中曹淳亮、王宏均、段勇总结当代中国博物馆的基本情况与存在问题,提出中国博物馆可持续发展的方向;一众学者分别从各自独特的视角,如张瀚予从博物馆的伦理问题、孟庆金从博物馆功能演变问题、徐婧从考古保护与遗址博物馆的角度,对博物院的发展提出创新性观点。

在关于博物馆管理体制的研究中,学者们大多从我国现行的文化体制

---

[1] 张小李:《从社会发展及用户需求角度看数字博物馆的定义》,《东南文化》2011年第2期。
[2] 宋继敏:《现代科技条件下我国博物馆的教育》,南京师范大学硕士学位论文,2008年。
[3] 刘伟、张海、郭雯雯:《信息技术支持的非正式学习环境国外新进展》,《软件导刊(教育技术)》2013年第1期。
[4] 龚森、江河:《博物馆微信公众号的设计和运营探索》,《博物馆研究》2017年第1期。

机制入手,分析博物馆管理体制存在的问题与未来发展的方向。章磊、辛儒、尹静雅等人对市场与博物馆的关系进行总体论述,对博物馆管理中的创新制度建设提出合理建议;王云霞、胡珊辰以《国际博物馆协会博物馆职业道德准则》为参考,对我国博物馆治理体系提出建议;王献本将CS理论导入博物馆管理领域进行探讨;迟昭对日本美术博物馆学艺员制度进行分析来获得建设我国博物馆的启示。

在关于博物馆运营方面,多位学者对我国博物馆的运营模式进行分析。例如,闵泉对博物馆内部与外部职能进行了比较;范辉与张丹都对博物馆营销问题进行了探讨;於照举例研究博物馆的理事会制度;柳懿洋、李震、胡锐韬、丁一哲、方智分别提出了我国博物馆可能实行的创新运营模式。

在关于博物馆文创的研究中,何晓雷、刘容、张鑫主要对博物馆文创产品的开发现状、问题、对策进行梳理;江天若、张薇对博物馆文创的开发提出了新的开发模式,助推我国博物馆文创事业的发展。

在关于博物馆绩效的研究中,李一对国家一级博物馆运行评估指标体系进行研究;吴新提出目前我国博物馆缺乏考评指标;丁一哲探讨了BTL运营成果模式应用于我国的可能性。这些学者尝试构建创新的考核指标体系,对博物馆绩效考评起到督促作用。

关于博物馆数字化的研究中,宋继敏、张小李等人分析博物馆数字化为教育带来的影响;刘伟、张海、郭雯雯等人对数字化对博物馆展览陈列的影响进行探讨;章巍探讨了博物馆数字化建设的方向和途径;龚淼、江河在博物馆微信公众号的设计和运营探索方面提出建议。这些学者立足于现实,将技术发展进步与博物馆事业紧密联系,为博物馆功能的充分发挥提供了有效思路。

目前国内外学者关于博物馆的研究主要集中在近代博物馆建设、博物馆的绩效考核、博物馆数字化、博物馆文物保护、博物馆文创等方面。关于博物馆管理与运营机制这一方面则尚未有较为系统且深入的研究成果。

第三节 研究方法及框架

一、研究方法

(一)内容分析法

本书通过对中外博物馆管理经营模式、相关政策以及历史沿革等方面进行比较、分析及总结,进而对博物馆改革的未来方向和发展策略提出可行性建议。

（二）文献研究法

本书以国内外学者关于博物馆管理体制、运营体制、数字化发展、绩效考核、文创发展等方面的研究论文和理论著作为基本文献,对众多学者的研究进行总结、梳理和分析,并以前人的研究成果作为本书的理论基础。

（三）多学科交叉方法

对我国博物馆的管理体制构建及发展变迁的研究,涉及历史学、文物与博物馆学、哲学、社会学、文化学、管理学等多种学科的方法和理论。因此,本书将综合运用这些相关学科的研究范式和理论知识,解析近代我国博物馆管理体制的构建、我国博物馆管理体制与西方的比较、新中国成立后我国公有化博物馆体制的建立与变迁,并对博物馆改革的方向提出可行性建议。

（四）调查法

探究博物馆管理体制的历史沿革及其发展变迁,需借助实地调查法和访谈法为研究提供第一手的材料与数据。本书通过对博物馆管理机构和博物馆相关人员进行访谈,获得有关博物馆改革创新发展的资料。

二、研究思路与创新

（一）研究思路

本书梳理我国博物馆发展的概况和博物馆管理体制的变迁,总结我国从近代到当代的博物馆发展脉络,借鉴西方博物馆管理模式的经验,分析各阶段我国博物馆管理体制的发展与变迁,为新时代我国博物馆的管理体制改革与运营机制创新提出可行性建议,为我国博物馆事业融入"一带一路"以及"文旅融合"建言献计。

本书共分为五个部分。第一章为绪论,简述博物馆的起源和相关概念,梳理国内外学者对博物馆的相关研究,并引出本书的研究思路与创新点。第二章以英国、法国、欧盟、日本、美国等为例介绍外国博物馆的性质、经费来源、管理与运营机制。第三章以从晚清时期、北洋政府时期到南京国民政府时期为时间主轴,探析我国近代博物馆的建设、博物馆管理体制的构建,以及博物馆的社会功能。第四章梳理新中国成立至今我国博物馆体系在人事制度、财务制度、运营制度等方面的发展与改革。第五章对以上研究内容进行总结,解析我国博物馆管理体制的历史沿革与结构变迁,并对未来深化博物馆体制改革方向提出可行性建议。

(二) 研究创新

本书将运用公共文化领域、公共空间、制度变迁、文化治理等相关理论对我国近代到当代博物馆事业管理体制的兴起、建立、发展、变迁进行研究。

哈贝马斯在《公共领域的结构转型》一书中继承阿伦特的观点,指出在市民社会中存在"公"与"私"的划分,提出公共领域由私人和团体组成并面向全体公众开放,通过公共领域可以形成公共意见,对国家政权和其他社会力量进行监督和约束,以参与者、沟通媒介和社会共识为内在结构,以公共场所、公共空间、公共传媒、社团组织、社会运动为外在形式。我国博物馆正是在近代社会转型的大背景下建立,与图书馆、音乐厅、剧院等文化组织共同形成特色的公共文化空间,共同促进了近代公共文化领域的形成。因此,本书创新性地运用"公共文化领域"的相关理论研究近代我国博物馆事业的兴起与建设,关注公共文化领域的形成对近代国家认同建构及国家转型的作用和影响。[1]

近代博物馆最初沿袭西方博物馆制度而建立,但在新中国成立之初,我国参照苏联模式建立了公有化文化体制,博物馆被纳入国有公共体制之内,实行了长期的公有化管理模式。1978年后,伴随着改革开放的推进,我国博物馆体制改革也逐步展开。博物馆体制改革本质上是一个制度变迁的过程,博物馆领域的改革从经营制度、人事制度和薪酬制度等边缘性制度开始,逐步扩展至所有权制度、法人制度改革。直到博物馆机构被划入公共文化服务管理体系,我国博物馆领域的产权问题才基本解决,但博物馆领域中的理事会制度、博物馆法人问题仍是体制改革的难点。本书将运用制度变迁理论探析新中国成立后我国博物馆领域管理体制的发展与演变。

综上所述,本书的宗旨在于梳理近代、新中国成立初期、改革开放后三个阶段我国博物馆管理体制的嬗变与演进,以期全面勾勒我国博物馆体制的发展脉络并探析未来的改革方向。

---

[1] 傅才武、何璇:《论近代公共文化领域在建构国家认同过程中的功能与作用》,《福建论坛(人文社会科学版)》2016年第12期。

第二章　国外博物馆管理模式和运营机制

　　近代公共博物馆是基于收藏文化的发生、民主政权的建立和公共社会的发展而诞生的。收藏文化是全世界普遍存在且历史悠久的文化现象，但仅有欧洲的收藏文化在15世纪、16世纪之交得到了进一步的发展，逐渐转型孕育出具有公共特点的博物馆。究其原因，这与欧洲超前的社会发展条件和独特的历史背景是分不开的。地理大发现以及后续一系列的殖民贸易及扩张运动为博物馆的建立提供了原始的物质积累；文艺复兴、宗教改革、启蒙运动尤其是百科全书派学者的思想，为现代博物馆理念的确立和发展提供了思想契机；自然科学的发展，特别是第一次工业革命，为现代博物馆的发展提供了技术条件，同时也增强了人们对于知识和教育的需求；工业革命时期生产力的发展带来生产关系的变革，近代民主政体的确立带动了公共民主意识的形成，刺激了公共文化的产生与发展。种种因素叠加下，具有公共化特征且以社会教育为主要目的的现代博物馆在17世纪末于欧洲诞生了。

　　1683年，牛津大学依托伊莱亚斯·阿什莫林的私人捐赠建立了世界上第一座对外开放的博物馆，即阿什莫林博物馆，它的建成标志着近代博物馆的诞生。此后博物馆界又经历了三次博物馆运动和两次博物馆发展高潮，最终形成了以大英博物馆为代表的世界博物馆体系。在社会发展进程中，一些举世闻名的博物馆为世界博物馆事业的发展作出了良好示范，例如大英博物馆、卢浮宫博物馆、都灵埃及博物馆、东京国立博物馆、纽约大都会艺术博物馆、埃尔米塔什博物馆以及其他大型博物馆。

　　本章梳理了英、法、日、美及欧盟博物馆管理模式，以期为我国博物馆体制改革提供参考。其中，英国采取"一臂之距"制度管理博物馆，极大地激发了博物馆运营的活力与自主性；法国坚持文化行政导向模式，同时加强"去中心化"，下放博物馆管理权，为我国博物馆体制改革提供了参考；欧盟推行

"博物馆联盟",实现下辖博物馆资源共享、联动发展,为未来区域博物馆合作指明了方向;日本全面落实国立博物馆独立行政法人制度,明确政府部门与博物馆之间的权责,赋予博物馆极大的自主权;美国实施"市场分散化"的文化管理模式,博物馆拥有完全的生存、管理和发展的自主权。

第一节　英国博物馆的管理模式和运营机制

英国博物馆的发展贯穿于世界博物馆事业的发展过程之中,其博物馆建设一直领先世界。自1683年英国第一个公共博物馆阿什莫林博物馆诞生至今,英国博物馆体系经历了三次特别的博物馆革命,并且一直与教育挂钩,形成了英国独特的博物馆教育模式。以大英博物馆、自然历史博物馆为代表的英国博物馆体系深刻地影响了世界各国博物馆的发展,目前仍引领着世界博物馆发展模式的主流。

一、英国博物馆的萌芽与发展

英国博物馆的萌芽,可以追溯到15—16世纪。以弗朗西斯·培根为肇始的实验科学和近代归纳法的发展,为生物标本的制作、保存和收藏奠定了基础;商品经济的发展促进了资产阶级的实力发展和精神解放,进一步促进了收藏文化的发展。

16—17世纪,奇珍室(Cabinet of Curiosities)、工作室(Studio)、赌场(Casino)、画廊等对外有限开放的"收藏室"形式的场所风靡欧洲,在英国当然也形成了相当的影响。英国最早的类似机构是皇家军械库,英国皇家军械库被有些人认为是英国最早的博物馆和世界最早的博物馆之一,其对外开放条件的逐步降低经历了一个较为漫长的过程:1545年,英国皇家军械库对外有限开放并收费;1594年,进入皇家军械库的参观者无须付费;17世纪下半叶,被允许参观的观众范围扩大。皇家军械库的对外开放是有限的,更多是出于政治目的和皇家的经济需求。

随着经济社会条件的发展,有限开放的收藏室已经不能满足人们的需求,一种能够适应更大范围、面向更广泛公众的公共博物馆成为社会普遍诉求。[①]1683年,近代第一个公共博物馆——阿什莫林博物馆诞生,其作为牛津大学附属的博物馆向公众和学者开放,开创了基于私人藏品建立近代博物馆的先河。

---

① 易丹妮:《欧洲早期博物馆的兴起:背景与历程》,浙江大学硕士学位论文,2014年。

至此，私人拥有的珍品收藏文化实现了向公共博物馆文化的转变。

1759年，基于汉斯·斯隆爵士捐献藏品所建立的大英博物馆向公众免费开放，该博物馆的运营和管理由非营利性的托管理事会负责，托管理事会成员由议会指定。议会还为博物馆提供资金支持，以确保藏品能够为全国乃至后代共享。为许多国家博物馆所借鉴和效仿的信托制度由此建立。此后的120年间，大英博物馆参观人数逐渐增多、参观条件逐渐放宽、参观时长逐渐拉长，最终在1879年，实现周一至周六每天开放。

19世纪末到20世纪末，博物馆历史上出现了三次革命。在这三次革命中，英国博物馆确立了面向社会公众、服务社会公众的基本目标，同时也确立了自身在世界博物馆界的领先地位。目前，英国通过经费、策略、绩效考核、人事、藏品管理和市场营销等方面的改革，已经建立起了较为完善的管理制度，对政府、文化管理机构、理事会、馆长、策展人等主体的职能进行了较为高效的分配。根据英国博物馆、图书馆及档案馆委员会(Museums, Libraries and Archives Concil, MLA)的最低认证标准，英国大约有1860座博物馆，这些博物馆年平均参观人数在8000万到1.14亿之间。[①]

二、英国博物馆的管理体制

英国的博物馆事业发达，多于一半的博物馆属于独立博物馆，即独立于英国政府系统之外的博物馆，其余是地方博物馆和国家博物馆。英国博物馆的主要管理机构是文化媒体与体育部，英国博物馆协会，英国博物馆、图书馆及档案馆委员会。文体部在国家政策、方针、计划层面对全英博物馆进行管理、规划，后两者在各类社会团体的协助下负责博物馆的具体管理工作。英国博物馆管理主要依据的政策及法规为1963年通过的《大英博物馆法》，该法规定英国的博物馆由理事会管理，自此确立了英国博物馆的理事会制度。近十年来，英国博物馆的经费来源逐渐多元化，目前博物馆的经费来源主要有政府补贴、相关产业经营和社会捐赠三类渠道。

(一) 主管机构

目前英国博物馆的最高管辖权归文化媒体与体育部(Department for Culture, Media and Sport, DCMS)，该部门成立于1997年，由原国家遗产部等部门合并改组而成，负责制定相关文化政策，借助财政拨款和设立基金等方式为博物馆建设发展提供旅游运营研究框架以及突出政府文化建设的目

---

① 数据来自英国博物馆协会官方网站。

标和重点。但是英国的文化媒体与体育部并不直接参与具体的博物馆管理工作,更不会干预博物馆的日常运作,只通过中介机构实现管理。①

英国博物馆最开始是由国会通过专门法案,通过信托模式成立托管理事会以管理博物馆,但国家对各博物馆的管理和投资多形同虚设,至19世纪英国政府才开始重视对博物馆的管理和建设,国家管理博物馆得以落实(见表2-1)。

表2-1 英国博物馆的管理机构

管理机构	时间	机构性质和主要责任
大英博物馆精选委员会,也称议会委任委员会	1835年	针对国家所有的标志性博物馆之间的管理与合作
古迹巡视员办公室	1882年	英国设立的第一个文化保护机构
艺术与图书馆部	1965年	通过政策指导和年度拨款对艺术团体和文化机构进行管理
环境部	1970年	文化遗产保护工作由环境部内部的古代遗址与历史建筑理事会和各地方办公室负责
英格兰遗产委员会	1983年	取代原古代遗址与历史建筑理事会的大部分职能
国家遗产部	1992年	博物馆的主管机构
文化媒体与体育部	1997年	取代国家遗产部,负责博物馆的发展政策和财政拨款

博物馆的具体管理工作由非政府性质的公共文化管理机构负责,英国拥有绝对专业性、权威性和代表性的博物馆事业中介管理机构是英国博物馆协会,英国博物馆、图书馆及档案馆委员会。

英国博物馆协会在1930年以慈善有限公司名目成立,1962年登记成为慈善团体,现已发展成为英国博物界最大的博物馆专业团体,其宗旨为推广和发展博物馆,鼓励公众利用博物馆更好地了解和保存人类物质遗产和环境。职能包括但不限于协助政府制定政策,确定博物馆的发展方向、道德原则等,为英国博物馆提供理论支持和规范框架,为博物馆工作者建立和推行专业培训标准和提高教育资质能力提供资源、指引及信息等。近年来该协会影响深远的工作有:2002年,制定形成新的博物馆职业道德标准;2007年,考虑到部分机构因财政问题需要处理藏品的特殊情况,更改了藏品的相关管理规范。②

英国博物馆、图书馆与档案馆委员会成立于2000年,是英国文化媒体

---

① 李策:《历史博物馆旅游运营研究》,湘潭大学硕士学位论文,2008年。
② 李淑文:《英国博物馆协会着手更新博物馆职业道德标准》,《科学教育与博物馆》2015年第4期。

与体育部资助的非政府公共体,是英国政府实践"臂距原则"的中介机构。该委员会将原有的英国博物馆与美术馆委员会、图书馆信息委员会等机构合并,其业务主要分为两大类:一是具体落实博物馆资金支持,二是运作博物馆登记制度。英国博物馆、图书馆与档案馆委员会每年通过政府拨款、国家彩票、挑战基金等各种渠道筹集资金,资金根据国有和非国有博物馆的申请(已登记的非国有博物馆与国有博物馆可以平等地申请上述资金),经评估后拨付给博物馆。博物馆登记制度则继承自英国博物馆与美术馆委员会于1988年开始的达标登记制度。英国博物馆、图书馆与档案馆委员会根据与英国博物馆协会共同确立的博物馆认证标准,对申请博物馆登记机构的章程、藏品、人员、管理机构、保护、开发时间、设施、财务、建筑等具体指标进行检验,并于2004年推出"博物馆认证方案",方案事实上成为英国博物馆界的行业标准。2011年起,英国博物馆的认证制度转由英国艺术理事会负责,英国博物馆、图书馆与档案馆委员会则开始着力推动"文艺复兴"计划,活化英格兰地区的博物馆和美术馆,让博物馆根据区域规划标准自行发展。

(二)相关政策

作为文化遗产大国和文化遗产保护大国,英国有关文化遗产保护的法律法规出台早、内容详尽、体系完善。1753年大英博物馆经议会法案批准建立并于1759年起正式对公众开放,这一议会法案大概是英国博物馆法规的雏形。1845年《博物馆法案》(Museums Act)出台,英国有了统一规范的博物馆法规。1870年英国国会通过了《初等教育法案》,强调"实物课程",博物馆不仅被列入教学课程计划,也被写入教育行为准则。1895年,英国修正《学校教育法案》,将学校到博物馆参观视为有效的教学途径,开启了学校与博物馆合作的模式。[1]1932年,英国政府颁布了《城乡规划法》,这是英国政府颁布的第一部有关历史建筑的法律条文。1979年,英国政府颁布《古代遗址与考古地域法》。1983年,英国司法当局颁布《国家遗产法案》。1996年,英国当局制定了《珍宝法》,并于次年颁发《珍宝法执行细则》。

如今,英国的博物馆建设法规内容更加详尽,体系更加完善(见表2-2)。1977年,在英国博物馆协会的年会上,根据1976年会议讨论结果修订的《博物馆实践规范》获得了大多数成员的同意而被正式采纳。该规范表明了英国博物馆协会对联合国教科文组织国际公约的态度,它要求各博物馆恪守职业道德、遵守国际博物馆的道德原则,实际上通过实践规范的形式结束了

---

[1] 廖敦如:《我的教室在博物馆:英美"馆校合作"推展及其启示》,《博物馆学季刊》2005年第1期。

英国博物馆非法征集和交易非法文物的历史。

表2-2　关于英国博物馆建设的部分法规①

出台时间	出台机构	政策名称
1882年	国会	《古迹保护法》
1945年	英国议会	《博物馆法案》
1987年	—	《规划(指定建筑与保护区)法》
1996年	—	《珍宝法》
1994年	—	《文物遣返条例》
2003年	英国议会	《文物交易法案》
2005年	英国文化传媒与体育部	《打击非法贸易：针对博物馆、图书馆和档案馆收集和借用文化材料的尽职调查准则》
2017年	英国文化传媒与体育部	《文化财产(武装冲突)法》

1882年颁布的《古迹保护法》在英国文化遗产保护史上具有划时代意义，它规定古迹所有者在使用这些古迹之前应该征得国家古迹委员会的同意，不得随意破坏。

1945年英国议会通过的《博物馆法案》主要以法律手段保障用于博物馆维护与发展所需要的资金，同时确立了为大学的博物馆学系提供相应经费的博物馆发展政策。

1987年颁布的《规划(指定建筑与保护区)法》对历史街区进行保护，明确了"指定"建筑类文化遗产及历史街区的定义，确立了"指定"的原则，并对主管单位的认定、开发与转让的管理、紧急维护、申请解除指定、施工许可申请及修复经费补助等事宜进行了规定。

1996年颁布的《珍宝法》对已有300年以上历史的物品采取"指定制度"，国务大臣有权力对具有突出历史、考古、文化价值的物品进行指定。《珍宝法执行细则》还规定了珍宝的所有权转让、发现者的权利与义务、主管官员权力的解除、珍宝的价值评估制度、出口许可证制度、奖惩制度、年度报告制度、案件处理时效等方面的内容。

1994年的《文物遣返条例》是为保证欧盟《关于文化产品出境的第9311/92号理事会条例》和《关于返还从另一成员国领土非法转移文物的9311/92号理事会条例》的实施，在英国通过的一项保护文物政策。

2003年颁布的《文物交易法案》扩大了文物财产保护的范围，对文物非法

---

① 参见王云霞：《文化遗产法教程》，商务印书馆2012年版；李睿琦：《英国文物进出境管理政策研究》，陕西师范大学硕士学位论文，2017年；潘汝欣：《英美法中文物保护规定的评析》，《云南大学学报(法学版)》2013年第1期。

交易或出口的行为进行遏制,并对非法挖掘、移除、买卖、收受、进出口、借贷或约定进行上述不利于文物保护交易的犯罪行为的责任进行进一步明确。

2005年的《打击非法贸易:针对博物馆、图书馆和档案馆收集和借用文化材料的尽职调查准则》针对博物馆、图书馆和史料机构发布了购买、借展和接受捐献外国文物收藏品必须遵守的尽职调查的指导规范,原则上只限于1970年后有合法来源证明、除非明知是非法出口的物品。除此之外,如果该文物原属国在1970年前就有禁止出口的规定,则要遵守适用更早的时间点作为判断标准,此种规定的要求算是赋予博物馆很高的道德责任。

2017年的《文化财产(武装冲突)法》将非法交易以及从被占领土中将文化财产运输出境的行为认定为犯罪行为,规定此类文化财产应被扣押并于战争结束后返还原属国。

(三)"一臂之距"——英国博物馆间接管理原则

刘世风在《英国政府"一臂之距"管理博物馆》①中对英国"一臂之距"的管理原则作出了阐释,将其简单概括为国家对文化采取分权式的行政管理体制,政府对博物馆实行间接管理,强调博物馆的自主性。

"一臂之距"原则也切实贯彻于英国的博物馆管理体制中,具体表现在管理决策制度、人员培训选聘制度、资金管理等方面。下面将从组织制度、人事制度、财务制度三个方面来简述"一臂之距"原则下的英国博物馆管理模式。

从政府角度而言,英国文化媒体与体育部主要负责文博相关事宜。英国文化媒体与体育部主要负责注册古迹和全国逾50万处历史建筑,管理皇家公园、世界文化遗产和国家艺术品,制定艺术、体育、国家彩票、旅游、历史环境保护和博物馆发展等方面的国家政策。该部下设文化司,管辖文化、政府艺术收藏及皇家公园,设有相关部门负责历史建筑的维护、考古遗址的登记及文物的进出口管制等工作。文化媒体与体育部内设多个顾问委员会,如历史沉船遗址顾问委员会、国家历史船只顾问委员会、政府艺术收藏顾问委员会等,为政府提供专业意见及建议。政府关于博物馆建设的政策制定和发展规划乃至相关法律法规的策划都离不开这些委员会中专家的意见和建议。

从博物馆内部运营来看,英国主要采用的是理事会制度。1963年英国国会通过了女王签署的《大英博物馆法》,规定英国博物馆实行理事会制度。自此,委托管理委员会制度(又可译作董事会或理事会制度)使英国博物馆在"一臂之距"的管理原则下能够保证自身的运行,逐渐在欧洲博物馆治理

---

① 刘世风:《英国政府"一臂之距"管理博物馆》,《中国文物报》2013年10月16日。

体系中占据主导地位。

英国的理事会制度(又称董事会制度)是董事会领导下的馆长负责制,董事会成员一般有10至20名,主要聘任社会名流、专家学者,任期5年,任满后可连任一届,没有酬劳。理事会定期开会,借此指导和掌控博物馆事务,制定博物馆的发展规划、博物馆主要的工作制度,审查并批准博物馆馆长的执行计划,并对博物馆每年的工作情况发表年度报告,并不参与博物馆日常管理工作。一般情况下,理事会下设馆长,馆长下设秘书处、研究部门和业务部门。馆长全面负责博物馆日常运营管理,行使法人代表权利,完成董事会制定的目标任务,寻找合适的"Curator"负责人、财、物的使用调配,充任博物馆的"指挥官"。"Curator"在我国有好几种翻译的方法,一种是"业务主管",意为主管博物馆的收藏、陈列、研究等工作,偏重管理;另外一种译法是"策展人"。两者虽译法不同,但无疑都肯定了"Curator"在博物馆日常工作中的关键作用,即"博物馆工作的灵魂"[①]。

在博物馆的人事制度方面,英国每个博物馆背后都拥有规模庞大的义工团队和博物馆之友,无偿地协助博物馆工作,这些人员是博物馆管理的基础。为保证工作效率,英国建立了专门的博物馆人员培训制度。英国博物馆专业人员的培训工作开始于1987年,博物馆和美术馆委员会在博物馆专业发展的报告中提出开展博物馆专业培训和建设职业结构,鼓励政府建立博物馆培训学院,将国家职业资格(National Vocational Qualification,NVQ)引入博物馆行业。在1987年至1995年,理事会与政府就业部门合作,将NVQ引入英国博物馆的各个部门,从根本上改变了培训提供的性质。理事会根据博物馆行业的功能分析,制定博物馆从业人员的职业能力标准,明确培养具有担当能力和专业技能的博物馆职员,并在工作人员和义工培训中作出调整以满足博物馆工作人员不断变化的职业需求。但是这种培训是针对行政人员和其他人员的,而不是针对专业人员的。在大多数人眼中,博物馆的专业人员,即"Curator"的发展是通过工作来实现的,而非培训。这也实际造成了博物馆人才需求和职业培训之间的分裂。基于此,英国博物馆界建立了NVQ认证,资格框架主要基于个人履行博物馆职能的能力,在工作场所进行评估,改善可及性,并反映雇主和雇员在博物馆中的技能和知识需

[①] 在线文博:《文博教程|博物馆学基础(十)博物馆的决策——理事会及其制度(找钱的事是其分内职责)》,搜狐网,2016年9月28日。

求。①随后,英国博物馆协会将NVQ纳入其会员资格认证的法规中,要求英国博物馆工作人员需要拥有基础性的博物馆工作经验和能够令人满意的专业能力水平。而在私有博物馆中,义工和博物馆之友等组织所提供的无偿协助工作仍旧发挥着巨大的作用。

在博物馆的资金来源方面,英国博物馆的资金来源主要是政府补贴、相关产业经营收入和社会捐赠三部分。英国政府通过财政拨款、国家彩票、特设基金等渠道筹集资金,向申请资金支持的已经登记过的博物馆提供拨款,以支持已登记博物馆的发展。这也是英国政府对各博物馆实现间接管理的途径之一。但是近十年来,由于种种原因,政府的财政支持逐渐弱化,英国的各个博物馆不得不另辟筹集资金的新渠道,以维持运营。由于博物馆在公共文化服务和旅游业中占有独特的地位,门票无法成为能够维持英国博物馆运行的全部资金来源,许多博物馆遂将目光投向博物馆商店。英国博物馆开始使用IP授权的方式寻求新的资金来源,挖掘馆藏文物的商业价值,并与电商平台进行合作,推广其艺术衍生品。②影响最大的莫过于大英博物馆相关文创产品的开发和自然历史博物馆"博物馆奇妙夜"活动及相关IP的开发。

争取捐赠是英国博物馆筹集运营资金的又一方式,英国的博物馆捐赠体系也已经比较成熟,按照捐赠的主体可以分为个人捐赠、团体捐赠、企业捐赠等类别。英国博物馆对于个人捐赠持积极鼓励、多多益善的态度。新加坡《联合早报》网站2019年3月12日报道,英国国家艺术馆、大英博物馆和自然历史博物馆,近期开始安排职员在展览馆入口及附近鼓励游客捐款,自然历史博物馆馆方更推出新式拍卡捐款仪器。英国各大博物馆套用市场营运策略,提供便捷方法,让参观者快速进行小面额的捐款,以便能够争取到更多的个人捐款,聚沙成塔,积少成多。在团体捐赠方面,英国博物馆界依靠社会慈善团体的捐赠筹集了许多资金,其中最具代表性的社会团体当属英国艺术基金(Art Fund, AF)。AF创立一百多年以来,一直实行会员制度,通过会员费、私人捐助、公开募捐等途径募集资金,通过募捐、拨款等方式为博物馆提供了大约超过5000万英镑的资助,以为博物馆购买新藏品所用。企业以慈善的名义向公共文化机构提供捐赠,是企业和博物馆实现双赢的高回报方式。在英国,大多数企业以赞助商的名义资助艺术与文化机构,非赞助资助则比较少见。目前企业对于长期性、战略性慈善事业的参与

---

① Simon Roodhouse. "Where is Museum Training in the United Kingdom Going Now?" *Museum Management and Curatorship*, Vol.17, No.3, September 1998.
② 武文龙:《大英博物馆借国内电商提升文创销量》,《艺术市场》2018年第9期。

度较低,企业支持艺术与文化领域的潜力尚未被挖掘。[1]

部分博物馆为了维持运营也采取出售藏品的方式获得资金。在资金缺乏和藏品冗杂的双重危机下,部分博物馆开始出售藏品以筹措资金维持博物馆运营。诺坦普顿博物馆与美术馆以1580万英镑的价格出售其馆藏的埃及舍卡姆卡(Sekhemka)雕塑。伦敦的帝国战争博物馆在2010至2015年期间处理了共69件枪支、27000件影像资料和40000册书籍,但与诺坦普顿博物馆与美术馆不同的是,这些藏品都有多件相同的替代品,帝国战争博物馆只是对保存条件不好的藏品进行了除藏处理。但这一做法至今仍有很大争议,继而引发了关于馆藏藏品所有权的矛盾(博物馆是否有权处置藏品)。尽管英国相继出台了《文物遣返条例》《文物交易法案》《打击非法贸易:针对博物馆、图书馆和档案馆收集和借用文化材料的尽职调查准则》《文化财产(武装冲突)法》等文物保护政策,但都没能在法律、道德、现实层面上针对博物馆出售藏品这一行为,作出符合大众的期许的判断。

三、英国博物馆管理和运营启示

英国形成了一套较为科学的博物馆管理与运营体系。博物馆的最高管理机构是文化媒体与体育部,负责制定相关文化政策、突出文化建设重点。具体管理行业工作由非政府性质的博物馆主管机构英国博物馆协会,英国博物馆、图书馆与档案馆委员会承担。该体系充分体现了英国文化分权管理的"一臂之距"原则,有利于精简政府行政事务、提高文化管理的效率,使文化团体和相关机构保持一定的独立性,以最大程度避免行政干预和腐败,实现文化延续性发展。英国博物馆主要的运行制度是理事会制度。该制度将专家学者、社会名流吸收进董事会,负责博物馆的管理工作,这无疑可以进一步发挥公众和社会力量,增强博物馆管理与运营的公开性,从而更好地实现博物馆的职能。

在人员配备方面,英国博物馆有规模庞大的义工团队和博物馆之友支撑。同时为保证工作效率,英国建立了专业的博物馆人员培训制度,将国家职业资格引入博物馆行业,保障博物馆工作人员的专业水平。英国博物馆协会还将国家职业资格纳入博物馆的相关法规中,对国家博物馆工作人员的工作经验和专业能力水平提出硬性要求。英国博物馆界现行的人事制度,特别是人员培训制度充分考虑了英国博物馆的人员现状和实现管理高效性的目的。我国博物馆现在同样存在着人才缺口,为此,需要加强文博专

---

[1] 陆坤:《博物馆运作的新契机:英国企业慈善行为动机和战略慈善参与研究》,《科学教育与博物馆》2019年第4期。

业人才的培育,并加大对博物馆志愿者的管理和培训。

英国博物馆的主要资金来源是政府补贴、相关产业经营收入和社会捐赠。英国政府通过财政拨款、国家资助、基金资助等渠道筹集资金,为有需要的博物馆提供拨款,以支持其发展。近十年来,由于种种原因,政府的财政支持逐渐减少,英国的各个博物馆创新筹集资金的新渠道,开发了博物馆商店、IP授权、与电商平台进行合作、争取捐赠、出售馆藏等方式。尽管有些途径仍存在较大的争议,但英国博物馆的相关经验无疑为我国博物馆寻求新的资金来源开拓了思路,提供了借鉴。

第二节 法国博物馆的管理模式和运营机制

法国博物馆的发展在世界博物馆的历史之中占据重要地位,法国的博物馆所有权改革(皇家宫殿转为国有)在世界博物馆发展史上具有里程碑式的意义。受法国大革命和启蒙运动的影响,法国博物馆在建设之初就实现了比较全面的开放,公共博物馆的主流地位得到确立,这为世界各大博物馆社会化和公共化提供了范例。法国博物馆界的代表卢浮宫,其发展历程具有参考性。

一、法国博物馆的萌芽与发展

1789年,法国大革命爆发。革命推翻了波旁王朝的统治,王权遭到很大程度的打击。国民议会颁布一系列法令,提出卢浮宫和杜伊勒里宫皆为国民宫殿,其既是王室的居所,又是汇集科学、艺术的纪念物以及进行公共教育的场所。[①]卢浮宫和杜伊勒里宫在理论上成为国有的公共机构。1792年8月19日,新成立的国民公会关于改建卢浮宫博物馆的计划公布,确立了卢浮宫博物馆的国有性质,藏品收集的工作开始实施。1792年9月21日,路易十六被捕,卢浮宫和国王居住的杜伊勒里宫在事实上实现了所有权的过渡,真正实现国有化。1793年7月27日,国民公会颁布了一项专门的法律对卢浮宫博物馆的开放形式做了规定。同年8月10日,卢浮宫博物馆正式作为国家博物馆向公众开放。

1790年10月13日,当局提出了根据新划分的83个省平均分配文物、在各地成立地方博物馆的设想。1793年,国民公会要求各地开展文物的清点

---

① *Archives Parlementaire*, tome XXVI, p.472.

登记和保护工作,全国文物的所有权实现了迁移。①

雅各宾派执政时期,法国博物馆尤其是卢浮宫博物馆的公共教育职能得到发展,具体表现为大量具有革命象征意义或风格的艺术品被收藏进卢浮宫博物馆,这使其成为革命宣传的重要阵地。

19世纪工业革命的发展激发了人们研究和学习科学技术的热情,也为科学博物馆的出现和发展奠定了物质基础。1799年法国在巴黎建立了世界上最早的应用科学博物馆——国立科学工业博物馆。之后随着社会科学的发展,人文类型的博物馆也发展起来,1878年,法国建立了巴黎人类学博物馆。

1801年,为了顺应"去中心化",卢浮宫博物馆部分藏品被分散到马赛、图卢兹等15个地方博物馆。在随后的两个世纪间,法国政府通过制定博物馆政策、加大经费支持等方式推动法国博物馆事业的发展,形成了如今各级中央、大区、省、市(县)、乡(镇)公共博物馆占绝对主导的博物馆体系。2016年,超过1200个博物馆被标记为"法国博物馆",其中只有1000多个博物馆向公众开放。在法国向公众开放的博物馆中,三分之一是艺术博物馆,三分之一是历史博物馆,其余三分之一是社会与文明博物馆以及自然、科学和技术博物馆(如图2-1)。其中艺术博物馆参观人次最多,占参观总人次的三分之二,其次是历史博物馆(18%)。

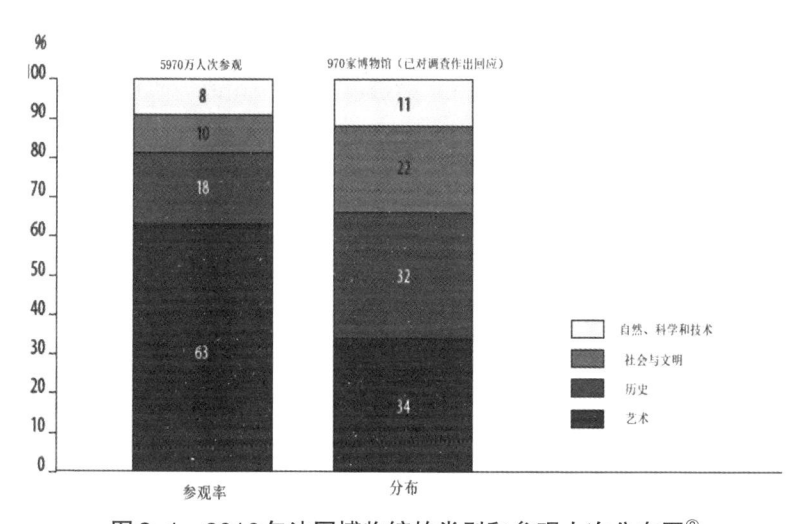

图2-1　2016年法国博物馆的类别和参观人次分布图②

---

① 李军:《地域的中心化:卢浮宫与普世性博物馆的生成》,《文艺研究》2008年第7期。
② 参见法国文化部官网。

二、法国博物馆的管理体制

法国的博物馆在建设之初就确立了公共博物馆的主体地位,如今更是以国有博物馆为主导。法国博物馆的主要管理机构是文化与新闻部下设的博物馆处,以及作为公共机构的博物馆联合总会。法国博物馆管理主要依据的政策及法规为1983年《第83-663号法令》和1987年5月《有关文化部组织的法令》,法令规定了博物馆的负责机构,明确规定了各级文化管理权限。政府资助是法国公立博物馆运营资金的主要来源,此外,社会捐赠近年来也成为法国各博物馆获得运营资金的重要途径。

(一)主管机构

1792年,法国内政部负责卢浮宫建设事宜,内政部长罗兰指定了一批艺术家组成了博物馆委员会,由该委员会组织开设了卢浮宫画廊。第二次世界大战欧洲战场结束以后,法国初步建立起博物馆管理体系,由教育部美术总局的国家博物馆司负责管理30多家国家级博物馆。1945年7月13日,法国政府颁布了《博物馆组织法》,将"国家博物馆司"改为"法国博物馆司"。同年,法国博物馆管理局正式成立,它的前身是卢浮宫博物馆于1802年建立的一个下属机构,对法国38个国立博物馆、国家保护级的32个博物馆和国家监督级的900多个地方博物馆行使管辖权和监护权。1959年法国文化新闻部成立,下设博物馆司,直接管理33个国家级博物馆。2009年,博物馆司改为博物馆处。如今,法国博物馆的管理模式由高度集中管理发展成分散管理,蓬皮杜艺术文化中心公共机构部的成立是政府将博物馆管理权力下放的开始。此外还有一些博物馆组成了"责任中心",拥有独立的运营资金,卢浮宫也变成了具有行政性质的公立机构。

法国国立博物馆联合会是一个具有法人地位、财政自主的公共机构,始创于1895年,成立初衷是募集管理收购艺术作品的基金、丰富国家馆藏。1921年之前,法国博物馆一直免费向公众开放,1921年通过的一项法令允许博物馆收费,并将这项所得拨给国立博物馆联合会用以购买艺术品。1991年,国立博物馆联合会成为具有工商性质的公共机构,负责收集藏品、展览和出版宣传等工作。[1]该联合会由法国博物馆管理局局长领导,下设馆长委员会和艺术理事会。

(二)相关政策

作为拥有顶级博物馆最多的国家,法国出台的博物馆相关法律政策在

---

[1] 〔法〕雅克·萨卢瓦:《法国博物馆》,汤延英、狄荷花译,商务印书馆2000年版。

鼓励、支持法国博物馆的振兴、发展方面,起到了至关重要的作用。1945年的《博物馆组织法》是法国第一部关于博物馆的法律,该法对振兴二战时遭破坏的博物馆发挥了关键性作用。20世纪七八十年代,为了适应法国博物馆司改革和博物馆事业发展的需要,法国政府开始了一系列的法律改革。2002年,部长会议通过了博物馆法律改革初稿,但次年的第二稿没有得到部长会议的采纳。一直到2002年1月4日,关于法国博物馆的法律才颁布(见表2-3、表2-4)。

表2-3 法国有关博物馆的部分政策[①]

时间	机构	政策名称
1840年	—	《历史性建筑法》
1887年	—	《纪念物保护法》
1962年	文化部	《马尔罗法》
1983年	—	《第83-663号法令》
1987年	文化部	《有关文化部组织的法令》
2002年	参议院	《法国博物馆法》
2003年	文化部	《赞助、协会和基金会相关法案》
2004年	参议院	《遗产法》

表2-4 法国有关博物馆的部分政令通函[②]

时间	形式	主要内容或目的
1981年2月20日	政令	国立博物馆、建筑和藏品门票定价
1981年3月3日	政令	国立博物馆的藏品的出借与存放
1981年4月28日	政令	应对故意损害藏品的恶意行为
1981年5月11日	政令	建立国立博物馆联合会和卢浮宫学校
1982年1月28日	政令	建立博物馆艺术委员会
1982年6月23日	通函	建立博物馆收购地区基金会
1982年12月8日	政令	将美术博物馆登记归档

[①] 参见王云霞:《文化遗产法教程》,商务印书馆2012年版;邵甬、阮仪三:《关于历史文化遗产保护的法制建设——法国历史文化遗产保护制度发展的启示》,《城市规划汇刊》2002年第3期;刘世风:《法国:政府主导管理博物馆》,《中国文物报》2013年11月13日;孔德超:《法国文化遗产法研究》,中国人民大学博士学位论文,2010年。

[②] 王楠:《法国博物馆运营管理模式研究》,对外经济贸易大学硕士学位论文,2011年。

续表

时间	形式	主要内容或目的
1983年11月2日	决议	建立大卢浮宫公共机构
1984年7月17日	政令	团体参观大宫长廊展览的规定
1986年和1987年	政令	修正1975年、1945年美术博物馆临时组织法令
1987年7月23日	法律	发展赞助
1988年2月19日	政令	法国博物馆司组织
1988年6月6日	通函	地方行政区域优先购买权
1989年9月21日	政令	部分国立博物馆的组织和运营
1989年11月23日	决议	国立博物馆报告人登记方式
1990年5月16日	政令	遗产保存者的特殊地位、建立遗产学校
1990年11月14日	政令	国立博物馆联合会转为工商性质的机构
1991年12月30日	财政法	地方行政区域管辖的博物馆捐赠和遗赠
1992年7月1日	政令	地区分权
1992年和1995年	政令	建立卢浮宫博物馆和凡尔赛宫机构
1992年12月31日	修正法案	不得离开法国领土级文物的出口许可证问题
1993年1月7日	法律	艺术作品临时展览
1993年4月28日	决议	文物、国宝出口交付许可方式
1994年1月28日	政令	建立历史建筑高级委员会
1995年8月25日	政令	确定为参加组织游行的非国立博物馆自然人和法人支付报酬的方式
1998年12月23日	政令	盖·布朗利博物馆成为公共机构
2000年1月6日	政令	建立艺术作品存放清查委员会
2001年7月19日	政令	修改具有公共利益的私人档案的相关规定
2003年2月24日	法令	建立法国博物馆地区间科学委员会
2003年3月5日	通知	藏品收购程序
2003年7月28日	法令	授予修复法国博物馆藏品资格
2004年2月20日	法令	取消博物馆高级理事会成员的类别和人数限制

续表

时间	形式	主要内容或目的
2006年7月27日	通函	法国博物馆藏品清查

1840年的《历史性建筑法》是法国首部保护历史古迹的法律,也是世界上第一部关于文物古迹保护的法律。

1887年《纪念物保护法》重申了作为法国文化遗产的传统建筑的保护范围与标准,并组建了"古建筑管理委员会",负责法国文化遗产的选定及保护工作。

1962年《马尔罗法》设立历史街区,对那些古老的、成片的、具有历史价值的区域实行整体保护。该法还提出了"保护区指定制度",国家根据建筑、艺术、历史、人文等方面的标准进行鉴定后强制确定及设立保护区,制定长期的保护和实施规划,通过这个规划对该保护区进行细致的保护。

1983年《第83-663号法令》中的第60—67条明确规定了各级文化管理权限,进一步推动了"权力分散"文化政策的落实,扩大了地方的权力,使地方政府可以相对独立地管理本地区的文化设施和活动。

1987年《有关文化部组织的法令》革新了博物馆的管理机构,重新诠释了文化部肩负的"培养全体法国人发明创造能力和保护文化财富"的使命,在保存档案司、遗产司和艺术司的前提下优化机构设置建立的法国博物馆司对突破博物馆事业发展的瓶颈期有极大意义。

2002年《法国博物馆法》主要明确了博物馆的社会功能、博物馆在藏品保管方面的责任,提出法国博物馆事业发展在藏品的保护及管理、从业人员的专业资格、博物馆服务的水平等方面的"最低标准",明确藏品的保护的具体工作,强化对"国宝"文物的保护,规定法国各博物馆间应加强交流、推进博物馆"联盟"的构建,具体措施包括成立法国博物馆最高委员会、推动博物馆间合作网络的形成、加强博物馆与教育机构及科研机构的合作等。法国各博物馆还应积极参与与他国博物馆的合作交流,如"欧洲博物馆之夜",规定了博物馆的开设条件及其藏品的管理要求等。

2003年《赞助、协会和基金会相关法案》对原有的法律和政策进行了有效修改和补充,积极鼓励广大公民加入赞助行列,支持各种形式的文化赞助:从团体赞助到个人赞助,从资金赞助到技能培训。法案旨在推动表演艺术发展、遗产保护、博物馆的修缮和藏品购买等。

2004年《遗产法》包括7个部分的内容,将法国的文化遗产涵盖到一个系统化的、较为全面的文化遗产法律保护体系中。文化遗产得到了系统化的保护和发展。

(三)行政导向管理模式

法国对本国的博物馆实施直接的、自上而下的垂直管理,形成了独具特色的文化行政导向模式,政府行政力量对博物馆具有重要影响。法国政府设置了主管全国博物馆事业的文化与新闻部,其下设法国博物馆管理局,代表政府统筹管理全国博物馆的发展,文化与新闻部的宗旨是通过"确立文化领域内的各项标准、各种准则,来影响文化领域的价值导向",并"确立其一整套客观的价值体系,以此为依据从财政上予以资助"[1]。地方文化事务管理局则负责管理地方各级博物馆,并负责执行国家和上级部门的相关政策。法国各级文化部门通过对各所属地方博物馆行使监护权、财政拨款、公务员管理等途径,调动多方力量管理博物馆事业。

20世纪末期以来,法国博物馆分权管理趋势明显,法国政府着力扩大博物馆的经营自主权。1993年以后,法国大型博物馆开始改革,卢浮宫等博物馆成为独立的行政性质的公共机构,从完全依靠国家财政支持转变为基本上自主经营。[2]2003年,法国又加强了卢浮宫等博物馆的自主权,下放了所有的管理权。

在政府管理方面,法国文化部直接管理33个国家级博物馆,实行文化分散政策,对藏品实行统一调配,使各博物馆各具特色;指导、帮助、支持地方博物馆。文化部设博物馆司(后改为博物馆处),通过财政资助、合同管理以及行政、立法手段,依托下所设监察署每年对博物馆进行视察,检查博物馆藏品保存、收藏、展览等情况,还为藏品的相关工作提供建议和支持。[3]1977年文化部设立国家遗产学院,由文化部直接管理,负责博物馆馆员培训和藏品修复人员培训,为相关业务培育专业人才。

在博物馆的内部管理方面,实行文化行政导向模式,这与宏观管理密不可分。政府主管部门集中统筹行政职权和附属业务,馆长和专业人员则对博物馆的展览和专业建设有决定权。馆长和专业人员的部分专业认证和从业资格认证由国家有关部门管理。法国文化部为包括博物馆在内的"文化资产研究员"职系公务员设定专门的培训课程。文化资产研究员在录用之后、就职之前都必须接受数月至数年的培训,为其将要担当的重大责任做好准备。

在博物馆的人事制度方面,实行"保管员"制度。1882年,出于"国家财

---

[1] 傅才武:《中国文化市场与消费研究》,云南人民出版社2014年版,第319—320页。
[2] 李策:《历史博物馆旅游运营研究》,湘潭大学硕士学位论文,2008年。
[3] 索秀芬:《考察法国博物馆机构几点启示》,《中国博物馆》2007年第4期。

产须交由国家认可的专业人员管理"的考虑,法国设立"保管员"职称,并将其列入国家公务员范畴。[①]这些"保管员"必须接受国家标准的培训教育才能上任。20世纪末以来,由于博物馆公共教育和文化普及职能的强化,博物馆发展面临资金不足的窘境,对"保管员"的职业要求也发生了相应的变化,要求"保管员"成为熟悉博物馆运营、行政协调、对外宣传的通才。

在博物馆的资金来源方面,政府拨款是公立博物馆资金的主要来源。大型公立博物馆因其肩负公共文化服务和展现法国国家形象的双重使命,国家对其投入力度较大,政府拨款一般占其总资金来源的60%以上。地方中小型公立博物馆的运营也主要依靠政府投入。[②]在政府拨款比例不足的情况下,大型公立博物馆利用品牌优势,通过售卖门票、开设海外分馆、书店、餐厅,举办海外展览,出租活动场地等渠道实现经费自主。社会捐赠是目前法国博物馆争取社会资金的重要途径,法国政府也出台了关于企业和个人对文化事业捐赠享有税收减免优惠的法律,比如2003年颁布的《赞助法》,极大地推动了博物馆赞助事业的发展,为博物馆在文物的征集和利用方面吸引社会资源提供了强有力的支持。

三、法国博物馆管理和运营的启示

法国是世界上博物馆管理体制形成最早、发展最成熟的国家之一,其管理模式是欧美国家中与新中国博物馆管理体制最为接近的。[③]法国博物馆的运行模式是行政导向模式,是在发达的文化市场基础上,政府发挥行政力量对博物馆的建设和发展施加影响。虽然法国的文化政策被认为是国家管理文化事业的典范,但在1963年时任文化部长马尔罗就提议建立区域文化事务委员会,甚至在更早法国文化界就已经开始了去中心化的进程。文化部推动区域基础设施建设,设立文化行动中心,颁布文化宪章,促进国家和地方行政机构之间的合作,对地区文化发展提供资助;建立区域文化事务合作的联系网,促进区域文化事业建设。[④]虽然去中心化并不是每一任文化部部长的重点支持项目,但去中心化贯穿法国文化政策发展的历史。法国政府和文化部试图通过下放中央行政系统的管理权力,增加地区图书馆、博物馆、电影院等文化设施,改变由于文化机构过度集中在巴黎而造成地区间不

---

① 朱晓云:《法国博物馆保管员体系与职业教育》,《中国美术馆》2016年第4期。
② 张舜玺:《法国博物馆运营的资金来源》,《学习时报》2016年2月18日。
③ 黄磊:《法国博物馆管理体制、发展现状的启示》,《中国文物报》2005年7月22日。
④ 李泽宇:《法国地方性文化政策和去中心化》,《中外交流》2019年第2期。

平等的现象,同时也为区域经济的可持续发展开辟道路。

2014年3月27日国家主席习近平在法国巴黎联合国教科文组织总部的演讲中提到,让收藏在博物馆里的文物、陈列在广阔大地上的遗产、书写在古籍里的文字都活起来。此后,国务院下发专门文件,国家文物局等相关部门出台一系列文件和政策,鼓励博物馆依托馆藏资源,开展文化创新活动。法国去中心化政策的中心任务是加强区域基础文化建设,缓解区域文化与经济发展间的不平衡,因此更多将调整的任务和重心放在平衡中央与地方的行政、财政关系上。而中国则更强调搞"活"文物工作,改革制约文物事业发展的机制,整合全社会的文物资源,全面推进免费开放,实现博物馆在建设、开发、人事、宣传、科研、教育等方面的与时俱进。与法国相比,中国文物"活起来"的政策起步较晚,发展成果也有限,目前取得显著成果的方面是文物资源在宣传和传播方式上的改革和创新。目前中国博物馆事业的重点建设工作有"中央地方共建国家级博物馆"。首批共建博物馆取得了显著的成就,它们带头利用电视节目、公众交流平台等现代媒体,打破以往社会大众对其的固有印象,吸引年轻群体;与天猫、淘宝等购物平台合作进行文化创意产品的推广和销售;开发VR体验项目,丰富观众获取信息的方式。

第三节 欧盟博物馆的管理模式和运营机制

欧盟国家博物馆的发展在世界博物馆的发展史上占据重要一席,也发挥了重要的影响。1993年欧盟成立以来,一直都十分注重对欧洲文化遗产及遗址资源的传承、保护、传播,对欧盟各国博物馆的规划发展产生了积极的引导作用,为欧盟各国博物馆的合作、交流、开放、建设提供了平台,为古物和古迹保护提供了技术支持,推动了欧盟各国在博物馆、文化教育等领域的合作发展。

一、欧盟博物馆的萌芽与发展

文艺复兴时期欧洲兴起的私人收藏空间"奇珍室"是欧盟博物馆的起源。1554年掌管佛罗伦萨的美第奇家族将原长老会议宫改建为一系列用于收藏和展示的空间机构,称为"研究室"(Studio),以展示和保存私人收藏。1560年科西莫公爵又将皮提宫的一楼大厅改建为"古物所"。1581年,科西莫之子将乌菲奇宫二层东侧改造为画廊,专门用以存放藏品,这象征着乌菲奇宫二层的功能和性质向博物馆迈进了一大步。[①]1737年10月31日，美第奇家族的最后一位传人签署了《家族盟约》，将美第奇家族的收藏及其收藏空间（如画廊、图书馆等）的所有权让渡给了佛罗伦萨，但直至此时，美第奇家族的收藏仍旧只向艺术家和权贵阶级开放。直到1769年，普通观众才有权参观。美第奇家族收藏由私人性质向国家所有转变的过程，为近代博物馆观念的形成和发展作出了示范。

欧洲文艺复兴、地理大发现和贸易扩张为藏品由私人珍藏转向博物馆公共所有奠定了基础。16、17世纪，在欧洲以及英国成立了许多像美第奇家族早期成立的"研究室"那样私人的收藏品收藏空间，其中最著名的要数神圣罗马帝国皇帝鲁道夫二世的收藏室。[②]

17、18世纪，随着资产阶级革命和资本主义政治经济文化制度的普遍确立，现代意义上的博物馆在欧洲产生了。其中最具代表性的是英国的阿什莫林博物馆和法国的卢浮宫，它们为欧洲博物馆的起步和进一步发展作出良好示范，在欧洲早期的博物馆发展及探索历程中作出了一定的贡献。继卢浮宫开放之后，欧洲各国纷纷效仿，博物馆的社会化进程就此开始。

19世纪末，工业革命积累了大量的财富，许多新兴城市出现，同时也促进了自然科学技术的发展和公众知识教育需求的增长。科学博物馆进入人们的视野，博物馆科学研究的功能得到扩展，从而掀起了第一次博物馆发展高潮。具备收藏、教育、科研功能的现代形态的博物馆在欧洲普遍建立起来。

二战后，欧洲博物馆事业迎来了发展史上的第二次高潮，尤其在20世纪七八十年代以后涌现了大量新建的博物馆，此时的博物馆总数接近二战前的4倍，欧洲最重要的当代艺术博物馆，如法国蓬皮杜艺术博物馆、西班牙索菲亚皇后当代艺术中心等都是在20世纪后半期建成的。另外，1990年至今，各大博物馆改建扩建工程也蓬勃开展，如卢浮宫增建了玻璃金字塔，大英博物馆增建了大中庭等，各大博物馆的空间和功能都得到扩展。

二、欧盟博物馆的管理体制

欧盟各成员国拥有大量的国有和私立博物馆，其社会化的程度都比较高。欧盟大力发展博物馆事业，一方面是为了加强对文物的保护，另一方面是为了推动欧洲旅游发展和就业。欧盟没有成立专门的博物馆管理机构，

[①] 易丹妮：《欧洲早期博物馆的兴起：背景与历程》，浙江大学硕士学位论文，2014年。
[②] 李军：《从缪司神庙到奇珍室：博物馆收藏起源考》，《文艺研究》2009年第4期。

但欧盟议会、欧盟理事会、欧盟委员会都可以行使各自的权力推动欧盟博物馆事业的发展和一体化进程，并且非政府性质的欧洲博物馆联合会也可以协助欧盟各国博物馆发展。欧盟博物馆管理主要依据的政策及法规为《关于返还从另一成员国领土非法转移文物的9311/92号理事会条例》《关于文化产品出境的第3911/92号理事会条例》和《欧洲议会和理事会（EU）第2017/864号决定》。欧盟对成员国博物馆的资金援助是象征性的，其数额十分有限，主要是利用地区发展基金和社会发展基金等补助金促进落后地区博物馆的发展。

（一）主管机构

欧盟没有专门的博物馆主管机构，但是欧盟议会作为欧盟的立法、监督、预算和咨询机构，欧盟理事会作为欧盟重要的决策机构，欧盟委员会作为欧盟常设执行机构也是欧盟唯一有权起草法令的机构，都有权力用自己的职能促进欧盟各国博物馆事业的发展，促进欧盟博物馆实现一体化和资源共享。

欧盟成立的非政府性质的博物馆管理机构是欧洲博物馆联合会，以此来协同推进欧盟各国博物馆事业的建设。2015年，欧洲博物馆联合会发布了《博物馆四大核心价值》报告，明确定义了博物馆的四大核心价值，并为博物馆发展并发挥其社会价值、藏品价值、教育价值和经济价值提供理论支持。此外，欧洲博物馆联合会还建立了欧洲博物馆信息研究院，向欧盟成员国或其他伙伴地区和国家提供博物馆信息总览。

（二）相关政策

欧盟自成立之初就十分重视各成员国之间由于历史遗留问题而造成的文化产品进出口问题，为此出台了一系列政策（见表2-5）。

表2-5　欧盟博物馆相关政策整理[①]

出台时间	出台机构	政策名称
1993年5月	欧盟理事会	《关于返还从另一成员国领土非法转移文物的9311/92号理事会条例》
2003年11月	欧盟理事会	《博物馆领域文化机构之间的合作》
2007年12月	欧盟理事会	《关于文化产品出境的第3911/92号理事会条例》
2013年12月	欧洲议会和理事会	《欧洲议会和理事会（EU）第1295/2013号条例》

---

① 李睿琦：《英国文物进出境管理政策研究》，陕西师范大学硕士学位论文，2017年。

续表

出台时间	出台机构	政策名称
2014年5月	欧洲议会和理事会	《欧洲议会和理事会关于从另一成员国领土非法转移文物2014/60/EU指令》
2017年5月	欧洲议会和理事会	《欧洲议会和理事会（EU）第2017/864号决定》

1993年5月《关于返还从另一成员国领土非法转移文物的9311/92号理事会条例》通过促成非法文物的遣返，与第3911/92号条例配合，构建了欧盟立法控制文化产品出境的相对完整的体系，并以此保护欧盟成员国文化遗产，但仅作用于欧盟成员国内部。1995年，欧盟在布鲁塞尔召开了"七国集团信息技术部长级会议"，提出了信息化社会的"全球信息目录计划""电子博物馆和艺术画廊"等11项示范计划。

2003年11月的《博物馆领域文化机构之间的合作》旨在加强欧盟各国的文化交流和合作，加强文化产品的合作，打击文化产品的非法进出口贸易；要求会员国的联合小组对文物（包括考古发现、绘画、雕塑等）和古迹进行保护和修复，并利用各参与者的专有技术和技术设备公布结果，比较保护情况以及恢复标准和方法。

2007年12月的《关于文化产品出境的第3911/92号理事会条例》主要指出了"文化产品"的覆盖范围及其可出境至欧盟区域外第三方国家的价值和年限标准，要求对出境至欧盟范围外的文化产品进行统一标准的检查并提交出境许可证。

2013年12月的《欧洲议会和理事会（EU）第1295/2013号条例》提出建立"创意欧洲"计划，维护、发展和促进欧洲文化和语言多样性，促进欧洲的文化遗产以及加强欧洲文化和创意部门的建设。

2014年5月的《欧洲议会和理事会关于从另一成员国领土非法转移文物2014/60/EU指令》要求欧盟成员国接受另一成员国在其法院提起的文物归还诉讼，以确保非法转移文物得以返还；要求诉讼审理法院应根据案件情况向物品的现所有人作出赔偿，但前提是现所有人为"善意购买人"。与之前的条例相同的一点是，该条例不具备追溯效力。

2017年的《欧洲议会和理事会（EU）第2017/864号决定》将2018年定为欧洲文化遗产年，鼓励分享和欣赏作为共享资源的欧洲文化遗产，提高对共同历史和价值观的认识，并增强对共同欧洲空间的归属感。该决定提出了文化年的具体目标：促进文化遗产参与性治理和管理的创新模式，利用数字化实现文化遗产共享，立足文化遗产促进文化创意产业和旅游业的发展。

(三) 欧盟博物馆的规模化战略——博物馆联盟

欧洲博物馆的规模化战略可以分为三种:博物馆联盟、连锁博物馆和超级明星博物馆。[①]博物馆联盟是欧盟各国博物馆最具欧盟特色的一种模式,是指同一区域内(多为欧盟成员国内部)的博物馆为了分享博物馆资源和市场而形成的一种博物馆间的合作管理机制。欧洲许多城市推行的"旅游卡"和博物馆联票即属于博物馆联盟模式,如欧盟各国博物馆针对欧盟成员国公民的门票优惠;西班牙马德里的主要博物馆允许购买"马德里卡"(Madrid Card)的游客免费参观;法国巴黎游客在奥赛博物馆、橘园美术馆和罗丹博物馆中的任何一家都可以购买其余两家的门票等。这种模式既能够实现各景点联动,又能够最大限度实现博物馆资源共享。

在博物馆的财务制度方面,欧盟通过基金和援助机构象征性地为成员国的博物馆建设提供资助,更多的是通过要求欧盟成员国制定相关政策和规章制度,以保证对博物馆的资助和支持。此外,欧盟还利用地区发展基金和社会发展基金等补助金来促进落后地区的博物馆事业发展。但是在这一项资金补助上存在着激烈的竞争,因为有许多国家都需要争取各种结构的资金补助来维持社区公共文物古迹遗产的保护和旅游发展项目。

三、欧盟博物馆联盟的运营启示

欧盟博物馆的管理体系是目前发展较为成熟的多国联盟的博物馆管理运营模式。欧盟没有专门的博物馆管理机构,而只是通过各种条例要求成员国对各国博物馆实行有效管理,并且为各国博物馆的跨国合作和交流、博物馆资源的互通和共享提供平台和帮助。这种模式有利于统筹全欧盟的遗产资源,协调各成员国的关系,实现博物馆资源和市场的共享,推进欧洲一体化。欧盟以博物馆联盟的模式推动欧洲文化遗址的保护、文化交流与文物保护、文化旅游和就业发展的路径,值得学习和借鉴。我国博物馆的发展可以通过区域联动模式进行,各省可以通过共享博物馆资源,拓宽文化旅游市场。未来也可与韩国、日本的博物馆合作推动东亚文化相关主题的博物馆活动,拓宽国际文化交流和旅游市场。

---

① 李炎、王佳:《区域文化产业研究》,云南大学出版社2016年版,第39—40页。

第四节　日本博物馆的管理模式和运营机制

日本近代意义上的博物馆起源于明治维新时期。日本政府一直以来大力支持博物馆的建设,经过一百多年的发展,已形成一套成熟完备的博物馆管理体系,并紧跟时代的发展,推行了国立博物馆的行政法人制度、学艺员制度、文物登记制度,在管理与运营方面成效显著。

一、日本博物馆的萌芽与发展

古代收藏是日本博物馆的萌芽。公元4世纪,日本形成统一国家,自飞鸟时代起,朝廷开始搜集各地珍稀物产,后在大宝年间,设立具有收藏和保管珍稀物产功能并兼有一定公开性质的独立行政部门——图书寮,其被认为是日本最早的博物馆前期形态。[1]随着日本国内封建皇权的加强和华夏文化的不断传入,统治阶级修建的亭台楼阁和一些书斋、药园、寺院、神社等都开始用于陈列"私人收藏",如武器、美术工艺品等。这些亭台楼阁成为收藏珍品宝物的场所和统治阶级的特权象征。[2]

19世纪中叶起,西方近代博物馆理念传入日本。幕府末年,欧美各国的到来促使日本被迫打开国门。政府派遣使节团、留学生赴欧美考察学习,参观博物馆是重要的一部分,使节团成员代表之一福泽谕吉对欧洲国家的社会情况进行总结,编撰了《西洋情况》一书,介绍"博物馆乃以搜集世界上之物产、古物、珍品等出示于人,以广见闻而设立者也"[3]。此后,博物馆在日本流传开来。1867年,日本参加了巴黎的万国博览会,逐渐认识到博物馆在促进社会教育方面的作用。日本近代意义上的博物馆产生于明治维新时期,明治政府通过向西方学习,在政治、经济、文化等方面推行一系列近代化改革政策,日本的博物馆即诞生于这一过程之中,成为完善社会教育的常设机构。

1869年,明治政府把原蕃书调所[4]改为大学南校。1871年,为建设博物馆,接管九段药园,用大学南校的名义,筹办"大学南校物产会",展示与矿物、动植物等自然物产相关的资料。1872年,文部省博物局在当时的汤岛圣

---

[1][3] 项隆元:《中日两国近代博物馆事业产生之比较》,《东南文化》1991年第6期。

[2] 朱华俊:《日本博物馆教育研究》,华中师范大学硕士学位论文,2018年。

[4] 日本蕃书调所亦称蕃书取调所、洋书调所,是德川幕府的外交文书翻译局及洋学教育研究机关,幕府末年成为西洋文化的综合研究机构,对传播洋学有重要作用。

堂大成殿(现东京都文京区汤岛)举办了以古物为主题的国内首次博览会,闭会后每逢周一、周六开馆,该馆成为日本最早的常设馆,也是东京国立博物馆的雏形。此后,日本又开设了以收集古器旧物为中心的神社、寺院宝物馆,建设了以药园为基础的植物园,同时以举办博览会为契机,建设各类劝业型博物馆,以大兴社会教育为目的,开设教育博物馆。[①]1877年,日本建成作为国立专门博物馆的教育博物馆新馆;1882年,建成日本国立中央博物馆,后更名为"帝国博物馆",该馆成为汇集日本美术作品最多的机构。明治年间,从中央到地方,日本举国推动近代博物馆事业的发展,这一时期内共建成了85个博物馆。[②]

如今,日本建设形成了以东京国立博物馆、京都国立博物馆、奈良国立博物馆、九州国立博物馆四大国立博物馆为中心,同时开设美术、历史、动物、水族、植物等各领域型博物馆的博物馆体系。据日本文部科学省2019年度社会教育调查中期报告结果,目前日本共有1287座博物馆,博物馆类似设施有4457座。[③]

二、日本博物馆的管理模式

日本的国有博物馆主要由文部科学省生涯学习政策局和文化厅进行管理,在民间则由公益财团法人日本博物馆协会参与支持各地博物馆建设。日本博物馆管理参考的主要政策及法规为《博物馆法》《21世纪美术馆、博物馆振兴方案》《独立行政法人通则》以及《文化遗产保护法》等。日本博物馆运营经费的来源主要为运营交付金、自筹经费、受托收入和设施整备补助。

(一)主管机构

明治维新时期,为促进博物馆事业的发展,1871年7月,日本设立文部省。同年9月,文部省下设博物局,正式提出《关于提请建设博物馆、博物园、书籍馆之方案》。1872年,太政官的正院设置博览会事务局。1873年,文部省的博物馆、书籍馆、博物局和小石川后乐园合并后并入博览会事务局。1875年,这四个机构从博览会事务局分离,归属文部省。随后,文部省博物馆改称东京博物馆,太政官正院的博览会事务局先改称"内务省第六局",后于1876年改称"博物馆",归内务省管辖。此后,文部省和内务省成为推进日本博物馆事业发展

---

① 项隆元:《中日两国近代博物馆事业产生之比较》,《东南文化》1991年第6期。
② 任康丽、黄建军:《博物馆室内外环境艺术设计》,华中科技大学出版社2015年版,第5页。
③ 参见文部科学省官网:《平成30年度社会教育调查(中間報告)結果の概要》。

的核心机构。①

从明治时期起,博物馆的主管机构经历了文部省、博览会事务局、内务省、农商务省、宫内省图书寮、文部省学务局等多次变更。1950年8月29日,作为文部省外局之一的文化财保护委员会成立。1956年5月19日,科学技术厅设立。1968年6月15日,文化财保护委员会撤销,新设文部省外局的文化厅。2001年1月6日,原文部省与科学技术厅合并为文部科学省。现在,日本由政府主管的博物馆中依据《博物馆法》设立的由文部科学省生涯学习局进行管理,依据《文化遗产保护法》设立的则隶属于文部科学省文化厅的管辖范围。地方的博物馆由社会教育课或地方的文化室进行管理。

在民间,公益财团法人日本博物馆协会(Japanese Association of Museums)致力于通过实施与博物馆有关的各种项目,为日本的教育、学术和文化发展作出贡献。1928年,日本成立"博物馆事业振兴协会",创刊《博物馆研究》,1931年,改名为"日本博物馆协会"。1986年,日本博物馆协会改组。2013年,随着公益法人改革,日本博物馆协会成为公益财团法人组织。现今,组织成员由政府官员、博物馆馆长、大学教授等组成。日本博物馆协会通过统计博物馆相关数据、举办博物馆大会、设立"棚桥奖"、开展相关活动、进行博物馆交流等形式,定期进行博物馆普及、援助、品质提高、调查研究、国际交流以及开展涉外活动等工作。作为公益财团法人组织,日本博物馆协会推动各地博物馆合作共赢,促进博物馆工作更加健康、有序、高质量地进行。②日本博物馆协会组织见图2-2。

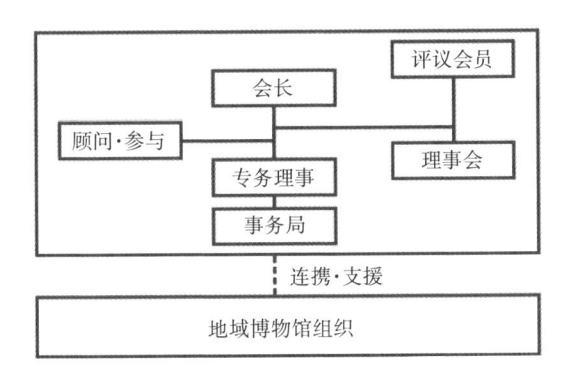

图2-2　日本博物馆协会组织图③

---

① 朱华俊:《日本博物馆教育研究》,华中师范大学硕士学位论文,2018年。
② 参见日本博物馆协会官网。
③ 来自日本博物馆协会官网。

（二）相关政策

日本对文化遗产的保护起步较早，国家高度重视文博事业的发展，明治时期起日本就开始从政府层面不断颁发文物保护、博物馆发展的相关政策。文物珍品是博物馆藏品的基础，明治维新后，日本意识到文物对于维护民族传统和民族独立的重要性，向西方国家学习了先进的文物保护管理经验并发布了一系列相关政策法规（见表2-6）。

表2-6 日本博物馆相关政策[①]

出台时间	出台机构	政策名称
1871年5月23日	大学（文部省的前身）	《古器旧物保存法》
1897年6月10日	内务省	《古社寺保存法》
1919年4月9日	—	《史迹名胜天然纪念物保存法》
1929年3月28日	—	《国宝保存法》
1933年4月1日	—	《重要美术品保存法》
1949年6月	文部省	《社会教育法》
1950年5月30日	—	《文化遗产保护法》
1951年12月	文部省	《博物馆法》
1952年3月	文部省	《博物馆法实施令》
1955年10月	文部省	《博物馆法实施细则》
1973年11月30日	文部省	《关于公共博物馆设立与管理标准》
1992年6月26日	国会	《庙会法》（全称《关于利用地域传统艺能等资源、实施各种活动以振兴观光产业及特定地域工商业之法律》）
1996年	—	《21世纪美术馆、博物馆振兴方案》
1999年7月16日	—	《独立行政法人通则法》
2001年12月7日	—	《文化艺术振兴基本法》
2004年6月18日	—	《景观法》
2007年12月	外务省、文部科学省	《推进海外文化遗产保护之国际合作之基本方针》
2009年3月	文部科学省	《博物馆实习指导流程》

1871年5月出台的《古器旧物保存法》是日本第一次以政府政令形式颁布的文物保护法案，也是日本历史上最早的文化遗产保护法律，其对保护古器旧物制定了详细的规章，明确指出文化财产的保存是国家的责任和义务。

[①] 参见周超：《日本文化遗产保护法律制度及中日比较研究》，中国社会科学出版社2017年版；文化部文物局教育处、南开大学历史编：《博物馆学参考资料（下）》，1986年版，第388—405页；王云霞：《文化遗产法教程》，商务印书馆2012年版，第289—303页。

1897年6月的《古社寺保存法》旨在保护古社寺建筑及古物,为当时日本古社寺的保护搭建了一个体系化的制度。另规定于内务省之下设置古社寺保存会,负责古物之维护、等级鉴定,规定古社寺保存会之监督者(内务大臣)组织编制配套法规及各类预算等,如《古社寺保存法施行令》《古社寺保存法施行细则》。1929年该法因《国宝保存法》的颁布而废止。

1919年4月出台的《史迹名胜天然纪念物保存法》保护范围除了稍早就明文保护的神社寺院外,还有以《古坟发现时的呈报制度》《人民私有地内发现古坟等的呈报制度》等保护规章为基础规定的历史建筑、历史遗迹、旧址、纪念碑、古城址等,并涵盖稀有的自然物种,如动物、植物或矿物等。1950年该法因《文化遗产保护法》的实施而废止。

1929年3月的《国宝保存法》大大拓宽了文化遗产保护的范围,将保护对象扩大到城郭、住宅等民用建筑及其中的器物,规定了移动文化遗产包括绘画、墨迹、雕刻、考古资料、工艺品等,充实和完善了国宝的概念和保护方法。1950年该法因《文化遗产保护法》的实施而废止。

1933年4月出台的《重要美术品保存法》对可移动文化遗产的交易和出口问题予以规制,对遏制重要艺术品流失海外、规范艺术品交易市场、保护可移动文化遗产起重要作用。1950年该法因《文化遗产保护法》的实施而废止。

1949年6月出台的《社会教育法》是日本关于社会教育的法规,该法根据《教育基本法》的精神,阐明国家及地方公共团体关于社会教育的义务,通过奖励社会教育所必需的设施的设置及管理、集会的召开、资料的编制发行等方法,保障所有国民都能够利用各种机会和各种场所自行提高适应社会生活的文化教育环境的能力。其中规定了除学校以外的社会教育机构,博物馆被认定为社会教育机关。

1950年5月的《文化遗产保护法》是对文化遗产保护制度的发展与完善。该法将无形文化遗产列入保护范畴,设置文化遗产保护委员会,并确立中央与地方共同协作文化遗产保护工作的行政体制,对文化遗产保护的各方面进行了详细的规定。1996年对该法的修改中确立了"文化遗产登录制度",对那些尚未被列入文化遗产指定名录但具有一定保护价值的文化遗产采取登录制度,推动重要文物的社会公开,缓和公开许可的体制限制。[1]随着时代的发展,该法不断修订,逐步完善。

---

[1] 周超:《日本文化遗产保护法律制度及中日比较研究》,中国社会科学出版社2017年版,第51页。

1951年12月出台的支持博物馆事业发展的《博物馆法》根据《社会教育法》的精神，对博物馆的定义、职责、设立及经营的必要事项作出规定，以图健全其发展，达到有助于国民教育、学术及文化发展之目的。基于该法，政府于1952年3月颁布了《博物馆法实施令》，对政令规定的法人、设施设备所需经费作出解释；于1955年10月颁布了《博物馆法实施细则》，对日本学艺员制度进行规定。

1973年11月出台的《关于公共博物馆设立与管理标准》在政策层面对《博物馆法》的相关内容加以细化，目的是在博物馆建设数量快速增长的形势下保证其发展质量。

1982年神户市出台的《神户市立博物馆条例》对神户市立博物馆的相关事业、门票相关细则、博物馆利用、入馆限制、损坏赔偿、博物馆议会、管理委托作出规定。

1992年6月的《庙会法》对利用地域传统艺能等资源、实施各种活动以振兴观光产业及特定地域工商业作出规定。迄今已先后修订13次。1992年9月24日政府颁布了与之相关的《与传统艺能等相关保险金额之规定》《与传统艺能等相关援助机构之规则》《与传统艺能等相关事业之规则》。

1996年的《21世纪美术馆、博物馆振兴方案》对博物馆、美术馆举办以青少年为对象的特别展览体验活动，以及针对青少年的艺术振兴事业等提供专项资金援助。

1999年7月出台的《独立行政法人通则法》规定了有关独立行政法人运营基础及其他制度基础的共同事项。该法与规定各独立行政法人名称、目的和业务范围等事项的法律相结合，以确立独立行政法人制度，对日本国立博物馆行政法人制度具有指导意义。

2001年12月出台的《文化艺术振兴基本法》是为明确振兴文化艺术的基本理念及方向、综合推进有关文化艺术振兴的相关政策而制定的法律，其中规定了文化艺术的基本理念，明确了国家及地方公共团体的责任与义务，规定了文化艺术振兴政策的基本事项。2007年1月至2015年5月，政府先后四次颁布《文化艺术振兴基本方针》，制定振兴文化艺术的政策措施，提出要进一步推动和促进面向青少年的文化艺术活动，并明确指出美术馆、博物馆要进一步充实教育普及活动的内容。

2004年6月的《景观法》分为总则、景观计划及计划之施行、景观地区、景观协定、景观整备机构、杂则、罚则七章。依据景观法之规定，都道府县或市町村可拟订《景观计划》，并可由市町村指定"景观地区"，而在景观地区内可进一步划定"景观农业振兴地域整备计划区域"。

2007年12月的《推进海外文化遗产保护之国际合作之基本方针》对日本海外文化遗产的保护进行规划,要求通过国际合作的方式推进遗产保护。2014年2月政府通过了该法最新的基本方针。

2009年3月的《博物馆实习指导流程》对大学培养学艺员的实习课程内容进行规范,制定了学内实习60—90小时的目标和见习实习、实务实习、事前事后指导三方面内容,还制定了馆员实习30—45小时的目标,提出博物馆内实习的案例及相关注意事项。

(三)国立博物馆的独立行政法人制度

日本博物馆的运营最初由国家行政机构主导,其功能是宣传国家政策,教育民众。20世纪80年代末,日本博物馆的行政机构性质尤为突出。博物馆的运营形成了"箱物行政"局面,即博物馆隶属于行政机构,归国家所有,没有独立的法律地位,没有自主运营权。[①]20世纪90年代,日本受"泡沫经济"的影响,政府财政税收减少,在这种情况下,政府积极寻求通过转变公共文化事业的管理方式,推动行政改革,实施行政法人制度,将国家既没有必要直接进行管理运营、又不能让一个主体垄断运营或无法直接委托给民间的组织,转变为独立行政法人。日本国会于1998年6月通过《中央省厅等改革基本法》,以法律的形式确定实施独立行政法人制度。1999年《独立行政法人通则法》通过,2001年4月首批57个独立行政法人正式成立,国立博物馆即是其中重要的一部分。2001年,东京国立博物馆、京都国立博物馆、奈良国立博物馆脱离文部科学省的直接管理成为独立行政法人机构,2005年,九州国立博物馆也列入其中,日本四大国立博物馆统称为"独立行政法人国立博物馆"。

国立博物馆的独立行政法人制度首先改变了博物馆与政府间的关系,改变了国立博物馆由政府一手包办的局面。政府不再对博物馆进行直接的管理,而是赋予博物馆自主权,明确互相的权责。上级主管部门负责"规划",博物馆负责"实施",博物馆成为代表政府执行公共任务但又具有一定独立性的事业组织。

在政府管理方面,文部科学省对博物馆实行目标管理,提出一定时期内的运营任务和目标,负责起草拟定中期目标,审批博物馆提交的中期计划和年度计划。此外,文部科学省和总务省均设立"独立行政法人评价委员会",委员会主要由企业家、大学教授、文化界名人、会计师等社会各界专家担任,

---

[①] 项佳媛:《博物馆的国家所有权问题研究》,中国社会科学院研究生院硕士学位论文,2012年。

定期对独立行政法人开展的各项活动进行绩效评估,提出针对性的整改建议。①

在国立博物馆内部组织方面,为加强行政法人的作用和外部人员的参与,博物馆成立了一系列新的决策、运营和咨询组织(见表2-7)。

表2-7　日本国立博物馆的决策、运营和咨询组织②

组织	组成人员	主要责任
役员会	理事长、理事、监事	负责审议中期计划、编制预算等事项。实行理事长负责制,理事长作为法人代表,全面统筹博物馆的规划、业务开展、人事任命等;理事辅佐理事长管理相应业务;监事负责监督相应业务
运营委员会	大学教授、美术馆理事长、新闻社社长、文教协会负责人等文化教育界人士,还有政府人员、财团负责人等	听取外部人员对博物馆业务运营等事项的意见,负责对博物馆管理运营事项进行审议,并向理事长提出建议
评议委员会	与"运营委员会"成员相似	对博物馆的年度、中期目标期间的业务绩效进行评价,向馆长提出建议

在博物馆人事制度方面,日本独立行政法人国立博物馆实行馆长负责制,政府直接任命各馆馆长,全面统筹规划馆内各项业务,另派遣两名监事,监督业务开展、财务管理等。政府赋予独立行政法人独立的人事权,自主决定馆内员工规模,其他入职人员可通过公开招聘的方式产生。从2006年起,国立博物馆的员工由公务员身份转变为非公务员身份,考虑到经费和效率等方面问题,博物馆在编制方面实施"遇缺不补"的政策,只对一些重要的岗位进行补充,严控在职员工的数量。③

在博物馆资金来源方面,博物馆收入包括运营交付金(也称"经营补助金")、自筹经费、受托收入、设施整备补助四部分。其中,政府正逐年减少运营交付金,要求博物馆不断增加自筹经费在每年管理运营中的比例。自筹经费是指从各种活动中所获取的收入,包括展览门票、展场外租、出版、文创产品售卖、餐厅经营、会员及博物馆之友年费、社会赞助等方式。此外,博物馆资金来源的调整改变了原有运营交付金项目分配、专款专用的局面,政府提供的经费可以由博物馆灵活使用。根据相关规定,为促进博物馆积极创收,博物馆年度经费盈余只有超过上一年度才能将余额转入下一年度使用,

---

①②③　余子龙:《日本国立博物馆行政法人化改革探析》,《中国民族博览》2015年第9期。

否则将被视为运营不力,余额必须上缴给政府。①

三、日本博物馆管理和运营的启示

从明治时期起,日本博物馆经过长期的发展,主管机构经过多次变更,已形成一套完整的文物保护、博物馆建设的法律体系,如今中央的博物馆属文部科学省的管辖范围。在民间,公益财团法人日本博物馆协会积极进行博物馆相关项目的运作。20世纪90年代行政改革后,国立博物馆实行独立行政法人制度,成为具有一定独立性的事业组织,政府与博物馆之间权责明确。博物馆内部采取了理事会制度,设立了役员会、运营委员会、评议委员会等内部组织,推动了博物馆工作健康、有序、高效进行。此外,在博物馆从业人员管理方面,学艺员制度占据重要地位,该制度对规范博物馆专业从业人员的纳入机制和科学的管理运营起到极其重要的作用。日本学艺员是受法律保护的国家认证的博物馆职业资格,博物馆专业从业人员必须获得学艺员资格,该资格认定在《博物馆法》及《博物馆法实施细则》中已形成一套较为完整的操作流程。在文部科学省与制度法规的宏观领导下,国立博物馆采取独立行政法人化运营,博物馆协会等社会团体通过相关合作项目推动博物馆共建,民众积极参与进博物馆社会教育之中,共同形成了日本博物馆事业发展的"举国体制"。

我国博物馆事业的迅猛发展对博物馆管理与运营提出了更大的挑战。2022年,我国新增备案博物馆382家,全国博物馆总数达6565家,排名全球前列。由此可知,我国博物馆从业人员数量逐年增加的同时,高尖人才、专业人才相对缺乏,经营型、创意型人才相对稀少。目前,我国博物馆从业人员资格认证制度尚未形成,聘任就职和评定职称主要根据《事业单位岗位设置管理试行办法》《国家文物局直属事业单位岗位设置管理实施意见》《文物博物专业职务试行条例》等相关文件进行,尚无专业上的"门槛"。博物馆是知识密集型的文化设施,建立职业资格认证制度对规范优化从业人员整体水平、加强博物馆人才培养具有深远意义。在未来,我国可借鉴日本经验,依据我国国情,在法律保障机制、专业技能培养机制、分类分层设定标准等方面建立我国的博物馆职业资格认证制度。

---

① 陈雅婧:《从"文化行政管理"到"文化资本运营"——关于日本国立博物馆法人化改革的探究》,《博物馆研究》2019年第2期。

第五节 美国博物馆的管理模式和运营机制

美国博物馆的萌芽开始于18世纪后半期南卡罗来纳州的查尔斯顿、马萨诸塞州的西林、费城。由于特殊的历史条件、社会经济状况和民众需求，美国的博物馆经过两百多年的发展，创建了"市场分散化"这一与欧洲博物馆不同的博物馆模式，形成了企业或私人组织和机构通过捐赠对博物馆的运营产生较大影响的市场化体系，美国博物馆的捐赠体系对博物馆的管理和运营产生了深刻影响。

一、美国博物馆的萌芽与发展

美国博物馆的萌芽是建立在殖民文化的背景下，欧洲公共博物馆文化作为欧洲文化的组成部分被输入新建立的美利坚合众国。大多数美国博物馆由个人、家庭和团体创立，目的在于纪念地区和区域的传统和实践，在一定程度上也满足了资产阶级民主党派传播资产阶级意识形态的要求。1750年，美国哈佛大学建立了专门收藏化石的珍品收藏室，供教学之用，不向公众开放，这是美国也是北美洲最早的博物馆。[1]1773年，南卡罗来纳州在查尔斯顿图书馆协会的提议下创办了美国第一个公共博物馆——查尔斯顿博物馆，该博物馆建立之初就对公众开放，并探索收取门票等多种筹措资金的方式。从1782年开始，美国著名的早期画家和肖像作家皮尔（Charles Wilson Peale）就开创性地通过接受个人捐赠等方式搜集藏品，最终在1789年设立了费城博物馆，指导并吸引缺乏正规教育的普通市民。其开创的"由私人捐赠藏品、由政府或社会提供场所"的博物馆模式后来几乎成为美国公立、私立博物馆的标准模式。[2]

19世纪，美国的移民潮和工业革命等因素促进了博物馆的发展，大量工业和科学博物馆兴起。1853年纽约博览会、1876年费城美国建国百年博览会、1893年芝加哥哥伦布纪念博览会这三次博览会促使博物馆向更广泛的公众开放，也为后续博物馆的建立奠定了藏品基础。

1870年，纽约大都会艺术博物馆的建立，标志着美国兴建大型博物馆的开始，也标志着美国的博物馆事业在世界上达到了新的高度。1872年，纽约

---

[1] 王宏钧：《中国博物馆学基础》，上海古籍出版社2001年版，第64页。
[2] 陆芳芳：《美国博物馆教育研究》，浙江大学硕士学位论文，2013年。

大都会艺术博物馆向公众提供讲演服务;1876年,波士顿美术馆开设成人教育班;1913年,克利夫兰艺术博物馆的宪章提出了建立一所工业培训学校的目标……由此可见,19世纪至20世纪初,博物馆成为美国公民获取知识和教育的公共机构。同时,除艺术类博物馆之外,综合类博物馆、考古博物馆、自然历史博物馆等各类综合或专业的博物馆也在这一时期获得蓬勃发展。

20世纪,美国博物馆事业繁荣发展,美国成为新兴的博物馆大国。1906年,全国性的专业博物馆协会美国博物馆协会成立,协会推动了博物馆理论发展与共识达成。20世纪30年代,美国开始成为博物馆运动和科技博物馆发展的中心,推动了增强博物馆专业与职业意识、解放博物馆和发挥博物馆社会功能的"博物馆现代化运动"。[①]两次世界大战之后,美国博物馆建设达到了新的发展高度,博物馆成为美国人公共文化生活中不可或缺的一部分。据不完全统计,1886年美国约有200座博物馆,1919年达到600座,1928年达到1400座,1940年有2500座,1965年有5000座,1974年有7000座。[②]

20世纪80年代,美国博物馆的财政资助被削弱,资金出现短缺,博物馆开始探索市场化的经营模式,通过寻求募捐、出租场地、开设商店、增加门票收入等方式来筹集资金。同时博物馆界兴起了"新博物馆运动",该运动注重提升自身服务质量,丰富展览教育活动,从而扩大博物馆的影响力。

1984年,美国博物馆协会发表《新世纪的博物馆》报告,肯定了博物馆在教育体系中的巨大作用,并将教育确定为博物馆的核心功能。1992年,美国博物馆协会发布《卓越与公平:博物馆教育与公共服务》报告,提议将教育上升到博物馆工作中心的高度。此后又经过一系列的实践,博物馆最终将教育纳入自己的根本任务之中。

进入21世纪之后,美国博物馆的发展趋势由大型化和集中化转向邻里博物馆、社区博物馆、地区博物馆等类型。而随着电子技术的发展和信息时代的到来,"数字博物馆"建设也取得一定成就。1995年,美国博物馆互联网系统正式建成,美国国内众多博物馆的馆藏信息库被纳入该系统。

二、美国博物馆的管理模式

美国国立博物馆在美国乃至全世界都声名显著。此外美国也拥有大量的私营博物馆、社区博物馆。美国作为一个联邦制国家,没有统一的全国博

---

① 安来顺:《二十世纪博物馆的回顾与展望》,《中国博物馆》2001年第1期。
② 陆芳芳:《美国博物馆教育研究》,浙江大学硕士学位论文,2013年。

物馆管理机构,仅有半官方性质的史密森尼研究院参与美国博物馆的管理,个别州设立"博物馆处"主管州博物馆,美国博物馆联盟、博物馆援助机构等社会组织和团体等也参与美国博物馆的管理。美国博物馆管理主要依据的政策及法规为1965年的《国家艺术及人文事业基金法》、1966年的《国家博物馆法》和1996年的《博物馆与图书馆服务法》。美国政府为博物馆提供的财政补贴非常少,因此美国博物馆运营所需的资金主要由博物馆专门的筹资部门筹集,其渠道大致有会员费收入、基金资助、接受捐赠、经营收入。

(一)主管机构

美国并没有全国性的、统一的管理博物馆的机构,个别州设置"博物馆处"作为地方博物馆的管理机构,这些机构服务职能大于管理职能。美国各博物馆拥有完全的管理、生存和发展的自主权。

美国的国立(由国会和联邦政府管辖)博物馆系统隶属于史密森尼研究院。该研究院由英国科学家詹姆斯·史密森遗赠的捐款修建而成,根据美国国会法令于1846年创建于美国首都华盛顿。研究院目前管理着19座博物馆和美术馆、1个国家动物园、9个研究中心、20座图书馆,并且在巴拿马、波多黎各和美国44个州有199座附属的博物馆,拥有藏品1.4亿件,是唯一由美国政府资助、半官方性质的第三部门博物馆机构,是目前世界上最大的博物馆系统和研究机构的集群体。[①]其经费来源于美国政府拨款、其他捐助,以及自身商店和杂志销售盈利。

在美国社会,有许多影响较大的社会组织或团体为博物馆的发展做了许多工作,其中影响比较大的有美国博物馆联盟(AAM)、博物馆援助机构、博物馆与图书馆服务协会(IMLS)和博物馆商店协会(M.S.A)。

美国博物馆联盟(AAM)于1906年5月15日成立,该联盟的宗旨是代表博物馆界关注博物馆的需求和发展,以增强博物馆为公众利益服务的能力。联盟的会员为美国各地各种类型和不同规模的博物馆,包括艺术博物馆、自然历史博物馆、历史遗址、科技中心、植物园、天文馆、儿童博物馆、动物园和园艺公园等,目前联盟拥有2万多名机构会员和个人会员。美国博物馆联盟通过组织、实施各种与博物馆相关的活动和项目,制定和完善博物馆行业标准,促进公众、私营及公共领域的领导人对博物馆职责、功能和需求的理解,是开发最佳实践和倡导博物馆的领导者,并为博物馆的工作人员

---

① 柳懿洋:《博物馆集群化运营模式研究——以史密森学会为例》,中央美术学院硕士学位论文,2017年。

和志愿者提供了大量机会。①联盟的工作使超过35000位博物馆专业人士、志愿者、机构和企业合作伙伴受益。联盟下设多个专业网络,如观众研究与评估委员会(CARE)、历史建筑和遗址保护网络、国家博物馆展览协会(NAME)等。②

博物馆援助机构于1976年设立。该机构主要为博物馆、动物园、水族馆、植物园和天象仪的正常运营以及文化遗产收集、保护提供必要支持。③

博物馆与图书馆服务协会(IMLS)是为美国所有博物馆和图书馆提供支持的机构,它通过对美国博物馆和图书馆的领导,从资金、数据和政策分析这些方面对其提供支持,引导博物馆和图书馆服务的进一步开展。它还负责对美国公共图书馆的基本数据进行统计分析并制定公共图书馆发展的战略计划。④

博物馆商店协会(M.S.A)于1955年发起创建,是非营利的国际性组织,会员大部分为美国博物馆。该组织理念为:(1)提高博物馆商店在一般零售市场的竞争力;(2)使厂商会员和博物馆会员能充分合作,运用彼此自愿的方式,促进博物馆业务的成长;(3)提供给会员广阔的营销网络;(4)辅导会员遵守一定的道德规范;(5)提供博物馆商店业务相关数据资料。该组织配合博物馆运营,促进馆际合作,提高加盟馆的国际地位及服务水平。⑤

(二) 相关政策

美国是世界上最早进行文化立法的国家。1791年美国宪法第一修正案指出:国会不得制定法律剥夺人民的言论自由和出版自由。这使得美国的立法和行政机构很少制定干预性的文化政策,其制定的多为与文化管理模式相结合的辅助性政策(见表2-8)。

1917年美国联邦税法规定,对包括博物馆在内的非营利的各种团体免征所得税,凡单位或个人对上述团体进行馈赠亦可享受减免税赋的优惠。同时,美国联邦政府遗产税法规定,遗产税税率最高可达77%(不包括地方政府的征税)。如此高额的税率促使许多富豪将遗产馈赠给上述非营利的

---

① 单霁翔:《甲午集》,故宫出版社2015年版,第486页。
② 参见美国博物馆联盟官网。
③ 彭顺生:《国外遗产资源保护及其特点》,载彭顺生编:《世界遗产旅游概论》(第2版),中国旅游出版社2017年版。
④ 杨雁:《美国博物馆和图书馆服务协会战略计划给我们带来的启示》,《公共图书馆》2012年第4期。
⑤ 李林娜:《美国博物馆业掠影》,载龙华烈士纪念馆编:《烈士与纪念馆研究》(第5辑),中共党史出版社2001年版,第234—238页。

社会公益团体,或者设立基金会,每年给予赞助。这两项法律为美国博物馆捐赠体系的发展和完善提供了法律支持。1965年,美国国会通过了自大萧条以后第一部支持文化艺术事业的法规《国家艺术及人文事业基金法》。依据此法,美国创立了致力于发展艺术与人文事业的机构国家艺术基金会与国家人文基金会,并设立联邦艺术暨人文委员会,发展美国文化艺术,保护美国文化遗产。1996年,依据《博物馆图书馆事业法》,各机构合并重组成立了国家博物馆图书馆学会,专门负责对博物馆、美术馆和图书馆的资助工作。这个机构虽然属于联邦政府机构序列,面向全国,但只有计划协调和财政资助的职能,没有行政管辖权。

表2-8 美国法律体系中涉及博物馆相关政策整理[①]

出台时间	出台机构	政策名称
1906年	联邦政府	《古物保护法》
1913年	联邦政府	《西蒙斯关税法》
1917年	联邦政府	《第二税收法案》
1926年	联邦政府	《美国法典》
1935年	联邦政府	《历史遗址与建筑法》
1939年	国家税务局	《国内税收法》
1953年	特拉华州政府	《通用公司法》
1966年	国会	《国家博物馆法》
1966年	国会及约翰逊总统	《国家历史保护法》
1969年	国会	《1969年税收改革法案》
1976年	国会	《民俗保护法》
1980年	加利福尼亚州政府	《加利福尼亚州公益非营利法人收法案》
1981年	国会	《经济复苏税收法案》
1983年	国会	《文化财产公约执行法》
1986年	国会	《1986年税收改革法案》

[①] 参见张守连、高春花、肖建杰主编:《当代城市生态文化多样性解读》,新华出版社2016年版;王智洋:《国家文化特性引导下的"文化社会"——20世纪中期美国文化制度研究(1945—1969)》,南京艺术学院硕士学位论文,2016年;王云霞:《文化遗产法教程》,商务出版社2012年版;李妍:《美国税收政策如何助力艺术博物馆的发展》,《中国博物馆》2016年第1期;胡娟:《法护名城》,武汉大学出版社2015年版;秦东旭:《美国博物馆理事会制度生成与演进研究》,《科学教育与博物馆》2019年第1期。

续表

出台时间	出台机构	政策名称
1986年	国会	《国内税收法》
1989年	联邦政府	《美国印第安人国家博物馆法》
1990年	联邦政府	《美国原住民墓葬保护与赔偿法》
1995年	联邦政府	《美国个人所得税手册》
1996年	联邦政府	《博物馆与图书馆服务法》

1906年的《古物保护法》禁止对联邦土地上的考古基址和美国原住民史前遗迹进行破坏,并授予了联邦建立国家纪念物的权力。

1913年的《西蒙斯关税法》规定个人或企业在向博物馆、美术馆等非营利性机构进行捐赠时,不但可以免除在捐赠过程中所产生的增值资产所得税和买卖双方交易税,还可以凭此抵扣个人所得税费。

1917年的《第二税收法案》规定了向非营利组织提供捐助的一律扣除税费。同时,在美国,继承超过70万美元的要交37%~55%不等的遗产税。

1926年的《美国法典》(United States Code)明确规定了联邦政府自主创建的博物馆理事会的职能、架构等。

1935年的《历史遗址与建筑法》要求各联邦机构在执行政策时必须充分考虑到对古迹等文化遗产的保护。

1939年的《国内税收法》中的501(C)条款列出了包括教育组织在内的26种享受联邦所得税减免的非营利组织,在这一整体范围内存在一个特殊的组织类别,其宗旨为"慈善、宗教、教育、科学、文学、公共安全测试……促进业余体育竞赛,防止虐待儿童或动物"。除"公共安全测试"类组织外,都可以接受减税捐赠。

1953年的《通用公司法》第8章第141条规定,包括博物馆在内的机构都必须设置理事会。除此之外,理事会的权利、人员、任职资格以及任期在此法中都有明确的规定。这为博物馆理事会存在的必要性以及权利的实行提供了法律保障。

1966年的《国家历史保护法》(National Historic Preservation Act)是重要的历史保护法案,其中多项条款在保护历史文物方面起到了重要作用。该法案的主要内容包括:历史性场所国家登录制度的创设,历史保护咨询委员会的建立及其职能的规定,历史建筑的开发项目审核制度、文化遗产保护与登录制度的设立,历史保护国家信托基金会、历史保护基金和其他补助金的管理等。法案还开创了一个内务部的援助拨款计划。

1969年的《1969年税收改革法案》规定如果个人向公共慈善机构捐赠，捐赠税前扣除额不得超过应纳税额的50%。该法案还要求在任何情况下，纳税人必须在销售价格和捐赠之间分配资本利得，且只允许艺术家捐赠的艺术品以原材料成本价享受税收减免。该法案影响了艺术家捐赠的动力和热情。

1976年的《民俗保护法》明确了美国作为一个多种族国家保护民俗文化的重要性，对"美国民俗"进行了定义。根据该法，政府在美国国会图书馆建立了美国民俗中心，其基本职责为保存、展示和研究美国民俗。

1980年的《加利福尼亚州公益非营利法人法》规定所有的非营利组织都由理事会来管理。

1981年的《经济复苏税收法案》的核心是降低个人所得税，减少遗产税。该项规定使得个人的捐赠成本提升。

1983年的《文化财产公约执行法》授权总统在其他缔约国提出请求时，对来自该国易受劫掠的考古学和人种学材料施加进口限制。

1986年的《1986年税收改革法案》将资本利得税提升到和普通个人所得税税率一样的水平。该法案降低了捐赠成本。

1986年的《国内税收法》第501(C3)条规定，博物馆的宗旨仅限于教育和公共事业等非营利活动。

1989年的《美国印第安人国家博物馆法》主旨为保护有关印第安人的藏品及遗骨等。该法将美国印第安人博物馆从纽约搬到华盛顿，规定史密森尼学会将其保存的有关印第安人的馆藏品同美国印第安人博物馆的藏品合在一起。该法还对美洲印第安国家博物馆的建立、目的、董事会的责任与权力、博物馆馆长与职员、博物馆设施等进行了规定。

1990年的《美国原住民墓葬保护与赔偿法》是一部专门保护原住民文化遗产的法律。该法本着尊重印第安传统信仰的原则，授予印第安族群相应的权利。这些权利包括：在国有土地及印第安人保留区内不得擅自发掘印第安人祖先的遗骨及与印第安人相关的各种物质文化遗产；联邦补助的博物馆有义务提供该馆所藏印第安人的文化遗产清单等。

1995年的《美国个人所得税手册》说明了关于个人所得税的规定，以及纳税人"在捐助时可扣除捐品的市场价值"。

1996年的《博物馆和图书馆服务法》对博物馆和图书馆服务的基本定义以及博物馆和图书馆服务学会、国家博物馆和图书馆服务学会委员会等进行了规定。

(三) 管理模式

美国博物馆的管理模式主要是"市场分散化"模式。美国并没有全国性的、统一的博物馆管理机构,只有个别州设置"博物馆处",但这些机构的服务功能大于管理职能。美国博物馆拥有完全的管理、生存和发展的自主权。这主要是因为美国实行"市场分散化"文化管理模式,采取以下三种方式对文化机构进行间接或直接的管理和规划:(1)利用国家和私人的基金会资助;(2)通过税收优惠等政策优惠,提倡私人捐赠;(3)通过各种法律和税收政策鼓励博物馆的发展。[①]

美国唯一半官方性质的博物馆组织是史密森尼学会,是美国政府得到英国科学家史密森的遗产捐赠而成立的,其宗旨是成为一所能增长和传播知识的机构。美国政府围绕这一理念,建立了这一融合研究院、图书馆、博物馆等机构为一体的学会组织。学会的最高行政机构为理事会,下设秘书长进行各项业务工作。

在博物馆的内部组织管理方面,美国博物馆实行理事会制度,这是美国博物馆管理机制的核心,美国博物馆联盟主席劳拉·洛特(Laura Lott)指出,作为博物馆领导机构的一部分,理事会在完成博物馆使命和服务社区中发挥着至关重要的作用。美国的理事会制度最开始是模仿英国,后来逐渐本土化,形成具有美国特色的制度体系,以联邦和州法典、联邦和州税法、州公司法、非营利性组织法等为基础建立起博物馆法律约束和保护机制。[②]理事会作为博物馆内部最高的决策机构,由馆长负责执行。理事会成员每人一票,具有共管特征,理事会成员无偿为博物馆提供服务。理事会具有受托责任,对博物馆的运行负责。

在博物馆的人事制度方面,美国博物馆实行理事会领导的馆长负责制。过去一般选聘博物馆界专家来担任博物馆的馆长,但近年来,越来越多的博物馆更加注重馆长的经营管理能力,用优厚的待遇在世界范围内吸引合适人选,所以许多没有博物馆相关背景的成功商业人士成为博物馆的管理人员。[③]博物馆的普通员工有两个来源:一是由博物馆的人力资源部门用企业中有效的选人用人方式招聘,在这个过程中,博物馆有意识地保证员工背景的多元化,不同部门对员工的要求也各不相同;二是博物馆义工,美国博物

[①] 傅才武、宋丹娜:《文化市场演进与文化产业发展——当代中国文化产业发展的理论与实践研究》,湖北人民出版社2008年版。

[②] 秦东旭:《美国博物馆理事会制度生成与演进研究》,《科学教育与博物馆》2019年第1期。

[③] 郭艳梅、王飞、殷筱晔:《国外博物馆管理研究综述》,《大东方》2016年第3期。

馆的义工对博物馆的发展起到了重要作用,是博物馆不可缺少的一部分,这些义工都接受过义工办公室的培训,具有良好的专业素质和职业精神。

在博物馆的资金来源方面,政府为博物馆提供的财政补贴非常少,美国博物馆运营所需的资金大多依赖博物馆下设的专门筹资部门筹集,其渠道大致有会员费收入、基金资助、接受捐赠、经营收入四种。[①]

会员费收入是美国博物馆最普遍的一种筹集资金的方式,一般博物馆都会推行会员制,按照缴纳会费的多寡划分不同等级,会员享有不同权利。博物馆会借助展览和活动,呼吁会员给予博物馆支持,会员为博物馆提供稳定的会员费收入。以纽约大都会艺术博物馆为例,在该博物馆的收支状况中,会员费收入占14%左右。

基金资助分为政府基金资助和民间基金资助。政府基金资助是政府通过各种基金会有重点、有计划地拨款赞助重点博物馆的正常运转,或是支持博物馆内专业人员培训、藏品保护、学术研讨会等事项。民间基金资助是美国现代博物馆得以维持运行的基础,一般每个博物馆都会有一项主要的基金资助。这些资金一般是捐给博物馆或博物馆的某个具体项目的,所有博物馆在使用这些基金的时候,都必须遵守相关要求。

在美国,各种赞助和捐赠是博物馆最重要的资金来源和藏品来源。美国已经形成了一套比较完善的捐赠体系,政府通过税收政策支持捐赠行为,比如说博物馆每年收到的捐款可以免缴所得税,允许个人或公司企业因捐赠某种实物而减免税收,遗产税也大大鼓励收藏者将艺术品捐赠给博物馆。公司企业及个人这些不同主体对博物馆不同程度的捐赠也都在比较系统的规章制度下执行。例如企业赞助博物馆、向博物馆馈赠或捐赠遗产艺术品等均有明确的限制条件。

经营收入是美国博物馆发展中非常重要的筹措资金的方式,包括门票收入、销售商品收入、餐饮收入、投资收益等方面。

三、美国博物馆管理和运营的启示

美国博物馆的管理与运营是按照"市场分散化"的模式运行的。美国政府没有设立统管全国博物馆的行政部门,而是在以自由市场运作机制为主的前提条件下,利用财政资助、政策优惠、税收鼓励等手段支持博物馆事业的发展。美国是世界上社区博物馆数量最多的国家之一,也是博物馆开展

---

① 狐爱民:《美国博物馆资金来源研究》,《商业会计》2015年第5期。

社区服务活动最活跃、最有影响的国家之一。[①]美国的社区博物馆保存有丰富的原住民文化遗产,它们将保持与当地社区的长期合作关系放到优先地位,通过咨询委员会和公共活动计划来与当地社区实现互动。总体而言,美国社区博物馆立足其所在社区文物资源,展示其所在社区文化,服务其所在社区公众,贴近社区生活,号召社区人员参与,自觉服务社会。美国社区博物馆的文化作用更多是体现在加强社区成员的联系和归属感、促进社区成员和睦相处、展现文化多元的特征、营造不同文化群体之间宽容和平相处的理念,这已经超越了单纯的保护和传承文化遗产的传统定位。

而我国的社区文化服务是由政府主导的,作为城乡基础建设的一部分逐步推进。我国各级政府注重利用社区的文化阵地宣传党和国家的政策,提高居民的文化水平和素养,促进社会主义精神文明建设。在具体的文化服务中,政府投资建设社区文化空间如街道(乡镇)文化站、农家书屋等,为社区文化活动提供硬件设施如社区舞台等,为社区提供文化服务如电影下乡、流动博物馆等。但是,在政府主导机制下开展的社区文化服务,带有浓厚的行政色彩,社区成员往往参与度较低,积极性不高,从而使社区文化服务偏向于形式化、低效化。随着社会经济的发展,广大人民群众的精神文化需求也发生了深刻的变化。在社区文化服务领域,我国需要重视实现服务的公平性、均衡性、多样性,满足人民群众的基本文化生活需求,保障人民群众的基本文化权益,同时应注意吸纳社会力量共同参与建设。

第六节　国外博物馆管理模式和运营机制的总结与借鉴

英国作为现代博物馆的诞生地之一,拥有丰富的博物馆建设经验。其中最值得我国博物馆借鉴的经验主要在于理事会制度、人员培训制度以及博物馆在文化旅游、数字化建设等方面的创新。

同样拥有丰富建设经验的法国博物馆对中国博物馆的改革发展更有指导性意义。法国虽然被称作国家管理文化事业的典范,但在法国文化建设的实际进程中,"去中心化"的脉络贯穿始终。法国政府和文化部下放管理权力,增强地方文化机构的自主性,均衡区域文化发展,让文化发展与经济

[①] 吕建昌:《博物馆"社区"概念及社区博物馆》,载中国博物馆学会:《回顾与展望:中国博物馆发展百年——2005年中国博物馆学会学术研讨会文集》,上海大学文学院,2005年,第244页。

发展相结合。法国的"去中心化"政策和相关的落地措施,为我国现阶段博物馆体制改革提供了路径指引。

欧盟博物馆联盟的区域联动以及博物馆资源共享同样为我国区域博物馆联盟建设提供了可借鉴的经验。由于历史、经济、文化、技术以及其他条件的限制,我国博物馆目前分布不均衡,区域发展不平衡,各博物馆馆藏文物资源不平衡。如果能够建立一个以政策法规为基础、科技为支撑、资源共享为目的的高效、科学的博物馆资源和市场共享平台,将会大大提升我国公共文化服务的效率和普及度。

日本博物馆的独立行政法人制度和博物馆从业人员认证制度对中国博物馆的体制改革具有借鉴意义。前者确保了日本博物馆的独立性,使得政府与博物馆之间权责明确,推动了博物馆工作的独立开展。日本推行全国统一且受法律保护的博物馆职业资格认证,并设立了一套较为完整的操作流程,其在博物馆人才培养方面的经验为中国培养文博方向的高尖人才、专业人才、经营型人才、创意型人才以及设立博物馆从业人员资格认证制度提供了借鉴。

美国的社区博物馆以积极的态度回应社会民众和社区问题,改变了传统博物馆高高在上的姿态,其目的是为当地社区民众提供一个学习的场所,回应社区民众的诉求,从而致力于文化知识的在地化和多元化。中国同样存在多元的地域文化,社区博物馆追求的平等和谐理念,同样也符合中国传统文化的核心价值。因此,社区博物馆建设在我国拥有一定的发展潜力。但实际上社区博物馆在中国的发展十分缓慢,这就需要我们借鉴美国社区博物馆的建设经验,将博物馆建设的关注点由城市转向传统的农村社区[①],通过建设社区博物馆来关注文化多样性和族群文化遗产的传承。

综上而言,这些国家的博物馆管理模式和运营机制给予我国博物馆建设和博物馆体制改革诸多可供借鉴的经验(见表2-9)。

---

① 黄春雨:《社区博物馆理论与实践的思考》,《中国博物馆》2011年第Z1期。

表2-9 英、法、日、美等国及欧盟博物馆管理与运营机制总结

国家/国际组织	管理体制	经费来源	运营制度	可借鉴经验
英国	"一臂之距"的英国博物馆间接管理原则,国家对文化采取分权式的行政管理体制,政府间接管理,强调博物馆的自主性	政府补贴、相关产业经营和社会捐赠	理事会制度,董事会领导下的馆长负责制,馆长全面负责博物馆日常运营管理,行使法人代表权利,完成董事会制定的目标任务	英国的理事会制度、专业的博物馆人员培训制度、财务制度,为我国博物馆管理体制改革、人才培育、寻求新的资金来源开拓了思路
法国	行政导向管理模式,对本国的博物馆实施直接的、自上而下的垂直管理,政府行政力量具有重要影响	政府拨款为主,大型公立博物馆利用品牌优势,通过售卖门票、开设海外分馆、举办海外展览等渠道实现经费自主	实行文化行政导向模式,与宏观管理密不可分。政府主管部门集中与统筹行政职权和附属业务,而馆长和专业人员则对博物馆的展览和专业建设有决定权	法国博物馆的"去中心化"政策,下放中央行政系统的管理权力,"保管员"制度为我国的"文物活起来"政策、博物馆自主化、人事制度提供了借鉴
欧盟	规模化战略——博物馆联盟,同一区域内(多为欧盟成员国内部)的博物馆分享博物馆资源和市场合作管理	基金和援助机构象征性地为成员国的博物馆建设提供资助	—	欧盟进行区域联动、分享博物馆资源和市场的博物馆联盟,为我国建立区域博物馆联盟以及与日韩等邻国共建博物馆联盟提供了经验
日本	独立行政法人制度,上级主管部门负责"规划",博物馆负责"实施",赋予博物馆极大自主权	运营交付金、自筹收入、受托收入、设施整备补助	设立役员会、运营委员会、评议委员会,负责审议规划、编制预算、监督业务开展等,加强行政法人的作用和外部人员的参与	日本文化遗产登录制度、学艺员制度、文博事业的"举国体制",为我国文物登记制度、博物馆职业资格认证制度提供借鉴

续表

国家/国际组织	管理体制	经费来源	运营制度	可借鉴经验
美国	"市场分散化"模式,"博物馆处"的服务职能大于管理职能,美国博物馆拥有完全的管理、生存和发展的自主权	会员费收入、基金资助、接受捐赠、经营收入	理事会作为博物馆内部最高的决策机构,馆长负责执行,理事会成员具有共管特征,理事会具有受托责任,对博物馆的运行负责,为博物馆无偿提供服务	美国的社区博物馆、"市场分散化"模式为我国博物馆的社会公共文化服务职能下放提供了经验和借鉴

自20世纪80年代以来,我国博物馆体制改革逐步开启,在探索、推进、深化的制度变迁进程中,我国博物馆不断吸收国外博物馆管理和运营的优秀经验。例如,借鉴法国的"去中心化"政策,近年来我国在文博领域推行"让文物活起来"的工作方针,实行文化权力下放,推动区域间的合作,利用互联网等科技平台使文物焕发新的活力。借鉴日本的独立行政法人制度,建立博物馆事业法人制度,推动博物馆体制改革进入新阶段。借鉴英美的理事会制度,开启我国国有博物馆的理事会制度探索,以促使我国博物馆的运营向专业化方向发展。

在未来,我国博物馆事业体制改革还可借鉴欧盟"博物馆联盟"模式,通过共享博物馆馆藏资源,进一步推动我国建设区域博物馆联盟计划的实施;借鉴日本文化遗产登录制度与学艺员制度,为我国建立文物登记制度与博物馆职业资格认证制度提供帮助;借鉴美国的社区博物馆建设经验和"市场分散化"模式,理顺我国博物馆的管理机制,解决博物馆体制改革中的文创收益分配问题、博物馆运营资金筹集问题。总之,借鉴国外博物馆管理和运营的经验,有助于我国博物馆事业的繁荣和公共文化服务能力的提升。

第三章　中国近代博物馆的创建和发展

本章将运用"公共文化领域""公共空间"等理论,按照时间顺序分为清末新政时期、北洋政府时期、南京国民政府时期三部分对我国近代博物馆事业的初建、博物馆管理机制的形成与发展进行梳理与探析。清末,在欧风美雨的影响下,我国近代意义上的博物馆开始建立,文物保护事业开始萌芽,近代中国博物馆事业逐渐兴起;北洋政府承袭了清末博物馆管理体制并在继承的基础上予以创新,逐步将博物馆事业纳入国家社会教育体系与法制体系之中;南京国民政府时期,国家对博物馆事业的管理更趋制度性、科学性、专业性,近代博物馆事业管理体制初步建成。

公共领域概念源于康德对公共性的思考,并得益于市民社会理论的支持和推动。汉娜·阿伦特在"国家—社会"的二分理论模式基础上,吸收亚里士多德"生产—工艺—实践"的三分模式,提出了"私人领域—社会领域—公共领域"的三分理论范式,对市民社会进行"公"与"私"的划分。[1]尤尔根·哈贝马斯在《公共领域的结构转型》一书中继承了康德和阿伦特的有关思想,完善了公共领域的理论结构,提出"公共领域—市民社会"的二分范式,认为公共领域由私人和团体组成并面向全体公众开放,通过公共领域可以形成公共意见,对国家政权和其他社会力量进行监督和约束。[2]本书所探讨的公共文化领域,是在政治、经济公共领域之外的文化公共领域,博物馆作为近代公共文化空间,是公共文化领域的一部分,是透视大众文化生活的社会空间,也是大众行使话语权的民主讨论空间。同时,近代博物馆管理机制的构建,促进博物馆发挥其组织动员、交流传播、社会协调、社会教育的公共文化功能,加快了中国社会转型的进程。此外,近代博物馆管理机制也成为当下我国博物馆管理体制的历史来源之一。

---

[1] 傅才武、何璇:《论近代公共文化领域在建构国家认同过程中的功能与作用》,《福建论坛(人文社会科学版)》2016年第12期。
[2] 哈贝马斯:《公共领域的结构转型》,曹卫东等译,学林出版社1999年版,第71页。

第一节　晚清时期博物馆事业的开启

从清末到北洋政府时期是中国近代博物馆事业的开创期。随着西方博物馆理念的传入,清政府将"文化管理"纳入社会教育管理体系,博物馆被纳入国家管理范畴。在西方传教士和先进知识分子的双重推动下,陈列所、博物馆等文博机构相继建立,文物保护事业迈入萌芽时期,以古物展览为主要形式的中外文化交流日益密切,博物馆事业日益形成。

一、晚清时期近代博物馆事业初具雏形

1840年鸦片战争后,清政府的"闭关锁国"政策被外国列强的坚船利炮粉碎。西方近代文化观念逐渐传入中国,晚清文博事业在西学东渐的浪潮下开启。一方面,清政府向西方国家派出的官员和留学生将"博物馆"的概念以及对博物馆的最初认识写入游记带回中国,先进知识分子在西方博物馆理念的指引下将博物馆建设融入国家教育事业中。光绪二年(1876年),京师同文馆附设博物馆;次年,上海格致书院建立博物馆。萌芽时期的博物馆作为学堂、书院的附设机构,只是一个相对简陋的古物陈列室,仅陈列科学仪器、生物标本等,难以达到近代博物馆标准。另一方面,来华传教士以创办博物馆的形式传播西方文明,为中国带来博物馆学理念和学科的实际操作。同治七年(1868年),法国传教士韩德禄在上海创建震旦博物馆,这是我国历史上第一个由外国传教士建立的近代博物馆。之后,光绪二年(1876年)美国传教士创办"博物院福音堂"(后为烟台博物馆),光绪二十八年(1902年)英国人创办烟台罗郭培真书院博物堂等。这一时期外国传教士在我国沿海通商口岸创办了许多博物馆或具备博物馆性质的文物收藏陈列机构,且以自然科学类为主,辅以人文历史类。这为我国沿海开放地区早期文博事业的发展奠定了物质基础。

这一时期,先进知识分子在西式教育理念的影响下掀起了博物馆建设浪潮。光绪二十三年(1897年)湖南郴州学会创办郴州学会博物馆,光绪三十年(1904年)广东省学务处筹建图书及教育品陈设馆。但由于种种原因,这些博物馆事业未能持续发展下去。直到光绪三十一年(1905年),实业家张謇创办集自然、历史、艺术为一体的南通博物苑。这是我国历史上第一个由国人创办的具有近代意义的博物馆,在中国博物馆发展史上具有里程碑意义。之后一段时期内,大量博物陈列场所及展览活动纷纷涌现,我国博物

馆分布由通商口岸延至内地,博物馆种类日益丰富,陈列水平较早期明显提高,近代博物馆事业初具雏形。①

二、清末新政后博物馆管理体制初建

20世纪初期,清政府实行新政,推行"废科举、兴学堂、派留学"等改良措施,为博物馆事业的发展打下良好的基础。1905年底清政府正式建立学部,负责博物馆的有关事项。与博物馆相关的文物管理和保护工作分别由民政部、内务府、学部承担。民政部负责各地古迹的调查和维护,学部负责古物、古籍的收集和保护。②学部与民政部等清政府职能部门的设立逐步确立了清朝的博物馆管理体制,有力促进了晚清博物馆事业的建设与发展。

(一)政府力量与民间力量共促博物馆事业发展

清政府鼓励兴办博物馆,并给予政策支持,对出资兴办博物馆之人授予恩惠与官职。光绪二十四年(1898年),《遵议优奖开物成务人才折附章程》第七款规定:"如有独捐巨款,兴办藏书楼、博物院,其款至二十万两以外者,请特恩赏给世职。十万两以外者,请赏给世职或郎中实职。五万两以外者,请赏给主事实职,并给匾额,如学堂之例。"第八款规定:"捐集款项,凑办学堂、藏书楼、博物院等事,仅及万金以上者,亦请加恩,奖以小京官虚衔。"③在政府政策扶持下,国人兴办博物馆风气渐开,晚清博物馆事业颇有起色。

晚清博物馆在组织形式上以私人博物馆和官办博物馆两种为主。在运营模式上,私人博物馆董事由晚清富绅组成,组建董事会负责博物馆的重大决策和日常运营事项,并出资筹备博物馆各项费用。官办博物馆实施分级管理制度和监察制度,政府在京师开办图书馆,在图书馆下设置古物保存会,负责博物馆事项。省政府在各省学司下设有博物馆,并派遣提学使每三年审查一次,将结果记录于国学堂统计表中,同时每年编一册报告与其他省博物馆相比较。在财政制度上,外国人创办的博物馆资金来源于所属组织的拨款,以及公开向社会募捐。④政府创办的博物馆由政府拨款维持运营,并收取门票补贴收入。

---

① 史勇:《中国近代文物事业简史》,甘肃人民出版社2009年版,第51—52页。
② 江琳:《从"文物保护"到"文化保护"——近代中国文物保护的制度与实践研究(1840—1949)》,新华出版社2015年版,第67页。
③ 张耀南等:《戊戌百日志》,北京燕山出版社1998年版,第174—178页。
④ 陈锐:《晚清西方博物馆观念在中国的传播》,湖南大学硕士学位论文,2007年。

（二）晚清文物保护事业法治化萌芽

晚清时期，清政府设立了博物馆专门机构——庶务科，掌管图书馆、博物馆等相关事项，负责博物馆的修建与设置。19世纪末期，频繁的中外战争使大量文物流失与被掠夺。清政府部分官员和先进知识分子逐渐认识到文物保护的重要性，"数千年之遗迹，（中国）反不如泰西之多"是"调查不勤，保存不力之故"[①]。国家监管和保护不力导致大量文物流失海外，随着国人和清政府文保意识的逐渐觉醒，我国文物保护事业进入起步阶段。1905年，邓实、黄杰等人在上海创立了以"研究国学，保存国粹"为宗旨的国学保护会，发行《国粹学报》等报刊进行文物宣传与保护，设立图书馆、印刷所等机构从事文物收藏和古籍推广工作。

1906年内务部《保护古迹推广方法》明确文物古迹的内涵和范围，建立了文物分类保护制度，设定了原真性保护的原则，并明确文物的五种分类，规定了各类文物相应的保护办法；建立文物国有的保护制度，形成了文物与国家主权相关的技术联系，不法之徒盗取中国文物的状况开始为司法所不容。宣统元年（1909年），根据这一办法，清政府令各地组织官员、学者对国内各地碑碣、造像、绘画及殿宇等文物古迹进行调查并汇编成册。[②]这一时期文物保护由民间号召上升到国家司法保障层面，晚清文物大规模流失的情况在一定程度上有所缓解。

（三）传统金石学与近代考古学

在近代考古学传入中国前，金石学作为中国古代传统文化中的一门学问，被认为是中国考古学的前身。早在西汉时期，便有人研究古代文字、考释青铜器、整理竹简等；北宋以来金石之风盛行，金石学成为一门独立的学科；清代受"乾嘉学潮"影响，金石学研究达到鼎盛。[③]19世纪下半叶，中国与世界的交往日益密切，大量外国传教士来华以及部分中国知识分子走出国门将西方新兴考古学知识传入中国。来华传教士们积极传达西方考古的最新信息，同治十三年（1874年）美国传教士丁韪良发表《古国遗迹》向国内报道西方各国的近代考古活动。丹麦考古学家汤姆森的"三期论"也由来华传教士传入中国。晚清出使外国的清朝官员中也不乏金石爱好者，他们在考

---

① 上海商务印书馆编译所编纂：《大清新法令（1901—1911）》，商务印书馆2010年版，第186页。
② 郑滨：《1860—2009中国文物保护历程研究》，山东大学硕士学位论文，2010年。
③ 诸葛文：《让你受益匪浅的极简国学》，中国法制出版社2017年版，第96页。

察、学习途中积极展开文物考察和收集工作。清末著名金石学家端方就曾在埃及收购木乃伊石棺铭文、碑铭、拓片等40余件。

维新变法以来,先进知识分子将近代考古学理论运用于治史实践中,并将考古学、金石学列入高等教育学堂课程体系。光绪三十三年(1907年),黄节、邓实等人发起的国粹学堂便拟开设考古学一科。而当晚清知识分子仍在学习西方考古学理论体系时,外国人正在中国境内展开大规模的考古探险活动。德国、法国、美国、日本、俄国等国争先恐后地涌入中国西北地区掠夺和盗卖中国文物。此时的中国学者仍恪守金石学重理论轻实践的研究思想,尚未开展近代意义上的田野考古活动。晚清时期的近代中国考古学实践也主要由西方探险家的"猎宝"活动组成,国人考古实践意识的真正觉醒则在辛亥革命后。[①]

(四)文物展览与中外交流

晚清时期,清政府积极推动文物展览走出国门,向世界展示中国文化。早在第一次鸦片战争期间,美国商人内森·邓恩就举办"中国博物馆"展览,将其收集的1200件文物展出,吸引超过10万名观众购票参观。1876年,美国为纪念独立一百周年,在费城举办世界博览会,广邀世界各国参加,中国也接到了邀请并组团参会。李圭《环游地球新录·自序》曰:"先经其国驻京公使照请总理各国事务衙门,咨行南北洋通商大臣转饬地方官,出示晓谕工商人等送物往会。"[②]1887年中国参加在伦敦举办的中国艺术展览会,"11月28日伦敦中国艺术展览会开幕,所有筹备事项,俱已布置告竣。闻英皇室方面,决定将清德宗于一八八七年赠与女皇维多利亚之铜器,及所藏珍贵中国古物多件,一并送会展览"[③]。1900年随着敦煌藏经洞被发现,精美绝伦的敦煌文物逐渐被世人所熟知。宣统三年(1911年)4月,内阁学部咨京师图书馆称:"奥(匈帝)国皇帝八旬万寿,维也纳设立实业手工艺博物院,院内陈列极古极要之品,惟纸张一物,愿将中国纸张出品及造纸器具陈列院内。查贵部前由敦煌石室所得经卷,为古纸之特品,拟请选择数种,咨送本部,以便转送该院陈列。"[④]这是目前已知最早的由中国官方组织的敦煌文物赴外展览活动。

[①④] 史勇:《中国近代文物事业简史》,甘肃人民出版社2009年版,第49—52页、62—63页。

[②] 钟叔河:《走向世界——近代中国知识分子考察西方的历史》,中华书局1985年版,第173—174页。

[③]《清德宗赠维多利亚女皇古物将参加伦敦中国艺术展览》,《中国博物馆协会会报》1935年第1卷第2期,第33—34页。

第二节　北洋政府时期博物馆事业的发展与演进

1911年,辛亥革命推翻了清政府的统治,我国两千多年的封建制度随之瓦解,博物馆事业迎来了有利的发展环境与发展机遇,文物和艺术品从特权阶级所有转变为公共资源,我国真正意义上的现代公共博物馆开始建立。[①]

一、北洋政府对晚清政府博物馆管理体制的继承与创新

近代化转型背景下,北洋政府一方面继承中国古代的文化管理方式,另一方面学习现代西方国家管理体制,将博物馆纳入社会教育体系,并推动皇家藏品和私有藏品向公共资源转变,此外还推进了博物馆法律体系的建设。在北洋政府的大力推进下,我国进入了第一次博物馆建设的高潮期(见表3-1)。

表3-1　北洋政府时期成立的部分博物馆概况[②]

成立时间	博物馆/陈列所名称
1913年	北京铁道管理学院博物馆
1915年	北京卫生陈列所
1916年	保定教育博物馆
1918年	江西省立教育博物馆
1919年	山西教育图书博物馆
1920年	教育部教育博物馆
1923年	岭南大学博物馆
1925年	京兆通俗教育馆
1927年	两广地质调查所地质矿产陈列馆

(一)创设近代博物馆及博物馆管理机构

1912年中央教育部设社会教育司,筹办各省社会教育等方面的工作,在社会教育中单设一科专门负责博物馆、图书馆、美术馆、动植物园及搜集文

---

① 贾鸿雁、张天来:《中华文化遗产概览》,东南大学出版社2015年版,第9—10页。
② 单霁翔:《从"数量增长"走向"质量提升":关于广义博物馆的思考》,天津大学出版社2014年版,第38—39页。

物等工作。博物馆事业被纳入国家社会教育体系,由教育部统筹博物馆基本事宜。1922年后,我国博物馆逐渐开始在运营管理中采用理事会制度,博物馆管理进入新的发展阶段。

1. 古物陈列所、故宫博物院相继成立

中华民国成立后,清王室一切财产收归国有,包括三大殿在内的紫禁城外朝区域被接管,博物馆建设被提上议事日程。1912年,内务部奏请成立"古物保存所",同年7月,民国政府教育部在国子监内成立国立历史博物馆筹备处(今国家博物馆前身),负责接收国子监文物、清宫档案以及私人捐赠。1913年夏发生的"盗卖热河避暑山庄前清文物案",导致大量珍贵文物流入文物市场。各界有识之士纷纷提出将承德避暑山庄文物和沈阳故宫遗留文物"由民国政府备价收归国有",并运京保存、展出。从1913年10月开始,在内政总长朱启钤的主持下,20余万件铜器、瓷器、珠宝、书画等珍贵文物安全运至北京,内务部于庚子赔款内拨付20万元在紫禁城外朝开办陈列所。1914年10月10日,我国历史上第一座国立博物馆——古物陈列所正式对公众开放。该馆陈列、展览皇家藏品并接待瑞典王储等外国贵宾参观、接收美国博物馆送回的天坛流失文物等,实际上发挥着国家博物馆的职能与作用。[1] 1924年溥仪离宫后,1924年11月20日清室善后委员会宣告成立。次年9月,清室善后委员会决议成立故宫博物院。1925年10月10日故宫博物院开幕。[2] 此后二十余年里古物陈列所与故宫博物院并存于故宫内,代表着我国20世纪上半叶博物馆事业的发展水平,在当时社会产生了广泛而积极的影响。

2. 博物馆理事会制度的早期实践

中国近代博物馆理念源于西方,博物馆的内部管理也基本沿袭欧美模式。1922年天津博物院(现河北省博物馆)设立我国近代第一个博物馆理事会,故宫博物院、南京博物院也纷纷开始实行理事会制度。1925年10月10日故宫博物院开放后通过《故宫博物院临时董事会章程》实施董事会监督制和理事会管理制,理事会作为决策中心下设院长及各类委员会,执行全院事务,制定组织规范和规章,保证运行的规范化和程序化,同时接受董事会的监督。理事会通常每年召开一次,常务理事会每四个月开会一次,必要时由理事长召集临时会议。董事会负责推举临时理事长及理事,审核全院预算决算,保管院产,监察全院事项,议决理事会及各馆提出的重要事项以及拟

---

[1] 段勇:《当代中国博物馆》,译林出版社2017年版,第6—7页。
[2] 黄继东:《大陆国宝迁台秘事》,北方文艺出版社2017年版,第14—15页。

定董事会条例。1926年故宫博物院举行董事理事联席会议,旨在解决博物馆资金及人员安排问题。由于时局动荡,故宫博物院在1926—1928年三年间先后经历维持员、保管委员会、维持会及管理委员会四次改组。①数次实践后,早期理事会制度在博物馆运营管理的实践中逐步走向规范化。

(二)创建近代博物馆法律法规体系

民国初年,我国缺乏限制文物出口的法规,大量洋商报运古物出口,我国文物大量流失国外。北洋政府执政后以限制文物外流为工作重点,初步建立起文博事业法律法规体系。本部分共梳理相关政令法规16条,其中文物监管政策8条,博物馆管理政策5条,其他政策3条。从政策梳理的角度来看,这一时期文博工作的重点在防止文物流失。在禁止文物外流的立法方面,1914年6月,北洋政府正式发布《大总统限制古物出口令》,要求各海关严密稽查售运文物,防止国宝流失沦陷域外。但因缺乏具体章程,文物外流情况仍难以制止。1924年《古籍、古物、古迹保存法草案》规定任何人不得将文物贩运或携出国境。1927年北洋政府二次发布总统令,要求内务部核定、划分古物种类,确定禁止文物出口章程。北洋政府从古物调查、禁止出口、古迹保存等方面限制古物出口,加强文物监管。在博物馆建设方面,1914年教育部出台《中华博物馆组织大纲》,初步确立我国博物馆管理体制。国务院、交通省、教育部分别出台故宫、交通、历史博物馆章程,规划并建设近代博物馆体系。

1.关于文物监管的主要政策②

在文物监管政策方面,主要颁布了《内务部为筹设古物保存所致大总统呈》(1912年1月1日)、《税务处致内务部公函》(1913年12月27日)、《大总统限制古物出口令》(1914年6月14日)、《内务部为切实保存前代文物古迹致各省民政长训令》(1916年3月11日)、《保存古物暂行办法》(1916年10月)、《税务处致内务部公函》(1925年12月14日)、《大总统令税务处妥订禁止古物出口办法令》(1927年3月26日)、《修订特许研究古物规则》(1927年9月30日)。

其中,《内务部为筹设古物保存所致大总统呈》中关于文物监管的主要

---

① 参见故宫博物院编:《故宫博物院早期院史(1925—1949年)》,故宫出版社2016年版;周婧景、严建强:《民国时期的博物馆理事会及其启示》,《东南文化》2014年第4期。
② 参见中国第二历史档案馆编:《中华民国史档案资料汇编·文化》,江苏古籍出版社1994年版;北京大学考古系资料室编:《中国考古学文献目录:1900—1949》,文物出版社1991年版。

内容有：

> 查古物应归博物馆保存，以符名实。但博物馆尚未成立以先，所有古物，任其堆置，不免有散失之虞。拟请照司所拟，于京师设立古物保存所一处，另拟详章，派员经理。至各省设立分所之处，应从缓议。是否有当，伏候鉴核。

《税务处致内务部公函》中关于文物监管的主要内容有：

> 前因中国古物每年出口运往外国者不知凡几，应酌定限制章程。曾于上年十二月间，函请贵部将从前保存古物章程检送本处。旋准函称：此项章程，本部现正提议，即古物保存暂行章程尚未公布，未便检出，俟前项章程拟定后再行一并函送。在案，查洋商报运中国古物出口，海关以向无专章不能禁止，兼之各国公使以输运各该国博物院陈设并非售品，要求免税。本处以历届办有成案，无从核驳，遂致近来古物出口络绎不绝，动辄数十箱之多，不特不能禁阻，且不能征税，长期漫无限制，深恐一二年后，所有中国之金石书画，一切古董，悉为外国所吸收。若不从速设法取缔，殊非保存国粹之道，特再函达贵部查照，迅将前次限制出口章程拟定，转达外交部知照各国公使有案，并抄送本处，以便通饬遵办。

《大总统限制古物出口令》中关于文物监管的主要内容有：

> 中国文化最古，艺术最精，凡国家之所留贻，社会之所珍护，非但供考古之研究，实关于国粹之保存。乃闻近来多有将中国古物采运出口者，似此纷纷售运，漫无查考，若不禁令重申，何以遗传永久。嗣后关于中国古物之售运，应如何区别种类，严密稽察（查），规定惩罚之处，着内务部会同税务处分别核议，呈候施行。并由税务处拟定限制古物出口章程，通饬各海关一体遵照。至保存古物，本系内务部职掌。其京外商民如有私售情事，尤应严重取缔。着由各地方长官实行禁止，以防散佚，而广流传。此令。

《内务部为切实保存前代文物古迹致各省民政长训令》中关于文物监管的主要内容有：

> 案查国务院函开：准外交部印送译就亚洲文艺会书记马克密所拟保

存中国古物办法原函及字林西报批评专件到院。内报称：该会之热心民国，并谓中国古物以龙门地方为可贵，现已半就毁坏。其四川、陕西、云南、福建等省，亦多就凋残。非得政府禁令，不易保存等语。查前代石刻，于（与）历史沿革，文化变迁均有关系。我国古器留遗甚多，公家向不知护惜，一任射利之徒，窃取私收，转相运售。无知者又或任意毁坏，该会报纸所论各节，确系实情。且中国古钧，本国不能自保，而令外人设法保存，尤非国体所宜，应严申禁令，设法保存，免使彝器文献尽沦域外。查中国文化开辟最早，山川名胜，古迹具存，历代以来，祠墓碑志，画象（像）题名，随在多有。考证古今，动关历史，不仅如该西报所称各处毁坏可惜，合亟令行该民政长查照，通饬各属于该管地方，所有前代古物均应严申禁令，设法保存。如有窃取私收，转相运售，及任意毁坏情事，一律从严究办可也。此令。

《保存古物暂行办法》中关于文物监管的主要内容有：

一、历代帝王陵寝，先贤坟墓，在前清时曾由地方官出具保护无误册结，年终报部。然奉行不力，徒成具文，应由各属地方官于历代陵墓设法保护，或种植树株，围绕周廓，或建立标志，禁止樵刍。其有半就淹没遗迹仅存者，又宜树之碑记，以备考查。

二、古代城廓关塞、壁垒岩洞、楼观祠宇、台榭亭塔、堤堰桥梁、湖池井泉之属，凡系名人遗迹，皆宜设法保存。其有关系地方名胜者，应由地方官或公共团体筹资修葺，以期垂诸久远；其于（与）历代有关，足资考证者，亦宜树之碑记，勿使湮没不彰。

三、历代碑版造象（像），画壁摩崖，古迹流传至为繁赜，文艺所关尤可宝贵。凡属此类，应由地方官各就所在地，责成公正绅士或公共团体、寺庙住持，认真保存，不得任意榻摹、毁坏或私相售运；其为私家所藏及所发现者即断碑残石，亦宜妥为保存，或由公家设法收买，要在勿使奸商串卖，运往海外。其各处著名之石刻碑碣，历时愈久，残毁愈多，不有拓本，无从考核，应责成地方官切实搜求。凡现存者，无论完全残缺，一律拓印二份，直接邮寄本部以备考查，仍将所拓寄之种类数目，分别呈报该管长官备案。

四、故国乔木，风景所关，例如秦槐汉柏，所在多有，应与碑碣造象（像）同一办法，责成所在地加以防护，禁止剪伐。

五、金石竹木，陶磁（瓷）锦绣，各种器物及旧刻书帖名人书画，既为美术所留遗，且供历史之研究。海通以来，舶商购买不惜重资，游历所及辄事搜求,长此不图,恐中国珍奇将尽流于海外。拟由各省分别搜集,择其制作最精、著录最久、足资考证者,应筹设保存分所,或就公共场所附入陈列严定保管规则,酌取参观资金,先就公家所有,萃集保管。其私人所藏,一时即(既)不能收买,亦应设法取缔,以免私售外人。

以上各节,均系酌定暂行保管办法,以资维持,一俟通盘筹画(划),略有头绪,再行厘定章程,推广办理,至各该处对于各项古物必应按习惯上特别保存方法保存者,亦可照旧办理但须分别转报本部备案俾资查考。

《税务处致内务部公函》中关于文物监管的主要内容有:

接准关税特别会议委员会函称:准京师总商会函:以据京师古玩商会声称:古玩一项,税则向无定章,近来税关对于新出土各物,无不加重估抽,以致阻塞营业,请酌予提议免税,以奖出口。等因。除分函财政部外,相应抄录原文函达查照,核议办法见复。等因。并钞(抄)录原文附送前来。查古物一项国粹攸关,本处前以中国古董古书古画,每年由海关出口运往外国者不知凡几,函应酌定限制章程,以期保存国粹。曾于民元、民二、民三等年叠与贵部公牍往返商榷,并于民国三年六月十三日奉大总统申令:嗣后关于中国古物之售运,应如何区别种类,严密稽查,规定罚例之处,著内务部会同税务处分别核议,呈候施行。等因。嗣于民国五年十一月间,经贵部订有保存古物暂行办法,内有取缔私售外人等语。此项暂行办法,虽只初具大纲,尚未能将各项古物应如何区别种类,限制出口规则详细厘订(定),而古物之不应私售外人,已有明文。今该商会据京师古玩行商会请将新出土各古物,酌予免税,以奖出口一节,殊与保存古物法规显相违背,自难照准。至此项古物,究应如何区别种类,限制出口之处,亟应由贵部明订办法,知照本处,以便行关而资遵守除函复关税特别会议委员会外,相应转录京师总商会原函一件,函达贵部查照,酌核办理,并希见复可也。此致。

《大总统令税务处妥订禁止古物出口办法令》中关于文物监管的主要内容有:

古物流传,文献足征,不独金石图籍有关考证者应加爱护,即宫观林木,缔构维艰,翦伐宜戒。曾经该主管部署拟具保存办法,以防毁伤贩卖诸弊。但因事立制未有通行定章,难保不积久玩生,所有京外各地方从前建筑树木及一切古物迄今存在者,应如何防护保存,着该管部署汇集成案,重订专章,呈请通行遵照。并著税务处妥订禁止古物出口办法,饬令海关切实稽察(查),以副政府范古模今,力维国粹之至意。此令。

《修订特许研究古物规则》中关于文物监管的主要内容有:

第一条 凡请求特许研究古物者须先将姓名、籍贯、职业、住址及请求之理由研究之目的并其范围,开具请求书,呈内务部核。如系机关或团体人员,依上项之规定开具请求书,呈由各该主管部署或各法团转送内务部核准,但每次不得逾五人。

第二条 凡经特许来所研究古物者,以请求者之本人为限不得由他人参加或顶替。

第三条 研究者于其指定范围内,如遇必要时,并得请求摹绘或摄影。但以经内务部核准,合行古物陈列所知照为限。其摄影之件,不得单独制版售卖。前项之规定于书画不适用之。

第四条 内务部为研究古物之特许后,须由古物陈列所指定赴所研究日期,函知请求者遵照。

第五条 研究物品除现在陈列者外,亦得请求研究但每人每次不得过两件,并须缴费一元。

第六条 研究古物,对于陈列所各项规则有遵守之义务。

第七条 研究者入门券及瞻览券,均须照章购买。如系官署或团体介绍者,得酌量改收半价。

第八条 本规则自内务部核定之日施行,如有未尽事宜得呈请修改之。

在文物监管方面,以上政策的主要内容是针对我国的文物保护、文物研究、古物出口等方面提出详细要求,并起草文物保护法案、古物出口法案,大力加强文物管理、促进文物保护。

2. 关于博物馆管理的主要政策[①]

在博物馆管理政策方面，主要有《内务部第七十二号：古物陈列所章程》(1912年12月24日)、《中华博物院组织大纲》(1914年6月)、《交通部令第六二二号：交通部交通博物馆章程》(1920年12月7日)、《故宫博物院管理委员会条例》(1926年12月)、《教育部令第一六八号：教育部历史博物馆规程》(1927年10月15日)。

其中，《内务部第七十二号：古物陈列所章程》中关于博物馆管理的主要内容有：

第一条　古物陈列所掌握关于古物保管事项，隶属于内务部。
第二条　古物陈列所设职员如左：所长，副所长，三书记员，四司事。
第三条　所长一人，综理所内事务。
第四条　副所长一人，辅助所长督率职员，协理所内事务。
第五条　书记员分掌文书、会计及庶务各事，由所长呈请充任。
第六条　司事分办庶务及缮写等事，其员额由所长拟呈核定雇用。
第七条　如有关于装璜(潢)整理之事，得由所长临时用匠作。
第八条　所内分设三课如左：文书课，陈设课，庶务课。
第九条　文书课职务如左：一、关于登记事项；二、关于编辑事项；三、关于调查事项；四、关于报告事项。
第十条　陈设课职务如左：一、关于编列事项；二、关于保固事项；三、关于修正事项。
第十一条　庶务课职务如左：一、关于会计出纳事项；二、关于匠作物料事项；三、关于本科纠察事项。
第十二条　各课办事细则另定之。
第十三条　关于审查各事，另行组织评议机关协助进行。
第十四条　本所如有应行调查搜辑之事，所长得向保存古物协进会征集意见。
第十五条　其他未尽事宜，应由所长查酌随时呈请总长核夺办理。
第十六条　每届年终，应由所长将陈列物品造册及办理成绩报告于总长。

本章程自公布日施行。

[①] 参见中国第二历史档案馆编：《中华民国史档案资料汇编·文化》，江苏古籍出版社1994年版；北京大学考古系资料室编：《中国考古学文献目录：1900—1949》，文物出版社1991年版。

《中华博物院组织大纲》中关于博物馆管理的主要内容有：

一、本院定名为中华博物院。

二、本院之业务，以搜求陈列并研究关于自然科学及工业的、美术的、历史的各种品物为范围。

三、本会设董事会以处理一切事务。第一次之董事会由本院发起人互选组织之，董事之数不得过二十五人。

董事会各董事，自第一次就职后分五组，其任期为三年。董事中有在任期中因故不能继续任职者，则由董事会推选候补人，提出于次届董事会选定之。

四、董事会于每年一月及九月内各开常会一次，其时间地点临时酌定之。此外，如有特别事项，得由董事长或董事五人以上提出召集特别会议。

五、董事会设董事长一人，副董事长二人，书记长、会计长各一人，皆由董事中推选，以投票法决定之，其任期均为一年。

六、董事会于每年须指派下列各委员会：

甲　执行委员会；

乙　稽核委员会；

丙　经济委员会；

丁　选举委员会。

以上各委员，皆由董事中选任，其任期均为一年。

七、董事会认为必要时，得随时指派其他各类之委员会。

八、董事会得聘任院长一人，副院长一人，承董事会之命，执行全院事务，其任期由董事会酌定之。

九、董事长除综理全院一切事务外，并为每届董事会开会时之主席，董事长因事缺席时由副董事长二人依次代理之，副董事长全缺席时由执行委员会推举一董事代理之。

十、书记长应列席本院之一切会议，其职务为摘录、会场记事、执掌印章、文牍等事。

十一、会计长执掌院中出纳事务，每届董事会议会计长应提出报告。

十二、董事长得任命书记干事、会计干事各若干人，襄理书记长、会计长之事务，其任期由董事会酌定之。

十三、执行委员会由董事九人组织之，董事长、书记长及会计长各一，其他六人依第六条之规定，每年由董事会指派之。该委员会执掌标本、图书及其他院中公产事项。

十四、稽核委员会由董事三人组织之。关于出纳账目，由该委员会请著名会计师每半年至少稽核一次。

十五、经济委员会由董事五人组织之，其中一人为会计长，管理捐款、会费、基金及财产支配事项。

十六、选举委员会以董事三人组织之，凡入本院为会员者，须由该委员会提出于董事会。

十七、董事会议以董事九人为法定人数。但董事满五人时得改开谈话会，提出议案，俟下届开会时表决之。

十八、关于本大纲未尽事宜，由董事以附则规定之，并随时提出于董事会。

十九、凡具下列资格之一者得为本院会员：

（一）本院发起人；

（二）赞成本院宗旨而经会员二人以上之介绍者。

二十、本院会员所纳会费及名称分为下列三种：

（一）普通会员，年纳国币十元；

（二）特别会员，年纳国币二十元；

（三）终身会员，一次纳国币二百元。

二十一、凡于科学研究具有特别之劳绩及名誉者，得由董事会或执行委员会推举为学术会员，免纳一切会费。

二十二、凡有下列资格之一者，得由董事会或执行委员会推举为名誉会员：

（一）捐助书籍标本事项，其价值由执行委员会评定在千元以上者；

（二）捐助现金或资产在二千元以上者，合于第一第二之资格者，并得指定继承人。

二十三、本大纲之修正，以下列各手续行之：

（一）于前届董事例会预行宣示修正大纲之提议；

（二）于例会或专为修改大纲而召集之特别董事会时提出修正案；

（三）由大多数董事之表决。

《交通部令第六二二号：交通部交通博物馆章程》中关于博物馆管理的主要内容有：

第一条 本馆隶属于交通部，主掌征集陈列关于交通事业之物品、模型、标本及记载,以供公众观览及研究。

第二条　本馆设左列三股:一、总务股;二、陈列股;三、编查股。

第三条　总务股职掌如左:一、关于收发文件及纂辑案卷事项;二、关于馆舍布置及整洁事项;三、关于购置及保管馆有物品事项;四、关于预算、决算、账册及款项收支事项;五、其他不属于各股事项。

第四条　陈列股职掌如左:一、关于陈列物品之装置及陈列事项;二、关于陈列物品之保存及修理事项;三、关于编制标签说明及绘制图样事项;四、关于纪(记)录陈列物品簿册事项;五、关于招待展览及解说事项。

第五条　编查股职掌如左:一、关于编辑及调查国内外交通事物(务)事项;二、关于征集国内交通事业之物品模型标本及记载事项;三、关于征求国外交通事业之物品模型、标本及记载事项;四、关于编制统计报告及经理印刷事项;五、关于答复国内外交通事物(务)之咨询事项。

第六条　本馆设职员如左:馆长一人,由交通总长派任,承部长之命,总理本馆一切事务。股长三人,股员十人至十五人,就交通部各机关职员遴选,呈请交通总长派充,承馆长之命分任办理各股事务。

第七条　本馆因缮写及打字得酌用雇员。

第八条　本馆应用机匠、木匠等,得由部辖各局所调用之。

第九条　本馆得延请交通部各机关技术人员为名誉赞助员。

第十条　本馆于必要时得派员赴各处实地调查交通事物(务),并得请由主管机关派员接洽办理。

第十一条　本馆调查国外交通事物(务),得函托交通部派赴国外留学实习员生就近代为办理。

第十二条　本馆每年须将陈列物品编辑目录,呈部备查。

第十三条　本馆办事细则及展览规程另定之。

第十四条　本章程自公布日施行。

《故宫博物院管理委员会条例》中关于博物馆管理的主要内容有:

第一条　因管理故宫博物院各事项,设故宫博物院管理委员。

第二条　管理委员会置委员长一人,副委员长二人,委员十人,由国务总理呈请大元帅聘任,掌管理本会事务。

第三条　管理委员会置干事二十四人,由委员长经委员会之同意选派,分掌本会事务前项各干事之职掌,由委员长定之。

第四条 管理委员会置办事员,由委员长委派助理本会事务。办事员之员额及其职务,由委员长定之。

第五条 故宫博物院管理规则由委员会定之,但应函达国务院备案。

第六条 本条例自呈准日施行。

《教育部令第一六八号:教育部历史博物馆规程》中关于博物馆管理的主要内容有:

第一条 教育部为搜集历代文物,增进社会教育,特设历史博物馆。

第二条 历史博物馆以呈准拨用之午门、端门及东西朝房为馆址。

第三条 历史博物馆之组织分部(布)如下:

一、总务部掌关于本馆之文牍、会计、庶务事项;

二、征集部掌关于历史之物品分别调查搜集购置陈列、保管事项;

三、编辑部掌关于物品之说明、编目及本馆书报编译事项;

四、艺术部掌关于物品之摹拓、绘画、摄影及制造模型、绘制图表事项;

第四条 历史博物馆设馆长一人,主持馆务,由教育总长聘任,或派部员兼任设馆员若干人,由教育总长委任,分任馆务。

第五条 各部得各设主任一人,由馆长就馆员中选任,呈部备案。

第六条 历史博物馆设评议会讲演会,其会员均为名誉职,由教育总长聘任。

第七条 历史博物馆缮写事项,得由馆长雇用书记。

第八条 历史博物馆各项办事细则,应由馆长酌定,呈部核准备案。

第九条 本规程自公布日施行。

在博物馆管理方面,以上政策的主要内容针对博物馆的文物搜集、保存、展示等方面提出规定,并制定博物馆运行管理的基本章程,对博物馆日常管理条例进行明确规定。

3. 其他相关政策[①]

在其他政策方面,主要有《〈政府公报第473号〉交通博物馆筹备大纲》

---

① 参见中国第二历史档案馆编:《中华民国史档案资料汇编·文化》,江苏古籍出版社1994年版;北京大学考古系资料室编:《中国考古学文献目录:1900—1949》,文物出版社1991年版。

(1913年7月14日)、《内务部令第七十二号:保存古物协进会章程令》(1913年12月24日)、《内务部古物陈列所鉴定委员会简章》(1926年12月)。

其中,《〈政府公报第473号〉交通博物馆筹备大纲》的主要内容有:

一、本部依据交通部官制第六条设立交通博物馆。

二、交通博物馆附属于总务厅,其内容分路政、电政、航政、邮政四门。

三、交通博物馆自筹备之日起,期以一年成立,于未成立之前,各门分头筹备。

四、交通博物馆应置馆长一人,以本部荐任官充之。但未成立之前,统由次长督促进行。

五、交通博物馆在筹备时期,各门置主任一人,课长、课员、艺徒、看守生、工匠等视事务之繁简,酌量委用之。

六、前项人员或由部员兼任,或由各局调用,或临时雇用,均由主任拟定,呈请部长核准行之,但主任由部长委派。

七、筹备时期所需经费,以规定于预算者为限,如实在不足,临时追加。

八、各项陈列之事物,即向本部直辖各机关征取,不另给价。

九、筹备方法及详细规则,由各部主任拟定,呈请部长核准施行,其房屋之布置,应由各门主任会商一致。

《内务部令第七十二号:保存古物协进会章程令》的主要内容有:

大地博殖,万品灿陈,物质区分各以其类。考古之士,探求学理,于以察天演之递嬗,研制作之精奥,究人事之变迁。东西各邦,搜罗珍异,创立专院,一以耀生产之繁富,一以靳美术之专攻,而尤重于笃守古器,永保弗失。其国人得所参观,资以发明,学术既兴,工业益进。我国地大物博,文化最先,经传图志之所载,山泽陵谷之所蕴,天府旧家之所宝,名流墨客之所藏,珍贵并陈,何可胜纪。顾以时代谢,历劫既多,或委弃于兵戈或消沉于水火,剥蚀湮没,存者益鲜。而异邦人士,梯航远来,又复挟资以求,怀宝而去,或且就就焉考究东方古学,侈为大家以我国历代创造之精,又多笃学好古之士,而顾不暇自保,而使人保之,亦可概(慨)也! 近世学者虽亦为保持古物不建,寖至废辍,此学者之忧而国家之责也。本部有鉴于兹,爰乃默察国民崇古之心理,搜集累世尊秘之宝藏,于都市之中辟古物陈列所一区以为博物院之先导。综吾国之古物与出品者而次第集之,用备观览或亦网罗散失,参稽物类之旨所不废欤! 博物君子,如有闻风而兴起者,则尤本部所企望者也兹为制定《古物陈列所章程》十七条、《保存古物协进会章程》二十五条,公布施行。此令。

《内务部古物陈列所鉴定委员会简章》的主要内容有:

第一条 定名为古物陈列所鉴定委员会。

第二条 本会就本所保存各古物鉴定之。

第三条 本会设委员长一人,委员二十人以内,概不支薪。

第四条 委员长由本所所长兼任,委员由委员长聘请富有鉴定古物之学识经验者充之。

第五条 本会共分(甲)书画、(乙)陶瓷、(丙)金石、(丁)杂玩四组,每组由各委员自行认定,愿兼任二组者听之。

第六条 本所就鉴定各物粘贴印记,编订成册,由委员会及鉴定委员署名盖章,永久保存,以资查考。

第七条 本会得设事务员办理庶务录等事,即由本所现有。

第八条 职员兼充,不支薪水。

第九条 本会办事细则,由委员长协商委员另订之。

以上政策主要针对博物馆的筹备、古物协进会章程、古物陈列所鉴定委员会简章等内容进行规定,完善博物馆建设并促进博物馆管理委员会制度章程设计。

二、北洋政府时期博物馆事业的建设成效

北洋政府时期我国博物馆事业的建设取得显著进步,博物馆教育职能得到充分发挥,文物普查、保护事业取得阶段性成果,中国田野考古事业实现从无到有的突破,中外联合考古项目有序开展,博物馆展览走出国门、广受欢迎,文博事业建设取得一系列成绩。

(一)博物馆融入大众教育体系

在民国时期社会教育思潮的影响下,博物馆被普遍认为是重要的教育机构。民国元年(1912年)12月教育部公布分科规程,社会教育司第一科增添博物馆、图书馆事项,正式将博物馆作为社会教育的重要场所纳入国家管理。博物馆作为社会教育的补充,通过减价售票、学生半价等方式吸引大众参观,实施社会教育。1915年《时报》记:"古物陈列所因中央公园开消夏大会为增助游人兴味起见,减价售票三日。"①在承担社会教育之余,博物馆还具有学校教育之外的辅助教育功能。1919年《政府公报》咨:"内务部咨教育、外交部本部订定古物陈列所减收各学校学生游览券半价章程九条。"②1920年教育局训令第二二七号:"令京师公私立中小各学校:检发古物陈列所减收学生游览券价章程,令公私立各中等学校遵照。"③除吸引学生参观外,博物馆还配备相应设施并给予学生对应指导,充分发挥博物馆教育功能。在民族和国家危机之下,博物馆承载着国人推动新式教育发展、推动科学进步的希望。此后,推动社会教育、辅助学校教育逐渐成为博物馆的基本功能和核心价值之一④,成为衡量博物馆事业成效的重要指标。

(二) 大力打击文物犯罪活动

鸦片战争后,西方列强涌入中国掠夺古物,民间盗墓之风猖獗,大量文物惨遭毁坏或流失海外。北洋政府时期,内务部和教育部分别负责管理古物、古迹。为有效保存古物,内务部制定古物调查表及说明书,在全国各地开展文物普查、统计文物现状,《大总统限制古物出口令》《保存古物暂行办法》等政策,从保存古物以及严禁文物出口两方面加强文物保护工作并强力制止外人购运文物。1918年,内务部通令河南省当局禁止中外人士在邙山一带盗掘古物,明确要求"该县迅将龙门石刻碑记一并详查列表,并各拓印二份,呈送备查仍照部定保存古物暂行办法及原订保守龙门山石佛规条,切实防护,以重古物"⑤。在"山东惠民雕漆围屏案"中,内务部致直隶省长公署咨中提及"应即依法惩办。并将各器物收归国有,妥慎保存。其已售于外人者,限期勒令该知事如数追回,以重古物,而肃官箴"⑥。在"河北巨鹿古瓷案"中,"李衡文盗卖公物,李氏族众不愿,以致阻留,李衡文等少数人既不得为卖主,亦非另生枝节况境内古物,前

---

① 《古物陈列所》,《时报》1915年7月11日。
② 《内务部古物陈列所减收各学校学生游览券半价章程》,《政府公报》1919年第1377期,第18—19页。
③ 《局令:训令:第二二七号(十二月十八日):令京师公私立中小各学校》,《京师学务局教育行政月刊》1920年第1卷第6期,第37—38页。
④ 李军:《晚清民国时期对博物馆教育功能的认识》,《东南文化》2014年第1期。
⑤ 《内务部关于禁止中外人等在北邙山一带挖掘古物致河南省长咨》(1918年4月27日),载中国第二历史档案馆编:《中华民国史档案资料汇编·文化》,江苏古籍出版社1994年版,第202页。
⑥ 《内务部就不法商贩盗售四面刻佛古石致山东省长咨》(1918年7月26日),载中国第二历史档案馆编:《中华民国史档案资料汇编·文化》,江苏古籍出版社1994年版,第203页。

奉敝国上宪饬令竭力保存,不准人民私卖"①。面对大量文物盗卖、中外勾结流转古物的事件,内务部始终秉持严查督办的处理态度,打击盗运古物,及时追回先代文物,维护国权,打击文物盗掘贩卖之风。这一时期我国文物保护事业在一定程度上稍有改善。

(三)近代田野考古工作从理论走向实践

20世纪20年代初期,大量留学人士学成归国,我国考古事业初步由理论转向实践,考古学者具备了一定的田野发掘和学术研究能力。1921年经北洋政府批准,瑞典地质学家、考古学家安特生与中国学者袁复礼等人参与渑池县仰韶村史前遗址的考古发掘工作,"仰韶文化"成为中国考古学史上第一个考古学文化名称,揭开了中国田野考古工作的序幕。②中外联合考古为早期中国考古的主要形式。此后中外考古合作日益密切,我国先后与美国、法国、瑞士等国联合展开考古学研究工作,1923年美国史密森尼学会派毕士博及华人董光忠来华开展考古学研究。法国著名古生物学、化石专家蒲尔教授派遣其徒戴尔赫在中国实地调查,"戴桑二氏已于五月中偕同向内蒙古出发。并闻该教士等已决定将所得标本完全存华。其研究结果均在中国地质调查所出版之古生物志随时发表云"。法国天主教士桑志华在天津创立北华博物馆并在河南省内黄河流域采集古物化石标本,曾在甘肃庆阳附近采集上新统哺乳类动物化石甚多,加以岩石植物各类标本,计装骆驼八十余头,运津陈列。③1926年,瑞典地理学家斯文·赫定组织考察团,预备赴我国西北地区进行多学科考察。1927年5月,古物陈列所与北大考古学会等学术团体与斯文·赫定达成协议后,共同组织西北科学考察团展开西北科考项目。

(四)博物馆展览推进中外文化交流

北洋政府时期我国古物展览积极走出国门、走向世界,中外交流十分密切。1914年《时报》记:"博物馆出品筹备处以巴拿马赛会期迫咨催输送品物。"我国各类古物远赴美国博览会展览并积极在当地博物馆、学校设展,展示传统工艺,传播中华文化。1923年《国际公报》记:"西阿多设立之(中国俱乐部)现向纽占斯省纽阿科博物院接洽,拟将中国各种古物运至西城展览……旨在使美国人

---

① 《内务部关于云岗、龙门造像大量外流事致山西、河南省长咨》(1926年9月),载中国第二历史档案馆编:《中华民国史档案资料汇编·文化》,江苏古籍出版社1994年版,第203—204页。
② 参见河南省文物管理局文物志编辑室编:《河南省文物志二稿(上)》,2007年。
③ 参见《科学》1923年第8卷第5期。

民知晓于中国之文化……此种文物运美时,途中并在彼得堡、尤梯加克立佛兰米禄瓦克特音敦哥伦布及达莫斯等大学举行展览会,以养美人之眼光也。"1924年《时报》记:"最近美国沃海沃中央大会堂开世界古物展览会,各国皆有古物陈列。我国古物中最受彼邦人士所欢迎者,为书画及古籍两种云。"文物作为中华文明的象征受到世界人民的喜爱。1915年10月,日本议员团抵达中国后曾前往古物陈列所参观。除文物对外展览外,博物馆、陈列所等文博机构也是接待外宾、促进中外文化交流的重要场所。

北洋政府时期是我国近代博物馆建设的第一次高潮期,博物馆的管理进入新的阶段。博物馆事业被纳入国家社会教育体系之中,古物保存所、故宫博物院等大型文博机构相继建立,同时针对文物保护、考古发掘出台了一系列临时性法令,一定程度上打击了文物犯罪活动,拉开我国近代田野考古工作的序幕,为南京国民政府时期文物博物馆事业快速发展奠定了基础。

第三节　南京国民政府时期博物馆管理体制的构建

1927年4月,南京国民政府成立。国民政府对政治、经济、文化等方面进行全面统制。在"以党建国"的文化统治模式之下,国家对博物馆事业的行政管理措施由临时性走向制度性、科学性,博物馆管理体系的建设也从分散走向系统。

一、1927—1937年近代博物馆管理体制初步建立

1927年至1937年,国家对博物馆管理体制的构建进行了有效的探索。古物保管委员会的成立,加快了文博事业的法治化进程,规范了文物涉外事件的处理。同时,国家对全国博物馆进行统一、系统的管理与监察,规范博物馆的运营。在民政部、教育部、古物保管委员会等中央部门的统一领导下,国家对博物馆事业的管理从分治走向统一,政府加强了对博物馆领域的宏观管理与具体执行,近代中国博物馆管理体制初步建立。这一阶段迎来了近代第二个博物馆建设的高潮,博物馆事业在古物修缮、考古发掘、陈列展览、学术研究、对外交流等方面取得新成绩。

（一）中央和地方古物保管委员会的成立

南京国民政府成立后,仿照法国教育行政制度管理文物机构。国民党教育行政委员会于1927年6月在中央设立了中华民国大学院,主管全国教育事业,在地方设大学区管理地方教育。为更好地管理全国文教事业,大学院设置各种专门委员会。1928年3月,古物保管委员会在上海成立并发布《大学院古物保管委员会条例》,规定该会"专管计划全国古物古迹保管、研究及发掘等事宜",张继为首任主任委员,蔡元培、胡适、顾颉刚、李济、陈寅恪等20位知名学者为首届委员。大学院古物保管委员会是一个专门性、学术性的文物管理机构。1929年3月,大学院制结束,古物保管委员会直接隶属于教育部,会址迁往北平团城。

1932年,为将中央古物管理机构与各国立学术机构融合,中央研究院向政府提出筹备成立中央古物保管委员会。同年5月,国民政府行政院公布《中央古物保管委员会组织条例》[1],明确指出中央古物保管委员会的隶属部门、职权范围、工作内容和具体组织方法等。该条例主要内容如下:

> 第一条 本条例依古物保存法第九条第二项制定之。
> 第二条 中央古物保管委员会,直隶于行政院,计划全国古物、古迹之保管、研究及发掘事宜。
> 第三条 中央古物保管委员会依古物保存法第九条第一项之规定组织之,就委员中指定常务委员五人,以一人为主席。本会事务之处理,以主席及全体常务委员名义行之。
> 第四条 中央古物保管委员会,置左列各科。一、文书科;二、审核科;三、登记科
> 第五条 文书科之职掌:一、关于文书撰拟、收发及保管事项;二、关于典守印信事项;三、关于本会庶务及会计事项;四、关于本会会议事项;五、不属于其他各科事项。
> 第六条 审核科之职掌:一、关于古物调查、鉴定及保管事项;二、关于古物陈列展览事项;三、关于古物摄影、传布事项;四、关于古物发掘及审核事项。
> 第七条 登记科之职掌:一、关于古物登记事项;二、关于古物编号公告事项;三、关于登记簿册之保管事项;四、关于古物统计事项。
> 第八条 中央古物保管委员会,应将所办事项编制报告统计,每年公告一次。
> 第九条 中央古物保管委员会,设科长三人,荐任,承主席及常务

---

[1] 《中央古物保管委员会工作纲要》(1934年2月8日),载中国第二历史档案馆编:《中华民国史档案资料汇编·文化》,江苏古籍出版社1994年版,第591—592页。

委员之命,分掌各科事务。

第十条 中央古物保管委员会,设科员八人至十二人,委任,承长官之命,佐理各科事务。

第十一条 中央古物保管委员会,因学术上之必要,得延聘国内外专家为顾问。

第十二条 中央古物保管委员会,因缮写文件及其他事务,得酌用雇员。

第十三条 中央古物保管委员会之会议规则及办事规则,由行政院定之。

第十四条 本条例自公布日施行。

1934年7月12日,中央古物保管委员会正式成立,会址设在内政部后院,该会直接隶属于行政院,能够独立行使职权,重要事项的决议与内政部、教育部共同商定,是具有完整行政建制的中央文物管理机构。[1]同年12月,政府下发《中央古物保管委员会工作纲要》[2],要求各机关、各军队、各大学及各学术团体协助进行文物保护与管理,发扬民族精神。该纲要内容如下:

(一)对于已设立之合法保管机关,督促其保管方法之完整与改善。(二)对于未经政府保管之古迹或古物,须协同地方政府加以保护与修整。(三)对于学术机关之呈请采掘,分别准驳,予以相当之援助与取缔。(四)对于奸商地痞之私掘与盗卖,予以严厉之制裁。(五)保护私家所藏古物,就其重要者,作精密之调查与登记。(六)各地方新发现之古物,经该会检定价值后,决定其保管之机关。(七)凡关地方之古迹古物,责成地方政府负保护之责。(八)凡关学术文化之古物,由该会斟酌核拨于中央各文化学术机关,以供研讨。(九)对于其他已发现之古物古迹,皆予以登记,并妥筹保管方法。(十)对于未出土古物之发掘,严密监督。以上十端,纲目粗备,该会既为国家保管古物之法定唯一主管机关,则以前中央或地方未经法定所设之保管古物机关,应既分别裁并,以明系统,惟兹事体大。

中央古物保管委员会设立文书、审核、登记三科,负责文书撰拟、古物发

---

[1] 江琳:《民国时期文物保护事业的体制之争》,《江苏师范大学学报(哲学社会科学版)》2014年第3期。

[2] 《山东省政府训令:民字第10791号》(二十三年十二月九日),《山东省政府公报》1935年第317期,第5页。

掘与保管、陈列展览、摄影传播、登记与编号等事项。后为便利古物鉴定等专门事宜,中央古物保管委员会聘请专门委员,任期一年。为及时掌握全国文博事业的现状并加强文博事业的统一发展,中央古物保管委员有权发布指令性文件,管理各地文物保管机关,规定政府文物管理部门人员配备和经费下发事宜。该会成立后,"查各地关于名胜古迹古物保存机关,除一部份(分)根据名胜古迹古物保存条例设立,现中央古物保管委员会业已成立,开始办公。所有各地之古物保存机关,除直隶于中央古物保管委员会者外,其他各地此项机关,应即遵照去年汪院长、蒋委员长领衔通电,停止活动,听候中央古物保管委员会通盘筹划,予以改组裁撤"[1]。此举将各地古物保存机关统一划归到中央古物保管委员会的管辖范围之下,各地古物保管机关应每月呈报办理事项与计划,向中央古物保管委员会请示办理。为节省开支,1935年11月9日,立法院修正《中央古物保管委员会组织条例》,将其改属内政部,规定由内政部常务次长任主席,并设常务委员4人,负责事务处理。中央古物保管委员会并入内政部后,划拨经费拮据,内部人员裁减,组织松散,对全国文物古迹保护、考古发掘的统筹能力大大减弱。

各地也设有文物管理的专门机构。1928年9月,内政部下发《名胜古迹古物保存条例》,其中第五条规定:"各省市政府得斟酌地方情形,组织名胜古迹古物保存会妥拟办法,呈经该管民政厅核定,转呈内政部备案。"[2]根据该规定,全国部分省、市开始组建古迹古物保存会,颁布地方性文物保护规章。内政部于1934年发布《全国名胜古迹古物保存组织一览》,共有江苏省名胜古迹古物保管委员会、江西省古迹保存委员会、云南古物保存所、东省特别区文物研究所等50余个此类组织,各地文保机构发布符合当地实际情况的组织章程,指导工作。此外,中央古物保管委员会为便利全国文物事业管理,在浙江、江苏、北平、西安、天津等地设古物保管委员会分会(见表3-2),后来又下发《统一全国古物机关办法案》,进一步统一管理各地文物保护机关。[3]

---

[1] 《各项古物保管会停止活动 中央古物保管会已成立 听候通盘筹划改组裁撤》,《申报》1935年3月20日。
[2] 内政部年鉴编纂委员会编:《内政年鉴(四)》,商务印书馆1936年版,第309页。
[3] 江琳:《从"文物保护"到"文化保护"——近代中国文物保护的制度与实践研究(1840—1949)》,新华出版社2015年版,第79—83页。

表3-2　中央古物保管委员会分会表①

分会名称	成立时间	主要工作
古物保管委员会江苏分会	1928年	指导各县设立分会,续修省志,办理常熟支会保护书画、古铜香炉等古物的申请,呈请中央古保会拨款保圣寺唐代杨惠之遗塑罗汉,查明吴县黄山确有古迹请予禁止采石
古物保管委员会北平分会	1928年	申请阻止台城市工务局拆除六朝城垣,拟定相当办法,保护历史名胜。保管古物、防止采掘,与美国纽约天产博物院共组中亚调查团入乌尔鄂博等地研究。审查安得思古物一案、前往法源寺登记古物
古物保管委员会浙江分会	1928年	计划及执行浙江大学区域内之古迹文物调查保护等事宜,迁入西泠印社开始办公
古物保管委员会天津支会	1930年	计划及执行天津市区及县区内之古迹文物调查保护等事宜、监察经过天津市出口之古物。截留大批私运出国的石刻明代浮雕三国志、封神演义、云冈石窟等70余件,当即扣留充公拨归该馆保存
古物保管委员会西安分会	1935年	整理历代古物,办理古迹古物之调查及监护事宜,调查桥陵、昭陵等古物现状并对碑碣、刻像进行研究、策划并实施整理西安碑林计划,传拓西安大雁塔历代进士题名碑刻

（二）加快文博事业法治化进程

为规范对文物事业的管理,国民政府相继出台一系列法律法规。立法院于1930年6月公布《古物保存法》,该法是中华民国颁发的第一部文物保护法规,共14条,规定了古物的范围和种类,同时涉及古物保存、管理、发掘、流通等方面。之后行政院于1931年7月公布《古物保存法施行细则》,对全国文物管理提出更加细化的规定。原大学院、教育部下属的古物保管委员会无权下发文物相关法令,只能为政府文物相关法案提供建议,如1929年6月,教育部、内政部、外交部联合商讨并拟定的《对于发掘古物办法之意见》由立法院审议通过。中央古物保管委员会的成立加快了文物事业管理的法治化进程,一系列文物发掘、保护与管理的有关法律法规得到推出。该会于1935年组织编撰了《各国古物保管法规汇编》,对意大利、法国、英国、瑞士、埃及、日本、苏俄、菲律宾等国家历史建筑、古物保管的有关法律进行研究总

---

① 参见《浙江省民政厅训令日字第一二四号》,《浙江民政月刊》1930年第27期;《古物保管委员会拟整理陕西碑林》,《中国博物馆协会会报》1936年第1卷第4期;《江苏省农矿厅农矿公报》1928年第6期;《北平政治分会会报》1929年第1期;《北平市市政公报》1932年第155期;西安市碑林区地方志编纂委员会编:《碑林区志》,三秦出版社2003年版;齐珏:《丹青碎影:严智开与天津市立美术馆》,天津古籍出版社2015年版。

结。借鉴各国经验并结合我国文物保护的现状,主持起草了《采掘古物规则》《外国学术团体或私人参加采掘古物规则》等一系列法令。

在这一时期,南京国民政府对文物管理的重点是将文物征集、文物保护、考古发掘、文物出口以及文物对外交流等方面工作纳入法律体系之中,使文物工作有法可依,文物管理工作有所改善,文物损失减少。本部分共梳理相关政策15条,其中文物保护政策7条,文物涉外事务政策3条,考古发掘政策2条,其他政策3条。

1. 关于文物保护的主要政策[①]

在文物保护政策方面,主要有《名胜古迹古物保存条例》(1928年9月)、《孔庙财产保管办法》(1929年6月)、《古物保存法》(1930年6月)、《古物保存法施行细则》(1931年7月)、《暂定古物之范围及种类大纲》(1935年)、《古物奖励规则》(1935年3月)、《非常时期保管古物办法》(1935年5月)。

其中,《名胜古迹古物保存条例》中关于文物保护的主要内容有:

> 第一条　凡在中华民国领土内,所有名胜古迹古物之保存,除法令别有规定外,依本条例行之。
> 第二条　本条例所称名胜古迹古物分类:甲、名胜古迹;乙、古物。
> 第三条　各省区民政厅应饬市县政府,将辖境内所有名胜古迹古物依照部定调查表式,逐一详确查填呈,由该管省政府转函内政部备查。
> 第四条　各市县政府于辖境内所有名胜古迹古物,应分别情形,依照左列方法妥为保护。
> 第五条　各市县政府得斟酌地方情形,组织名胜古迹古物保存会。妥拟办法呈经该管民政厅核定转呈内政部备案。
> 第六条　各市县政府为保存辖境内名胜古迹古物,得不抵触现行法令范围内发布单行规则。
> 第七条　凡名胜古迹,应永远保存之。但依土地征收法应征收时,由市县政府呈经民政厅转呈内政部核办。
> 第八条　名胜古迹古物如因保护疏忽致毁损或销灭时各该市县政府负责人员应受惩戒处分。
> 第九条　对于名胜古迹古物有毁损盗窃欺诈或侵占等行为者,依

---

① 参见《[六]文物古迹》,载中国第二历史档案馆编:《中华民国史档案资料汇编·文化》,江苏古籍出版社1994年版。

照刑法所规定最高之刑处断。

第十条 特别市辖境内,所有名胜古迹古物备用。本条例各规定由特别市政府调查保存并函报内政部备查。

第十一条 本条例自公布日施行。

《孔庙财产保管办法》中关于文物保护的主要内容有:

一 本办法所称孔庙财产,系指孔庙之房屋田地及其他一切产款而言。

二 孔庙财产均应发充各地方办理教育文化事业之经费,不得移作他用。

三 孔庙财产之保管依下列之规定:

甲 省有者由大学区或教育厅保管之。

乙 旧府厅州所有者由大学区或教育厅保管之,但其财产应办理旧府厅州范围内之教育文化事业。

丙 县有者由各县教育局保管之,其未设教育局者,由县政府执掌教育行政者保管之。

四 孔庙房屋应由各该保管孔庙之教育行政机关及时修缮,其原有之大成殿仍应供奉孔子遗像,于孔子诞辰开会纪念。

五 孔庙地址应充分利用以办理学校或图书馆、民众学校等。

六 地方绅士不得借故占用孔庙财产,其原设有礼乐局等机关者,应视其有无价值,分别存放,其存者应由主管教育行政机关管辖之。所有经费并应按照预算实报实销。

七 在本办法未颁布以前,已经指定办理某种教育之孔庙产款,应维持原样,未经教育厅行政核定不得变更。

八 本办法由教育部、内政部、财政部商定公布施行。

《古物保存法》中关于文物保护的主要内容有:

第一条 本法所称古物,指与考古学、历史学、古生物学及其他文化有关之一切古物而言。

第二条 古物除私有者外,应由中央古物保管委员会责成保存处所保存之。

第三条 保存于左列处所之古物,应由保存者制成可垂久远之照片,分存教育部、内政部、中央古物保管委员会及原保存处所。一、直辖于中央之机关;二、省市县或其他地方机关;三、寺庙或古迹所在地。

第四条　古物保存处所每年应将古物填具表册，呈报教育部、内政部、中央古物保管委员会及地方主管行政官署。

第五条　私有之重要古物，应向地方主管行政官署登记，并由该管官署汇报教育部、内政部及中央古物保管委员会。

第六条　前条应登记之私有古物，不得移转于外人，违者没收其古物，不能没收者追缴其价额。

第七条　埋藏地不及地不及暴露地面之古物，概归国有。

第八条　采掘古物应由中央或地方政府直辖之学术机关为之。

第九条　中央古物保管委员会由行政院聘请古物专家六人于十一人，教育部、内政部代表各二人，国立各研究院、国立各博物院代表各一人为委员组织之。中央古物保管委员会之组织条例另定之。

第十条　中央或地方政府直辖之学术机关采取古物有须外国学术团体或专门人才参加协助之必要时，应先呈请中央古物保管委员会核准。

第十一条　采掘古物应由中央古物保管委员会派员监察。

第十二条　采掘所得之古物，由中央或地方政府直辖之学术机关呈经中央古物保管委员会核准，于一定期内负责保存，以供学术上之研究。

第十三条　古物之流通以国内为限，但中央或地方政府直辖之学术机关，因研究之必要，须派员携往国外研究时，应呈经中央古物保管委员会核准，转请教育、内政两部会同发给出境护照。携往国外之古物，至迟须于二年内归还保存处所。

第十四条　本条施行日期以命令定之。

《古物保存法施行细则》中关于文物保护的主要内容有：

第一条　古物保存法第三条所列举各保存处所，除遵照本法第四条第一项每年填表呈报外，应于本法施行后两个月内，由原保存者将所有古物造具清册，并分别记明古物之种类、数目、现状暨所在地及在历史或学术上之关系，连同照片一并送请中央古物保管委员会登记。

第二条　私有重要古物声（申）请登记，其声（申）请书内应记载下列事项：古物之名称数目、声（申）请登记年月日、登记官署、古物之照片、古物在历史或学术上之关系、现状、保管方法、登记人之姓名、籍贯、年龄、住址、职业，声（申）请人若为法人，其名称及事务所。

第三条　私有古物之登记,由该官署依古物保存法第五条之规定,汇报中央古物保管委员会时须照录原声(申)请书,连同古物照片一并附送。

第四条　已经登记之私有古物,如有移转或让与等行为,应由原中会同取得人同原上管官署声(申)请移转登记,违者其移转行为无效。

第五条　凡私有古物已经登记者,其所有权仍属之原主。但私有古物应登记而不登记者,得按其情节之轻重,施以二百元以上一千元以下之罚锾,并得责令古物所有人补行登记。

第六条　凡经登记之古物,如有已经残缺,中央古物保管委员会认为有修整之必要时,得会同原主或该管官署分别酌量修整之,其经费除由原主或该管官署担任外,得由中央古物保管委员会补助之。

第七条　凡经登记之古物,倘有因残损或他种原因须改变形式或移转地点,应由原主或该管官署先行报告中央古物保管委员会,非经该会核准,不得处置。

第八条　凡学术机关呈请发掘古物,须具备声(申)请书,应记载下列事项:古物种类、古物所在地、发掘时期、发掘古物之原因、学术机关之名称、预定发掘之计划。

第九条　依古物保存法第七条发现之古物,应由中央古物保管委员会核定其保存办法,并呈报行政院备案。

第十条　前条发现之古物,经核定保存办法后,由中央古物保管委员会登记之。

第十一条　监察采掘古物人员,应将下列各事:(一)采掘古物之数量,(二)古物名称,(三)发掘年月日,(四)古物所在地,(五)采掘所得之古物现存何处,(六)已否采掘完毕,分别列表,详细呈报中央古物保管委员会备核。

第十二条　采掘古物,不得损毁古代建筑物、雕刻塑像、碑文及其他附属地面之古物遗物或减少其价值。

第十三条　凡外国人民,无论用何种名义,不得在中国境内采掘古物。但外国学术团体或私人,时于中国学术机关发掘古物,如有经济上之危(威)胁,该学术机关报告中央古物保管委员会核准后得承受之。

第十四条　古物之流通以国内为限,如擅自输出国外,其情节系违反古物保存法第十三条之规定者,得按其情节之轻重,施以五百元以上三千元以下之罚锾。

第十五条　凡名胜古迹古物应永远保存之。但依土地征收法应征收时,由该管官署呈由内政部核办,并分报中央古物保管委员会备查。

第十六条　违反本细则第一条第一项之规定,故意不依限登记者,原保存处所之保存者,应受相当之处分。

第十七条　各省市县政府得斟酌地方情形,组织古物保存委员会及其保护古物办法,报经中央古物保管委员会核准后施行。

第十八条　关于古物之登记、保护、奖励、采掘各规则及登记簿册式样,由中央古物保管委员会定之。

第十九条　本细则自公布之日施行。

《暂定古物之范围及种类大纲》中关于文物保护的主要内容有:

甲、古物之范围

一、本案所定范围,根据古物保存法第一条所称古物指与考古学、历史学、古生物学及其他文化有关之一切古物所言。

二、本会拟定之原则,以值得保存之古物为限,以下列三种:(1)古物之时代久远者;(2)古物之数量寡少者;(3)古物本身有科学的、历史的或艺术的价值者。

乙、古物之种类

一、古生物　包括古动植物之遗迹、遗骸及化石等。

二、史前遗物　包括史前人类之遗迹、遗物及遗骸等。

三、建筑　包括城廓(郭)、关塞、宫殿、衙署、学校、宅第、园林、寺塔、祠庙、陵墓、桥梁、堤阑及一切遗址等。

四、绘画　包括前代画家之各种作品,以及宫殿、寺庙、冢墓之壁画与美术之绣绘、织绘、擦绘等。

五、雕塑　包括一切建筑之雕刻及宗教的礼俗的雕像塑像与施于金石竹木骨角齿牙陶匏之美术雕刻等。

六、铭刻　包括甲骨刻辞及金石竹木砖瓦之铭记、玺印符契书版之雕刻等。

七、图书　包括简牍图籍、档案、契券以及金石拓木、法书墨迹等。

八、货币　包括古贝以及金属之刀布钱锭、纸属之交钞票券及其他交易媒介物等。

九、舆服　包括车舆、船舰、马具、冠帽、衣裳、舃履带、佩饰物及织物等。

十、兵器　包括攻击、防御及刑法等器。

十一、器具　包括礼器乐器、农具、工具以及测验之仪器,范物之模型、日用饮食之器、宗教之法器、随葬之物品、文具、奁具、玩具、剧具、博具等。

十二、杂物　凡不列以上各类之古物皆属之。

《古物奖励规则》中关于文物保护的主要内容有：

第一条　本规则依古物保存法施行细则第十八条之规定制定之。

第二条　合于左列事项之一者得声（申）请奖励。一、报告国有古物之发现者；二、捐赠私有古物归公者；三、寄存私有古物于中央或省市政府直辖学术机关研究，及长期陈列者。

第三条　奖励分奖金奖状二类，奖金以一万元为最高额，奖状分特种甲种乙种三等，其式样由内政部定之。

第四条　合于第二条第二款之声（申）请人声明不受奖金，但所捐赠之古物其价值在□万元以上者，除给与（予）特种奖状外，并于年终由中央古物保管委员会汇案呈请内政部转呈国民政府明令嘉奖。其价值在上万以上，除给与（予）特种奖状外，由中央古物保管委员会呈请内政部转呈国民政府明令嘉奖。

第五条　声（申）请人应开具声（申）请书呈请内政部，或呈由当地主管行政官署呈请各该地省市政府咨请内政部交由中央古物保管委员会核办。

第六条　声（申）请书分别记载声（申）请人姓名、年岁、籍贯、住址、职业［声（申）请人若为机关人员应记其名称及事务所］、古物名称、种类、数目、现状、尺度，及其在历史艺术或科学上之关系，声（申）请年月日，连同古物之照片或拓本，一并送呈。

第七条　声（申）请第二条第三款之事项，不限于古物所有者，得由接受机关代为声（申）请之。

第八条　审查声（申）请第二条一二两款之古物，于必要时得令原经办请奖机关或声（申）请人将古物送交中央古物保管委员会鉴定，或由中央古物保管委员会派员赴古物所在地鉴定之。

第九条　声（申）请之古物如经审查认为不合格者，其声（申）请无效。

第十条　本规则自呈准公布之日施行。

《非常时期保管古物办法》中有关文物保护的主要内容有：

一、中央或地方保管古物机关（包括博物院、古物保存所、图书馆及其他保有古物之社会文化宗教等团体）于非常时期应依本办法处理所保管之古物。

二、为便于防止一切灾变起见,各保管古物机关得就其情形设置安全仓库或联合设置安全仓库。

三、各保管古物机关应编定其一部分最贵重之物品,随时为入库或其他移动之准备。

四、各保管古物机关得有中央紧急命令时,应将其已编定之最贵重之物品先行入库或作其他移动,以其模型或影片陈列。

五、私有古物之有历史、科学或艺术之重要价值者,古物所有人得呈准中央古物保管委员会寄存于安全仓库。

六、本办法适用期间,由中央古物保管委员会决定,呈由行政院以密令行之。

在文物保护方面,以上政策的主要内容是要求对于名胜古迹古物按照文物类别进行分类保护,相关执法部门应组织古物保存会,严格进行鉴定、收藏、保护、监管等有关工作。

2.关于文物涉外事务的主要政策[①]

在文物涉外事务政策方面,主要有《鉴定禁运古籍须知》(1930年7月)、《外国学术团体或私人参加采掘古物规则》(1935年3月)、《古物出国护照规则》(1935年3月)。

其中《鉴定禁运古籍须知》中关于文物涉外事务的主要内容有:

一、禁止运出国外之古籍,暂定为次列各种:(一)木板精印之线装书籍或图画,含子次列情事之一者:甲、宋、元、明各朝刊本;乙、清代刊行之各种殿本及善本;丙、发行历五十年以上之刊本,其原版已不存在者。(二)永乐大典及四库全书。(三)档案史料。(四)手写稿本。(五)精校本。

二、总理遗墨及尚未付刊之遗著,严禁运出。

三、石印、影印及铅印各本,不在禁运之列。

四、鉴定上项古籍时,采用次列程序:

(一)在木版古本,以其刊行朝代或年月为准,朝代或年月不明者,以序跋年月为准,序跋年月不明者,以序跋人存殁年代为准。

(二)时于前举各事项,鉴定上发生疑义时,须将原本运送教育部

[①] 参见《[六]文物古迹》,载中国第二历史档案馆编:《中华民国史档案资料汇编·文化》,江苏古籍出版社1994年版。

鉴定。

(三)前项迎送之古籍册数过多时,得抽检若干卷册运送,或由教育部前往鉴定之。

《外国学术团体或私人参加采掘古物规则》中有关文物涉外事务的主要内容有:

第一条 中央或省市直辖之学术机关(以下简称学术机关)采掘古物,遇必要时,得呈请中央古物保管委员会准许外国学术团体或专门人员参加协助,但前项参加人员,不得超过本国学术机关团员之半数。

第二条 凡学术机关容纳外国学术团体或私人参加采掘古物,须将下列各事项先呈报中央古物保管委员会审核,并分别呈转行政院及内政教育两部备案;一、容纳外国学术团体或私人参加协助之理由;二、该外国学术团体之名称、地址、组织性质、参加采掘之设备及负责人员,或该私人之姓名、国籍、学历、职业及住址等;三、该外国学术团体或私人所协助之经费及所参加之人数。

第三条 凡学术机关,非经中央古物保管委员会之许可,不得与外国学术团体或私人订之关于采掘古物契约。

第四条 参加采掘古物之外国学术团体或私人,应受中央古物保管委员会所派人员之监察。

第五条 凡外国学术团体或私人参加采掘古物时,须受主持采掘之本国学术机关之指挥,并须于到达采掘地点后,由该机关每二月将工作情形报告中央古物保管委员会备查。

第六条 参加古物采掘之外国学术团体或专门人员,如发现有下列情事之一者,中央古物保管委员会得随时停止其采掘工作。一、越出采掘古物地域范围,任意测绘地图者;二、越出采掘古物范围,摄取沿途状况,作为他种用途者;三、凡不受主持采掘之本国学术机关之指挥,而有越轨行动者。

第七条 采掘所得之古物,除照片拓片准由参加工作之外国学术团体或私人依规定手续领取外,概归国有,其保存管理办法,由该采掘之学术机关呈准中央古物保管委员会核定之。

第八条 凡参加本国学术机关采掘古物之外国学术团体或私人,欲将所发现之古物运出国外研究时,应出本国主持采掘之学术机关依古物出口护照规则呈请办理之。

第九条　凡古物采掘之报告书或所得古物有须为文字上之宣布者，外国参加工作之学术机关或私人，须俟本国主持采掘之学术机关正式发表后始得发表。但遇有特别情形时，得由该学术机关呈准中央古物保管委员会变通办理之。

第十条　本规则如有未尽事宜，由中央古物保管委员会呈请行政院修正之。

第十一条　本规则自公布之日施行。

《古物出国护照规则》中有关文物涉外事务的主要内容有：

第一条　凡中央或省市直辖之学术机关（以下简称学术机关），欲将所保存或采掘之古物运往国外研究时，应呈经中央古物保管委员会核准，转请内政教育两部会同发给古物出国护照。

第二条　凡学术机关请领古物出国护照，须向中央古物保管委员会填具古物出国声（申）请事项表，除一份留存中央古物保管委员会审核外，余二份转送内政、教育两部分别存查。

第三条　凡欲运往国外之古物，每件须摄具照片四份，其有特殊花纹或文字者，并须随附拓凡四份，除以一份粘附该古物出国护照，一份留存中央古物保管委员会外，余二份由中央古物保管委员会转送内政教育两部分别存置。

第四条　凡请领古物出国护照之学术机关，须缴纳护照及印花税费各二元，由中央古物保管委员会转送内政、教育两部，以资给照。

第五条　凡经核准出国研究之古物，应由该声（申）请机关运送中央古物保管委员会检验加封，但有特俗（殊）情形时亦可请求中央古物保管委员会前往，检验加封。

第六条　古物押运人出国护照，应由该申请运送古物出国之学术机关转请内政、教育两部会咨，外交部发给之。

第七条　古物出国到达目的地后，应即向该地或附近所驻本国使领馆呈验护照，并须将运送经过、到达日期及寄储地点报告中央古物保管委员会备查。

第八条　凡运送出国之古物，经中央古物保管委员会审核验视，认为有派员监运之必要时，得由中央古物保管委员会委派人员前往监运。其旅费由该声（申）请运送古物之学术机关供给之。

第九条　凡运往国外研究之古物，于回国后，概须先将该项古物送中央古物保管委员会核对查验,并缴回护照,经中央古物保管委员会查明无误时,始得运返原存处所。如有调换情弊,应由中央古物保管委员会依法处理。

第十条 凡运送古物出国,遇有损毁或遗失,应由该声(申)请运送古物之学术机关负责,并须将经过情形报告中央古物保管委员会,倘有作伪情弊,中央古物保管委员会得依法处理。

第十一条 凡运送外国研究之古物,该声(申)请运送之学术机关,须随时将在外国研究之情形,报告中央古物保管委员会,并须于该古物押运返国时作总报告三份。除一份留存中央古物保管委员会外,余二份由中央古物保管委员会转送内政、教育两部,分别存查。

第十二条 古物出国护照,自发给之日起,其往返有效期间定为三年。但于必要时,中央古物保管委员会得转请内政、教育两部饬运回国,其未运送出国者,得吊销其护照。

第十三条 凡私有古物必须运送国外研究者,得依本规则之规定,委托中央或省市直辖之学术机关办理之,倘有作伪情弊,该受委托之学术机关主管未应负法律上之责任。

第十四条 凡为国际学术文化合作上之必要而交换古物时,其出国办法另定之。

第十五条 本规则如有未尽事宜,由中央古物保管委员会呈请行政院修正之。

第十六条 本规则自公布之日施行。

在文物涉外事务方面,以上政策的主要内容包括经鉴定的古籍禁止运出国外;外国学术团体或私人应在中央古物保管委员会派员监督下,按规定参加古物采掘;将保存或采掘的古物运往国外进行学术研究时,应呈经中央古物保管委员会核准,转请内政、教育两部颁发"古物出国护照"。

3. 关于考古发掘的主要政策[①]

在考古发掘政策方面,主要有《对于发掘古物办法之意见》(1929年6月)和《采掘古物规则》(1935年3月)。

其中,《对于发掘古物办法之意见》中关于考古发掘的主要内容有:

(一)凡与考古学历史学地质学及其他人文科学有关之一切品物,

[①] 参见《[六]文物古迹》,载中国第二历史档案馆编:《中华民国史档案资料汇编·文化》,江苏古籍出版社1994年版。

如古美术品自然物工艺物皆属于本办法所指之古物范围。

（二）凡埋藏地下之古物，概归国有。其在私人土地上偶然发现古物时，发现人须立即报告当地主管行政机关，呈由省政府特别市政府咨明内政教育两部收存其古物，并给相当补偿金或以时价收买其地皮保管之。

（三）发掘古物，须先呈请呈方主管行政机关特请中央古物发掘委员会审查许可者，由内政教育两部发给执照，始可发掘。其不遵此手续者，无论为个人为团体，以盗掘论。

（四）中央古物发掘委员会之委员由中央研究院内政部外交部教育部及古物保管委员会中央研究院各推专家三人组织之，以中央研究院院长为委员长。

（五）发掘古物以中央或中央所属学术机关为主体，于必要时得容纳外国专门人才或学术团体参加，但其参加人数不得超过主体机关人数，并应订定相当契约，呈经内政教育两部核准施行。

（六）发掘之古物应由中央或中央所属学术机关妥为保存，并予世界学者以研究上之便利。

（七）发掘之古物，经中央古物发掘委员会研究后，认为有副本时，得与外国之学术机关作相当之交换，惟须由中央古物发掘委员会联合其他作同样研究之学术机关审查后，始得实行。

（八）流通古物以国内为限，有因事实上必须运往外国研究者，由内政教育两部会同发给护照，始得启运，并得由本国派遣专门学者随往共同研究，研究后须将原物运还。

《采掘古物规则》中关于考古发掘的主要内容有：

第一条　本规则依古物保存法施行细则第十八条之规定制定之。

第二条　采掘古物，以中央或省市直辖之学术机关为限（以下简称学术机关）。

第三条　凡学术机关，欲采掘古物以供学术之研究时，须填具采取古物声（申）请事项表，向中央古物保管委员会声（申）请核准备案，转请内政、教育两部会同发给采取执照后行之。

第四条　凡学术机关声（申）请发给采取执照时，须缴纳执照及印花税费各两元，由中央古物保管委员会转送内政、教育两部，以凭发给执照。

第五条　凡采掘古物时，由中央古物保管委员会派员监察，其旅费由该申请采掘古物之学术机关供给之。

第六条　外国学术团体或私人，时下中国学术机关发掘古物，如有特殊之协助，由中国学术机关报告中央古物保管委员会核准后始得参加工作。

第七条　凡中央或省市直辖之学术机关采掘古物，于领到执照出发时，须具备公文，通知当地政府。

第八条　采掘古物地方，如系公有者，须取得该管官署之许可，或管有者之同意。如系私人所有地，须会同当地官署酌给相当代价，或依据土地征收法办理之。

第九条　在左列各地域内，不得采掘古物：一、于炮台、要塞、军港、军用局厂及有关地点，曾经圈禁采经该管官署准许者。二、距国有公有建筑物、国葬地、铁路、公路及紧要水利等地界十五公尺以内，未经该管官署许可或管有者同意者。

第十条　采掘古物，不得损毁古代建筑物、雕刻塑像碑及其他附属地面上之古物遗迹或减少其价值。

第十一条　有左列各款情事之一时，中央古物保管委员会得命令其暂时停止工作或函请内政教育两部撤销其采掘执照。一、自核准之日起，六个月以内不开工时。二、有外国学术团体或私人参加，未经呈报核准时。

第十二条　本规则如有未尽事宜，由中央古物保管委员会呈请行政院修正之。

第十三条　本规则自公布之日施行。

在考古发掘方面，以上政策的主要内容是采掘古物活动应由相关学术机关呈请中央古物保管委员会核准备案，转请内政、教育两部会同发给采取执照后行之，严格按照采掘古物的规则进行。

4. 其他相关政策[①]

在其他相关政策方面，主要有《寺庙登记条例》（1928年9月）、《监督寺庙条例》（1929年12月）、《寺庙兴办公益慈善事业实施办法》（1932年3月）。

其中，《寺庙登记条例》的主要内容有：

第一条　凡为僧道、主持或居住之一切公建募集或私家独建之坛庙、寺院、庵观，除依关于户口调查及不动产登记之法令办理外，并应依本条例登记之，前项所谓僧道指僧尼、道士、女冠而言。

[①] 参见《[六]文物古迹》，载中国第二历史档案馆编：《中华民国史档案资料汇编·文化》，江苏古籍出版社1994年版。

第二条　寺庙登记分下列三种,由主持之僧道声(申)请办理:一、人口登记;二、不动产登记;三、法物登记。

第三条　寺庙人口登记以僧道为限,寺庙内之雇佣或寄居人等不在登记之列。

第四条　寺庙内之主持及其他执事之僧道应于登记时注明其职务,前项职务之僧道有变更或增减时应随时声(申)请登记。

第五条　非僧道而为寺庙之主者准用前条之规定一并登记。

第六条　未成年人不得登记为僧道。

第七条　僧道还俗时应声(申)请注销登记。

第八条　寺庙不动产包括寺庙本身建筑物及其附属之土地房屋而言,法物包括宗教上、历史上或美术上有重要关系之佛像、神像、礼器、乐器、经典、雕刻、绘画及其他一切古物而言。

第九条　寺庙之不动产或法物有增益或减损时应随时声(申)请登记,庙产依向例不许变卖者仍照向例办理。

第十条　寺庙登记在各县由县政府,在特别市及由公安局负责办理。

第十一条　办理寺庙登记各机关应置左列各簿:一、寺庙登记总簿;二、寺庙人口登记簿;三、寺庙不动产登记簿;四、寺庙法物登记簿。

第十二条　县政府特别市或市公安局据寺庙声(申)请登记时应于三日内派员调查其声(申)请情形,如查与事实不符,应令声(申)请人据实更正。

第十三条　第一次登记限于三个月内办理完竣,前项期限自本条例邮递到达之日起算。

第十四条　第一次登记办理完竣后,其经办机关、县政府应造册呈报该管省政府,民政应备案,特别市公安局应造册呈报该管特别市政府备案,市公安局造册呈由该管市政府转送该管省政府,民政应备案册报,格式另定之。

第十五条　县政府特别市或市公安局于第一次册报后,每年三、六、九、十二月终应将登记情形造册具报,程序从前条之规定。

第十六条　已经县政府特别市或市公安局登记之寺庙不动产如发现与依照关于不动产登记之法令办理不动产登记事宜之机关所登记之各种事项不符时,应即查找该机关所登记者更正。

第十七条　寺庙违反本条例各规定者得施以下列处分:一、情节轻微者强制使之登记;二、情节重大者科以一百元以下之罚款或撤换其主持。

第十八条　本条例自公布日施行。

《监督寺庙条例》的主要内容有：

第一条　凡有僧道住持之宗教上建筑物，不论用何名称，均为寺庙。

第二条　寺庙及其财产法物，除法律别有规定外依本条例监督之。前项法物，谓于宗教上、历史上，美术上有关系之佛像、神像、礼器、乐器、经典、雕刻、绘画及其他由寺庙保存之一切古物。

第三条　寺庙属于下列各款之一者不适用本条例之规定：一、由政府机关管理者；二、由地方公共团体管理者；三、由私人建立并管理者。

第四条　荒废之寺庙由地方自治团体管理之。

第五条　寺庙财产及法物应向该管地方官署呈请登记。

第六条　寺庙财产及法物为寺庙所有由住持管理之。寺庙有管理权之僧道，不论用何名称，认为住持。但非中华民国人民不得为住持。

第七条　住持于宣扬教义修持戒律及其他正当开支外，不得动用财产之收入。

第八条　寺庙之不动产及法物非经所属教会之决议并呈请，该管官署许可不得处分或变更。

第九条　寺庙收支款项及所与办事业住持应于每半年终报告该管官署，并公告之。

第十条　寺庙应按其财产情形与办公或慈善事业。

第十一条　违反本条例第五条、第六条或第十条之规定者该官署得革除其住持之职；违反第七条或第八条之规定者得逐出寺庙或送去法院究办。

第十二条　……

第十三条　本条例自公布日施行。

《寺庙兴办公益慈善事业实施办法》的主要内容有：

第一条　本办法依照《监督寺庙条例》第十条之规定，制定之。

第二条　寺庙应兴办之公益或慈善事业暂就左列（下列）各种事项范围内斟酌，地方需要及经济情形办理之：一、关于民众教育事项；二、关于济贫救灾事项；三、关于育幼养老事项；四、关于公共卫生事项；五、其他公益或慈善事项。前项各种事业，与办时另有法令规定者,仍应从其规定。

第三条 寺庙出资兴办事业时,应按其每年财产总收入,依左列(下列)之标准,每年分两次缴纳之:

第四条 一、五百元以上一千元未满者百分之二;二、一千元以上三千元未满者百分之四;三、三千元以上五千元未满者百分之六;四、五千元以上一万元未满者百分之八;五、一万元以上者百分之十。其全年总收入不满五百元之寺庙,志愿量力纳款者听。

第五条 寺庙于前条所定标准外,自愿另行捐助款项兴办事业者,由该管官署依照褒扬条例呈请褒扬。

第六条 本办法公布前,寺庙曾经出资举办公益或慈善事业及已资助其他地方公共团体或学校者,仍照旧办理。但所出款项尚不足第三条所定标准时,应如数补足,如已超过,仍维持原状。

第七条 本办法第二条所列公益或慈善事业兴办之先后及第三条所列款项之征收保管,均由该管官署组织寺庙兴办公益慈善事业委员会负责办理并计划一切进行事宜。其各种规程由该管官署订定之。

第八条 前条所称委员会以左列(下列)人员组织之,并受该管官署之指挥监督。一、该管官署代表一人;二、地方自治团体代表三人;三、监督寺庙条例第八条所称之所属教会代表(如无教会者暂缺)一人;四、僧道代表二人。

第九条 委员会对于地方兴办公益或慈善事业应将办理状况及收支情形每半年终报请该管官署查核,递转内政部备查。其每月应造之收支预算计算,应依通常程序办理并公告周知。

第十条 寺庙住持如违反本办法之规定、抗不缴款者,委员会得呈明该管官署,依照《监督寺庙条例》第十一条规定,革除其住持之职。

第十一条 本办法自呈准公布之日施行,如有未尽事宜,得由内政部随时修正之,并呈报行政院备案。

以上政策主要是寺庙登记、监督寺庙、寺庙兴办公益慈善事业的相关规定,保护一切募捐公建或私家独建的坛庙、寺院、庵观等寺庙建筑。

(三) 加强文物涉外事务的管理

中华民国成立之初,我国博物馆尚无专门机构管理,部分外国学者随意在中国境内发掘古物并私运出口,导致内蒙古、新疆、敦煌等地的大量文物流失海外。古物保管委员会成立后,着手进行的主要工作之一即调查文物流失情况,强化文物涉外事务的处理。中央研究院及教育、内政、外交三部门代表多次召开会议,讨论保管古物防止外国人采掘的有关事宜,并于1929年6月发布《对于发掘古物办法之意见》,其中第八条规定:"流通古物以国内为限,有因事实上必须运往外国研究者,由内政教育两部会同发给护照,始得启运,并得由本国派遣专门学者随往共同研究,研究后须将原物运还。"[1]该意见对文物涉外事件进行初步规定。1931年7月行政部颁发《古物保存法施行细则》,其中第十三条规定:"凡外国人民,无论用何种名义,不得在中国境内采掘古物。"中央古物保管委员会成立后更是加大了对文物涉外事件的管理力度,调查流出国外古器物,在各通商口岸严格检查古物出口,相继颁发《外国学术团体或私人参加采掘古物规则》和《古物奖励规则》,以专门法令的形式在制度层面对外国人发掘古物进行规范。中央及各地古保会加强文物管理与监视,一定程度上改善了外国人肆意盗窃、出口中国文物的现状。

古物保管委员会加强对美国天产博物馆安得思(Anderws)考察队在华考察活动的控制,处理其在华采掘的古生物化石。1928年8月,安得思考察队在内蒙古采掘的古生物化石被扣留,同年10月古物保管委员会北平分会与安得思交涉,后与美方达成相关协议。[2]1930年中方学者代表与安得思考察队共同在内蒙古进行考察,此次是安得思最后一次在内蒙古考察,古保会对其之后的考察请求予以拒绝:"中国政府现已组织西陲学术考查(察)团,自行前往(内)蒙古、甘肃、新疆各地,作种种学术上之考查。在此期间,自无允许贵院人员再往工作之必要,至中国团员将来考查所得,关于(内)蒙古地方地质上之各种材料,如贵国学者愿来北平作学术上之研究时,中国政府定予以种种利便,以符学术不分国界之原则也。"[3]最终在国民政府和古保会的组织下,安得思在华肆意发掘古生物化石的图谋被粉碎。

古物保管委员会加强对美国芝加哥自然历史博物院斯密司(F.T. Smith)考察团的控制,限制其在滇黔两省考察动物标本的活动。1924年,斯密司考察团在美国驻华领事人员的协助下,前往我国西北发掘动物标

---

[1]《对于发掘古物办法之意见》,《申报》1929年6月7日。

[2]《美国人安得思在华采集古物化石标本运美的有关电文》(1929年4月—1931年6月),载中国第二历史档案馆编:《中华民国史档案资料汇编·文化》,江苏古籍出版社1994年版,第657—658页。

[3]《美国人安得思在华采集古物化石标本运美的有关电文》(1929年4月—1931年6月),载中国第二历史档案馆编:《中华民国史档案资料汇编·文化》,江苏古籍出版社1994年版,第664页。

本,并将其在重庆、宜昌沿线地区收集到的动物标本运回美国。1930年10月,中央研究院及内政、外交、军政、教育各部会商"美国斯密司携械赴滇黔两省考察动物"的申请,讨论会当即批复:"美国斯密司等为芝加哥自然历史博物院组织考查(察)动物案,可准许入境考察,其条件由中央研究院与教育部会商决定。惟在未曾入境以前,须将左列各条咨请外交部转覆照办:一、由该团先行拟具考察动物详细计划书,送由使馆代呈政府发交主管机关审核;二、开叙团员人数及略;三、军械照美詹使前次来文所开数目,准许携带但须将护照请由外交部核验,转军政部核准发给准予携带军械执照;四、测量器具不准携带;五、中国派员参加考察;六、采得标本,半数归中国,以留纪念,其唯一之件,无副件者,应留归中国。该团签订一切条件后,于入境前咨请滇黔两省政府查照。"①古保会等严格制定限制办法,并派中方专家前往监视。

古物保管委员会加强对外国人在新疆、甘肃等地区考察活动的控制。1927年底,德国人特林克勒(E.Trinkler)擅自在新疆塔里木盆地考古,发掘的文物被新疆地方政府扣留。1928年1月,古物保管委员会致电新疆地方政府,要求其扣留德国人发掘的文物,"请勿放行,以维国权",并派西北科学考察团成员徐炳昶、袁复礼和黄文弼就近接洽办理此案。同时,进一步申明发放外国人游历护照须与有关机关先行会商,严格注意其相关行动,除游历外,不准有发掘古物等活动。②针对此次事件,国民政府加大了对外国人以游历为名的考古发掘活动的控制。1930年,英国人斯坦因向我国申请赴新疆甘肃地区的游历护照,由于此前其掠走过中国莫高窟中的大量文物,被中央研究院和古物保管委员会拒发,并致电新疆地方政府,"阻止该氏前往,以重国防而保古物"。此外,在1930年我国还拒绝了美国探险家罗伯森组团前往新疆等地的考察申请。

古物保管委员会加紧处理日本人强买临淄龙池古物案件。1928年8月30日,古物保管委员会主任张继呈报日本人强买临淄龙池古物案一事:"临淄县属龙池地方旧有石佛两座、成化碑一座、碎碑一方,日人近援胶济路二十里内,归其管辖,竟于本月十五日派人将佛碑等运至淄河车站,预备东渡。"主任张继将此事呈报给外交部,以期迅速查明制止,维护我国文物

---

① 《部院会议外人来华考查科学办法》,《申报》1930年10月5日。
② 《美国人安得思在华采集古物化石标本运美的有关电文》(1929年4月—1931年6月),载中国第二历史档案馆编:《中华民国史档案资料汇编·文化》,江苏古籍出版社1994年版,第650页。

事业。后在各方压力下,日本人未得逞。1930年古物由青岛四方机车厂厂长栾宝德运往四方厂内暂行保管。

此外,古物保管委员会还处理了偷卖古籍、外运古钱币等文物涉外事件。古物保管委员会等机构进一步规范采掘古物的规则,积极处理文物涉外事件,任何学术团体或个人进行考古发掘皆需向古物保管委员会提出申请,得到允许后在其监视下才可进行。此举将保护古物置于国防层面,推动我国文物及相关学术资料的保管工作逐步走向正轨。

(四)规范博物馆的管理与运营

中华民国大学院作为彼时全国最高学术教育机关,下设高等教育处、普通教育处、社会教育处、文化事业处、总务处和秘书处,其中社会教育处主管全国博物馆、平民教育等事业。地方一级的博物馆由各省、市民政部、教育部共同承担行政管理责任。1930年2月,国民政府修正《省政府组织法》,其中规定教育厅掌管全国图书馆、博物馆事业。教育部指导各地省、市、县成立民众教育馆,这是地方实施社会教育的中心机关,负责博物馆、古物陈列保护等事宜。1932年2月,教育部公布《民众教育馆暂行规程》,其中规定民众教育馆设陈列部,"标本、模型、古物、书画、照片、图表、雕刻、工艺、各种产物,博物馆及革命纪念馆等属之"[1]。截至1936年,各地共有民众教育馆814所。[2]

博物馆内部也形成了一套系统完整的运营机制。在部门设置方面,博物馆可分为事务处理和技术设计两大部门,各部所用人员根据博物馆规模大小来增减。其中事务处理部可分为秘书组、会计组、事务组、管理组等;技术设计部需用专门技师,可分为岩石矿物组、植物组、动物组、文献组、科学工业组等。同时作为学术文化机构,博物馆需定期举行馆务会议,讨论、报告有关工作,以及汇报学术研究成果等。在文物管理方面,凡进馆物品标本,先进行总登记,注明登记号码、品名、学名、赠者、购者、在何处取得、何时取得、现时价值若干,登记之后,分发各主管部门分别办理。文物分类后,再进行考察、记录,将文物的价值及其来历记录在册,方便索引和检查。在陈列展览方面,博物馆需对陈列展览进行专门研究、布置,以选择直接路线为佳,便于游客参观,规模较大的博物馆可适当收取入馆参观费用,一则借以

---

[1] 江琳:《从"文物保护"到"文化保护"——近代中国文物保护的制度与实践研究(1840—1949)》,新华出版社2015年版,第82页。

[2] 《教育部公布民众教育馆暂行规程》(1932年2月2日),载中国第二历史档案馆编:《中华民国史档案资料汇编·教育》,江苏古籍出版社1994年版,第786页。

补贴,二则表示限制。在学术研究方面,博物馆可聘请有关专家,诸如考古学家、生物学家、化学家、艺术学家、工程师等,对博物馆文物察其品类、鉴其内容、予之考究、互相辩难、以达正确。①

(五)建立博物馆考察机制

为推动博物馆管理更趋制度化、规范化、系统化,南京国民政府建立起博物馆工作监察机制。博物馆在接收政府工作总体规划及拨款后,要定期向相关部门汇报工作情况,并在报刊上公示,以此保障政府拨款得到合理利用,使博物馆工作透明化。故宫博物院、河南博物馆、浙江省立西湖博物馆等馆纷纷响应,公开年度工作概况,接受上级部门与公众的监督。故宫博物院将1935年上年度工作概况在《中国博物馆协会会报》上刊载,以数据化形式公开该院各分馆文物点查、建筑工程、展览参观、整理审查、分类陈列、编印流传等方面的工作情况。②河南博物馆对外公布年度工作计划大纲后,将每次馆务会议记录、理事会临时会议记录以及收支对照表登载于《河南博物馆刊》上,例如在1936年5月的收支对照表中,详细记载了上月转入、本月经费、售卖物品、售卖门票等收入额和薪俸、研究事业费、设备费、印刷费、杂物费等支出额。③浙江省立西湖博物馆定期将经费支出、组织结构、主要任务等工作概况在该省的教育报刊上公开④,此外,还将年度计划书、参观人数统计表、概算书登载于《浙江省立西湖博物馆馆刊》之上,如1933年度的参观人数分性别按农、商、工、学、其他五大类别公示,共有93399人次。⑤这段时期,博物馆监督考察机制尚在探索之中,较为精简,后来受战争影响,维持不久即陷入停滞状态,但是工作监察机制对博物馆各方面的健康持续发展产生重大影响,一定程度上推动了该时期的博物馆建设,同时为中华人民共和国成立后博物馆考评机制的建立奠定基础。

---

① 程伯翚:《博物馆学与文化建设》,《工读周刊》1935年第1卷第1期,第7—14页。
② 《故宫博物院上年度工作概况》,《中国博物馆协会会报》1936年第2卷第1期,第22—24页。
③ 《河南博物馆收支对照表(中华民国二五年五月份)》,《河南博物馆刊》1936年第1期,第58—60页。
④ 董聿茂:《西湖博物馆之任务与最近进行之工作》,《浙江教育行政周刊》1935年第6卷第27/28期,73—77页。
⑤ 《浙江省立西湖博物馆二十二年度参观人数统计表》,《浙江省立西湖博物馆馆刊》1934年第2期,第150页。

（六）博物馆工作的主要成绩

20世纪早期，国内民族主义情绪高涨，以民族为导向的文化运动是其重要体现之一。1926年北伐战争掀起轰轰烈烈的国民革命，政治力量介入文化活动之中，在此时，博物馆作为一种文化传播的媒介，凝聚着全国人民的民族自觉。1928年至1936年间，中国博物馆事业蓬勃发展，迎来高潮。有关统计数据显示，截至1936年，全国博物馆总数达77所，从业人员达421人；古物保存所共98所，从业人员达226人。[①]其间国民政府不仅接收重组了故宫博物院，打造了具有现代化性质的国立中央博物院，还设立了博物馆工作者共同的学术组织——中国博物馆协会，同时各地政府也相继创办了许多知名的博物馆。这一时期，我国进一步学习西方办馆的优秀经验，在政府有关部门的统一管理下，博物馆内部设立理事会，对本馆运营的各方面重大工作进行决策与监督，有一定的自主权。在经费来源方面，除中央或地方政府的拨款外，博物馆还通过收取门票、出版刊物、布置展览等方式获取一定收入，并广泛争取社会各界的援助。此外，各大博物馆的考古发掘、古物修缮、学术研究、对外交流等工作在这一时期也成效显著。

1. 接收、改组故宫博物院及文物南迁

1928年6月，国民政府派易培基接收故宫博物院，于6月21日正式从以王世珍为委员长的管理委员会手中接管。国民政府宣布故宫博物院直接隶属于行政院，其后又接管了清史馆。同年6月28日，国民政府委员经亨颐提出"废除故宫博物院，分别拍卖或移置故宫一切物品"的提案，在易培基、张继等学者共同反对和努力之下，该提案最终被否决，故宫博物院各项工作陆续展开。1928年10月5日，国民政府公布了《故宫博物院组织法》，明确规定"故宫博物院直隶于国民政府，掌理故宫及所属各处之建筑物、古物、图书、档案之保管、开放及传布事宜"，其下设秘书处、总务处、古物馆、图书馆、文献馆，并规定各处职责，此外还指出故宫博物院当设理事会及基金保管委员会。同年10月8日，国民政府公布《故宫博物院理事会条例》，明确理事会职责是决议及监督一切重要进行事项，如组织法之修改、院长及副院长之人选、预算及决算、物品保管之监督等。随后，国民政府任命李煜瀛为理事长，易培基为院长，于右任、蔡元培、汪精卫、江瀚、蒋介石、宋子文、冯玉祥、吴敬恒等人为理事。易培基院长上任后，积极开展博物院相关工作，以改组内设机构理顺管理关系，通过筹措资金推动文物修缮、陈列展览、出版发行等业

---

① 史勇：《中国近代文物事业简史》，甘肃人民出版社2009年版，第140页。

务开展,并成立专门的学术委员会大力推进博物馆相关研究。1929年至1931年间,故宫博物院迎来短暂的发展时期,内部管理基本得到理顺。

在内部机构改组方面,基层机构为"三管两处",为适应库房修缮、出版发行、消防工程等工作的开展,博物院增设临时工程处、临时警卫处、出版处。在资金来源方面,除中央拨款外,故宫博物院还通过发行门票及出版刊物获取一定收入。此外,博物院还积极争取社会各界的资金支持,1929年至1931年间,中华教育文化基金会、国外收藏家、国内军政要员、民间组织及个人都曾捐赠过故宫博物院。在工作业务方面,故宫博物院在古物修缮、库房修建、文物整理、陈列开放、出版发行、学术研究、对外交流等工作上成绩突出,于1930年发行《故宫旧殿廷修理计划》,随后呈送的《完整故宫保管计划》得到行政院批准,并出版《故宫物品点查报告》,制定专业、严格的提取库房文物制度,增设宋元明清画、玉器、铜器等30多个陈列室。通过设立奖学金,加强文物保护与学术研究;通过成立专门委员会推动了文物审查、古籍档案清点及研究等工作,陆续出版发行《故宫周刊》《故宫月刊》《故宫旬刊》《史料旬刊》《国立北平故宫博物院年刊》《掌故丛编》等重要刊物。[1]

1931年九一八事变后,华北告急。为保护中华文物,故宫博物院开始将文物登记造册,准备文物迁移工作。1933年1月9日,故宫博物院理事会决定开展文物南迁。同年2月6日,第一批文物2118箱开始秘密南迁,于3月5日运抵上海并存于法租界仓库,剩余文物随后分为四批陆续南迁。五批南迁文物中,故宫博物院文物共计13427箱64包,于5月23日全部抵达上海,暂存英法租界仓库内,故宫博物院成立"驻沪办事处",欧阳道达任主任。为加强对南迁文物的保护,国民政府任命马衡为院长,加强相关制度与业务工作的改革,在1934年相继通过并下发了《国立北平故宫博物院暂行组织条例》《国立北平故宫博物院分科办事暂行细则》《国立北平故宫博物院办事总则》《国立北平故宫博物院驻沪办事处点收存沪文物规则》,改组并精简机构,成立"临时监察委员会",对南迁文物进行清点、编号,编制了《存沪文物点收清册》共127册。[2]

2. 筹建国立中央博物院

南京是国民政府的首都,是政治经济中心、文化荟萃之地,文物古迹丰富,政府和各学术团体渴望建造一座综合性博物馆进行陈列展览、开展公众教育。1933年4月,国立中央博物院开始筹备,傅斯年被任命为筹备处主

---

[1] 故宫博物院编:《故宫博物院早期院史(1925—1949年)》,故宫出版社2016年版,第78—79页。
[2] 故宫博物院编:《故宫博物院早期院史(1925—1949年)》,故宫出版社2016年版,第91—95页。

任,翁文灏、李济、周仁为各分馆筹备主任;制定《国立中央博物院计划草案》,详细记载人文、自然、工艺三馆的建造分工与任务,确定文物征集方案与陈列展览计划。1934年7月,《国立中央博物院筹备处暂行规则》公布,选定南京中山门内近城路北旧旗地为院址。同年8月,成立建筑委员会,发布《国立中央博物院建筑建筑委员会组织简章》,经确定建筑费、选聘建筑师、建筑招标后,启动院舍建造工程。1935年11月,筹备处拟定了《国立中央博物院暂行组织规程》,其中第六、七条规定:"国立中央博物院设理事会,置理事十一人至十五人,任期五年,为无给职。由教育部与中央研究院协商后,聘任之,并呈报国民政府备案。"①1936年4月15日,第一届理事会第一次会议在教育部召开,聘请蔡元培为首届理事长,傅斯年、王世杰、胡适、朱家骅等12人为理事,这标志着理事会制度在国立中央博物院正式建立。据记载,在第一次会议上,理事会商讨了理事会议事细则、推定秘书、筹划经费、各馆陈列方案、与中央研究院合作事项、古物陈列所物品移交等重大事件,助力该院筹建工作。②

随后,国立中央博物院开展搜集征购文物工作,购置了一批原闽侯何叙甫氏私藏的绘园古物、卢江刘氏善斋古物、东莞容氏颂斋古物以及新疆甘肃出土的国有古物。同时根据暂行规则第九条,国立中央博物院积极与中央研究院以及其他学术机构进行合作,于1935年至1936年,参加中央研究院历史语言研究所发掘安阳殷墟、山东日照考古工作,发掘文物留备博物院人文馆陈列展览。1936年7月国立中央博物院与中央研究院历史博物馆合并,后者藏品亦成为博物院的基本陈列物品,此外内政部所属的古物陈列所所存文物均划归为国立中央博物院的基本文物。同年11月,《国立中央博物院各馆组织暂行通则》发布,各馆陈列展览等工作逐步进行。③

国立中央博物院暂行组织规程第六条规定,国立中央博物院理事会行使以下职能:"一、国立中央博物馆院院长之推举。二、国立中央博物院预算及决算之审议。三、国立中央博物院物品保管之监督。四、国立中央博物院专门委员会之设立。五、其他重要事项。"④国立中央博物院理事会制定了专门的议事原则和方法,对博物院重大事务进行商议、决策与监督,再呈报给教育部备案施行,对博物院筹建及后续发展起到至关重要的作用。同时,这也是国家级博物馆实行理事会制度的探索与实践。

---

①②④ 谭旦冏:《中央博物院廿五年之经过》,1960年,第12页、第9—10页、14页。
③ 中国第二历史档案馆:《国立中央博物院筹备处1933年4月—1941年8月筹备经过报告》,《民国档案》2008年第2期。

3. 地方博物馆的建设

这一时期,许多省、市相继建造了地方博物馆。1927年7月,河南省博物馆建立并发布了《河南博物馆征求陈列品简章》《河南博物馆组织条例》《河南博物馆办事细则》《河南博物馆勤务服务规则》等规章条例,积极开展考古发掘、自然标本采集、民俗调查、专题陈列等工作。河南省博物馆曾参与安阳殷墟遗址发掘,保存有3500余件殷墟出土文物,并参与组织成立了"保存石窟寺古迹委员会",保存修缮古物古迹。1936年7月该馆创刊发行《河南博物馆馆刊》。此外,河南省博物馆还出版了《河南博物馆自然科学汇报》《新郑古器图录》《南阳汉画像集》《殷墟器物存真》等学术著作。

浙江省为方便民众观览和学者研究,以西湖博览会中展出的文物为基础藏品,于1928年11月筹办浙江省立西湖博物馆。该馆最初直辖于浙江省政府,内设历史文化部及自然部,后由浙江省教育厅接管,进行内部组织改进与各部事业扩充,并组织专门委员会,聘请学术专家协同建设。[①]为规范组织流程、设备管理、陈列搜集、学术研究、展览开放等工作,西湖博物馆相继发布《浙江省立西湖博物馆章程》《浙江省立西湖博物馆职员请假规则》《西湖博物馆历史文化部征求私人收藏物品陈列规则》《西湖博物馆幻灯片巡回办法》《西湖博物馆地质矿产组与其他学术机关交换出品办法(草案)》《浙江省西湖博物馆标本出借暂行规程》等规章。[②]此外,1933年6月该馆还创刊发行《浙江省立西湖博物馆馆刊》,推动博物馆学术研究工作的开展。

1933年8月,广西成立省立博物馆筹备处,颁布《广西省立博物馆办法大纲》,于次年7月正式落成开放,设有历史文化部和自然科学部,开馆当年即有88774参观人次。该馆陆续调查并搜集了该省铜鼓、碑碣摩崖、动植矿物标本等名胜古迹,征集该省各县志书及历代贤哲书画述作,进行整理研究工作,并举办以自然科学、广西特产等为主题的展览活动。[③]

1933年9月,上海市组织筹建博物馆,相继成立上海市博物馆临时董事会、上海市博物馆筹备委员会。1935年10月馆舍落成,随后公布《上海市博物馆筹备处简则》《上海博物馆临时董事会组织规则》《上海市博物馆章程》《选购委员会规则》《征集、捐赠、寄存陈列品办法》等一系列章程,开始进行陈列品布置工作,陆续获得社会各界人士的捐赠,捐赠品包括石刻造像、古玉、甲骨、石器、铜器等文物。1937年1月上海市博物馆正式开馆,积极进行

---

① 《省立西湖博物馆之接管与扩充》,《浙江教育行政周刊》1933年第4卷第22期。
② 参见《浙江省立西湖博物馆馆刊》。
③ 《广西省立博物馆近况及过去工作》,《中国博物馆协会会报》1936年第1卷第4期。

各项馆务工作,并派员赴各地博物馆参观调查,借鉴优秀办馆经验。

此外,1929年8月,中央研究院历史语言研究所接管北平历史博物馆筹备处,改名为国立中央研究院历史博物馆筹备处,并成立筹备委员会,开展藏品整理、收集、研究、陈列、出版等工作。[①]1929年12月,山东省立民众教育馆内设博物馆,举办年俗、艺术、卫生等展览会。1930年10月,天津市立美术馆建成开放,主要设有石刻、建筑、图书、雕塑、西画等陈列室,出版馆刊《美术丛刊》。兰州市立博物馆、南京市历史博物陈列馆、广州市立博物馆、青岛市博物馆、东省特别区文物研究会博物馆、山东省进德会图书馆博物馆、安徽省立图书馆历史博物馆部等陆续成立。[②]

为加强各专业领域的学术研究及宣传教育,一些省、市成立专题性博物馆。主要有中国海洋研究所、南京等地的地质矿产陈列馆、国立北平研究院博物馆艺术陈列所、国剧陈列馆、警察博物馆、医史文献展览会、中国戏曲音乐院博物馆等。这些专题性博物馆一定程度上繁荣了我国民国时期的博物馆事业,推动科学艺术的传播。

4. 中国博物馆协会的创设与运行

这一时期,我国博物馆的发展尚在萌芽阶段,为构建博物馆工作者共同体,积聚各方力量为我国博物馆设立、博物馆管理、文物保存等工作建言献策,丁文江、王献唐、向达、吴定良、李麒玉等68人发起组织中国博物馆协会。[③]在博物馆协会成立之前,博物馆作为大众教育机构一直处于政府的直接管理之下,其行业自治功能尚未显现。米歇尔·福柯提出"治理性"与"治理术",不同于先前统治方式的特点,福柯认为"治理"是对事物的准确布置,通过安排,将其引向合适的目的,治理手段强调多样化的策略与机制、自治与他治的多元化平衡。[④]作为社会组织,中国博物馆协会凝聚社会各方力量,配合政府机构,为博物馆事业的发展建言献策,有效推动了近代博物馆领域的行业自治,也已具备近代文化治理的雏形。

1935年5月18日,在北京景山举行中国博物馆协会成立大会,会上通过《中国博物馆协会组织大纲》,该会"以研究博物馆学术,发展博物馆事业,并谋博物馆之互助为宗旨",与会者推荐马衡任会长,袁彤礼、朱启钤、李济等

---

① 李万万:《国立中央研究院历史博物馆筹备处时期的展览实践》,《文物天地》2016年第1期。
② 史勇:《中国近代文物事业简史》,甘肃人民出版社2009年版,第144—145页。
③ 《组织中国博物馆协会缘起》,《中国博物馆协会会报》1935年第1卷第1期。
④ 阎星、尹宏等:《传承与创新——文创中心建设之文化产业发展》,四川大学出版社2018年版,第212页。

15人任执行委员。协会会员分为机关会员、个人会员、永久会员、名誉会员四种,协会的执行委员会负责制定发展方针、筹募经费、编制预算及决算、推举委员等重要事项。协会还设有专门委员会,负责研究博物馆学术发展,设计博物馆建筑及陈列,审查博物馆学相关书籍,举行学术讲演会等。①

中国博物馆协会的成立扩大了博物馆工作者的眼界,推动了我国博物馆与国际接轨,对当时的博物馆事业的发展有较大促进作用。1935年9月,《中国博物馆协会会报》创刊发行,作为中国第一份博物馆学的专业刊物,该报主要刊载"博物馆界工作概况的专门论文,及关于博物馆学书报之介绍",既有当时国内文物、博物馆发展现状的记载,又介绍了欧美国家博物馆建设的方法与经验。诸如国外博物馆陈列展览、国外博物馆协会工作、国外博物馆学术研究等信息,大力推动了馆际交流互动与博物馆学界的研究探索。②1936年7月,中国博物馆协会第一次年会在国立山东大学(现发展为中国海洋大学、山东大学、青岛大学医学院)举行,参会人员就博物馆建设进行深入交流,并最终形成若干决议,如"设立博物馆人员训练所""指定国立大学若干所,添设博物馆学系或课程""提出文化基金协助设立中华全国美术调查""各地博物馆应切实与当地学校及各学术团体联络合作"等35件重大事项,其中大部分在原则上予以通过并逐步落实。③在学术研究方面,在对全国博物馆展开调查的基础上,协会编撰了《中国博物馆一览》,记录了当时我国博物馆建设的有关成就。此外,协会还编制了《博物馆学书目》等书刊,在一系列举措的推动下,当时中国形成了良好的博物馆学术研究风气,研究成果日益增多,出现一大批论文、专著、译著等,如费畊雨、费鸿年的《博物馆学概论》,陈端志的《博物馆学通论》,郭葆昌的《瓷器概说》,李瑞年的《欧美博物馆及美术馆陈列方法之演进》,王幼侨的《博物馆与民族复兴》,荆三林的《地方博物馆之目的与组织》,王海镜的《西方学者对于"中国艺术与西伯利亚艺术之关系"的意见》,李永增译的《博物馆与陈列馆》等。这些学术研究成果对博物馆历史、组织机构、功能与类型、藏品管理及陈列等进行探讨,反映了当时博物馆界人士在思想认识层面上的逐步深入与成熟。另外,越来越多的政府公报、研究院院报、年度报告以及其他刊物也加强对博物馆界的关注,对博物馆相关主题成果进行登载。

---

① 《附组织大纲(成立大会通过)》,《中国博物馆协会会报》1935年第1卷第1期。
② 《博物馆学概论》编写组:《博物馆学概论》,高等教育出版社2019年版,第26页。
③ 《中国博物馆协会第一次年会开会纪事》,《中国博物馆协会会报》1936年第2卷第1期。

5.博物馆领域扩大对外交流

博物馆对外交流工作亦是国民政府的文化外交举措。这一时期,政府加强博物馆对外交流工作,积极支持各馆征选文物,参与国外展览活动、招待外国知名人士,一方面推动中国文物登上国际舞台,向外传播源远流长、博大精深的中华古代文明,阐扬学术,提高国际声誉;另一方面则有利于启发民智,进一步增强民族意识(见表3-3)。

表3-3　南京国民政府文博领域对外交流重大事件[①]

时间	博物馆领域对外交流重大事件
1930年6月	我国参加比利时国际博览会,"中国美术展览会"展出我国丝绸、陶器、雕刻、茶叶等,同时我国代表团在展览期间向各国嘉宾发放法文版的《三民主义》《建国大纲》
1934年春	柏林博物馆举办"中国艺术展览会",并接受我国政府赠送的16幅中国画,在欧洲进行展览
1935—1936年	故宫博物院从存沪文物中选取铜器、漆器、玉器、绣品、书画、家具等735件文物参加在英国伦敦举办的"中国艺术国际展览会",展览结束后出版发行了《参加伦敦中国艺术国际展览会出品图说》。这次大型的展览活动为期14周,共吸引42万余人次参观
1935年10月	为招揽外国观光人士,促进名胜地方之设备,改善观光者之观感,北平成立文物观光协会,在整理故都文物的同时积极推动文物游览工作
1936年	我国古代壁衣地毯展会在法国巴黎戈白林挂毯制造厂开幕
1936年1月	中苏文化协会、中国美术会、中国文艺社联合举办的苏联画展在中大图书馆开幕
1936年3月	中德学会在北平举行德国绘画展会,展出了包括浪漫派、自然派、表现派、新实在派等派别的名画杰作
1936年9月	河南省博物馆招待故宫博物院德国籍顾问孔达女士及德国驻华大使馆商务参事文德斐
1937年	国立中央博物院派李济之前往欧洲进行巡回学术讲演,并调查欧美博物馆设施,代该院采购物品及标本

二、1937—1949年战时博物馆管理体制的形成

1937年7月7日,驻华日军悍然发动七七事变,日本开始全面侵华,抗日战争爆发。同年11月,国民政府迁都重庆,随着政治中心的内迁,一些重要的文教机构也开始转移。1937年10月,行政院发布《国难时期各项支出紧

[①] 参见史勇:《中国近代文物事业简史》,甘肃人民出版社2009年版;故宫博物院编:《故宫博物院早期院史(1925—1949年)》,故宫出版社2016年版;《消息:文物观光协会》,《新北辰》1935年第11期;《中国博物馆协会会报》。

缩办法实施条款》,中央古物保管委员会正式被裁撤,文物保护等业务归内政部礼俗司进行管理。①国民政府组织文物西迁至大后方地区,并加强文物古籍的完整性保护,博物馆事业在此时艰难发展。国统区和抗日根据地都通过举办展览会等博物馆实践活动进行革命教育,激发民众的抗战觉悟和民族自信心。总体来看,从全面抗战爆发至新中国成立,我国博物馆事业处于整体停滞、局部发展的状态。

(一)组织文物西迁并加强文物保护

1936年前后,国民政府就已开始着手准备战时文物保护工作。1936年5月,行政院颁发《非常时期保管古物办法》,明确指出古物保管机关要设立安全库房,防止一切灾变,提出"各古物保管机关应编定一部分最重要之物品随时为入库或其他移动之准备"的要求。②抗日战争全面爆发后,为使文物免遭战火毁坏,有关部门下令各级各类博物馆单位在中央统一指示与安排下,组织文物、设备、人员向四川、贵州、陕西等大后方地区内迁。故宫博物院南迁文物奉命西迁,分四批三路进行。1937年8月14日,第一批西迁文物共80箱,从南京出发经长沙至安顺保存,设立"驻安顺办事处",后因贵阳告急迁至四川巴县,成立"驻巴县办事处"。第二、三批文物共9331箱,在万难之际运至重庆以西的乐山存置,设"驻乐山办事处"。第四批文物共7287箱,从南京向北途经陇海路运抵陕西,最后存置峨眉,成立"驻峨眉办事处"。故宫博物院文物西迁完成后,在重庆设立总办事处,对各办事处进行统一的调度与安排,主要工作是储存、整理并保护文物的完整性。③同时,政府也加紧督促各地文博单位设法内迁。河南省博物馆通过分装68箱文物,将馆藏的5678件珍品、1162张拓片、1472册图书运至重庆地区;南通博物苑将近百件馆藏绣品、书画、文物运抵上海金城银行保存;山东省立图书馆附设的金石保存所将文物运至四川乐山和曲阜孔府;尚未被战火侵略的西部地区也利用加固、隐藏等措施对文物古迹进行保护。④

这一阶段,中央和地方均将文物保护作为文博领域的工作重点。1938年12月的《中华民国建筑法》第43条指出:"倾颓或朽坏之建筑物,如有关名

---

① 江琳:《从"文物保护"到"文化保护"——近代中国文物保护的制度与实践研究(1840—1949)》,新华出版社2015年版,第79页。
② 内政部总务司第二科:《内政部法规编·礼俗类》,内政部统计处,1944年,第139页。
③ 故宫博物院编:《故宫博物院早期院史(1925—1949年)》,故宫出版社2016年版,第103—109页。
④ 史勇:《中国近代文物事业简史》,甘肃人民出版社2009年版,第171页。

胜古迹纪念物或具有艺术性质者,应由地方政府设法保存之。"①贵州省政府于1938年下发了《贵州省名胜处所保护管理办法》,由省会警察局指派专员管理,并组织成立"省会名胜处所保管委员会",负责计划、改进保护事宜。②该时期主要的文保工作有:1940年成立"艺术文物考察团",在西北地区进行文物古迹考察;甘肃、云南、四川等西北、西南地区的田野考古取得一定成绩;成立黄帝陵修建委员会,对黄帝陵进行保护修缮;加强对敦煌莫高窟的保护与管理;1944年成立"战时文物保存委员会",编制《战区文物保存委员会文物目录》。③

(二)国统区博物馆事业艰难发展

抗日战争时期,大后方国统区的博物馆事业艰难发展,但在个别地区也成立了新馆,积极利用展览的形式宣传抗战,鼓舞民心士气。在国统区,最重要的博物馆是于1944年12月正式落成开馆的中国西部博物馆,被誉为"战时的缪斯殿堂",承载着当时国人的精神寄托。该馆由中央研究院、中央地质调查所、中央工业实验所、中央林业实验所、中央畜牧实验所等12个学术机构联合发起并筹办,是一所自然科学性质的博物馆。该馆成立后,得到尹赞勋、杨仲健、伍献文等许多科学家的支持。该馆内设工矿、农林、地质、生物、卫生、医药、气象七大部门,共有科学标本10余万件,从开馆至1947年8月,共接待观众160万余人。④此外,1939年1月,甘肃省科学教育馆成立并公布《国立甘肃科学教育馆组织条例》,创办《甘肃科学教育馆学报》。1941年3月,四川博物馆于成都成立,发布《四川博物馆规程》,设有历史考古组和人类民族组两个专门工作组,并建立九人理事会。1944年4月,依托西安碑林、孔庙,陕西省历史博物馆成立,后发布《陕西省历史博物馆组织规程》。⑤

同时,博物馆积极通过布置有关展览进行抗战宣传,通过考古学术研究深入开展中华文明探源工程,激发民族自信心。1938年,福建地区举办"国防图书展览会";1939年8月,兰州民众教育馆创办"空军史话展览";1940年1月起,江苏省在各地举办"战时报刊巡回展览";1943年10月,国立中央博物院在四川举办"史前石器展览""周代铜器展览"等专题展览会。在抗战的艰难环境下,学者们对出土文物与资料进行整理研究,《殷历谱》《博物馆学

---

① ③ ⑤ 史勇:《中国近代文物事业简史》,甘肃人民出版社2009年版,第176页、175—179页、179—180页。
② 贵州省地方志编纂委员会编:《贵州省志·文物志》,贵州人民出版社2003年版,第1184页。
④ 《博物馆学概论》编写组:《博物馆学概论》,高等教育出版社2019年版,第65—66页。

大纲》《龙山文化与仰韶文化之分析》《中国新石器时代》等学术研究成果在这一时期发布,在思想文化领域予以国人更多激励。

(三)抗日根据地博物馆事业的发展

抗日革命根据地对保护文物与建设博物馆予以一定的重视。在恶劣的抗战环境下,根据地保护民族文化遗产,通过流动性、临时性的展览会进行革命教育,启发人民对革命的觉悟。延安时期,中共就十分重视对革命文物的征集,1937年开始着手大规模编辑红军战史的工作,征集中共历史文献,利用革命文物对党的方针、政策进行宣传教育。1939年4月,边区政府公布《陕甘宁边区政府组织条例》,其中教育厅管理"图书馆、博物馆、科学馆及公共体育娱乐场所"。同年11月发布《陕甘宁边区政府为调查古物、文献及名胜古迹事给分区专员、各县县长的训令》,在政令的指导下,有关政府积极保护陕北富县宝室寺梵钟等文物古迹,开展全面的文物普查。同时,中国共产党人开展了组织大规模展览会、建立展览设施等形式的博物馆实践活动。1940年3月,陕甘宁边区文化协会成立蒙古文化促进会,准备筹办成吉思汗纪念堂、蒙古文化陈列馆,两馆于同年7月正式落成。自1943年起,延安地区陆续举办展览会,建立了生产馆、时事馆、卫生馆、翻身馆等场馆,展出工农产品、发明创造品、战利品、翻身品等,边区战斗生产展览会还曾接待过美国空军上尉奥斯德一行人。[1]

(四)抗战后国民党对博物馆事业的清理与接收

抗战结束前期,为保存战区文物,国民政府教育部于1945年4月成立"战区文物保存委员会",同年8月更名为"收复区文物保存委员会",10月又改为"清理战时文物损失委员会",内设建筑组、古物组、图书组、美术组,同时在全国各地分设办事处。后又发布《省市公私文物损失登记公告》,指导损失文物登记事项。清理战时文物损失委员会主要负责调查文物损失、清理敌伪文物、评估文物损失价值、追偿在日文物、编制流失文物目录等工作,最终编制成《中国战时文物损失数量及估价总目》,其中记录共损失文物3607074件又1870箱。[2] 1947年,行政院北平文物整理委员会在北平成立,发布《北平文物整理委员会组织条例》,下设文物整理工程处,对古建筑维修

---

[1] 史勇:《中国近代文物事业简史》,甘肃人民出版社2009年版,第190—194页。
[2] 《清理战时文物损失委员会〈我国战时文物损失数量及估价目录〉》(1946),载中央党史研究室第一研究部、中国第二历史档案馆编:《国民政府档案中有关抗日战争时期人口伤亡和财产损失资料选编(2)》,中共党史出版社2014年版,第881—882页。

工程进行技术指导,到1949年完成了北海万佛楼抢修、颐和园排云殿牌楼重建、智化寺修缮等工程。

在进行战时文物损失清理工作的同时,国民政府还对博物馆机构进行了接收,博物馆事业得到短暂的恢复。1945年8月,教育部对各光复区文教机关发布通令,"暂维现状,听候接收",后下发《战区各省教育复原紧急办理事项》《教育复原及接收敌伪教育文化机关等紧急处理办法要领》,指导各级文教机关开展接收工作。1948年3月,行政院成立"接收敌伪逆文物审核委员会",公布《接收敌伪逆文物审核委员会组织规程》。接收工作逐步进行,在北平地区,教育部接收故宫博物院、北平历史博物馆、国立北平博物馆,清点文物古籍141万余件;在南京地区,接收日伪文物保管委员会、伪博物专门委员会、伪文华馆、伪物华馆等文博单位;在上海地区,接收了上海和平博物馆以及50万册古籍、档案资料;在东北地区,东北教育委员会接收了伪国立中央博物馆奉天分馆、沈阳故宫等。[1]1948年1月,中国文物研究会在上海成立,该会"以研究中国文物,宣扬国粹,提倡美术工艺及艺术界人士感情之联络为宗旨",在成立大会上提出"请政府追回抗战期间损失文物""请市政府拨款三十亿,建筑美术馆"等要案。[2]

抗战结束后,国民政府开展了战时文物的清理工作和博物馆的接收工作,但由于受到多年战争的破坏及解放战争的爆发,直到中华人民共和国成立前,中国博物馆事业的发展都处于整体停滞状态。

---

[1] 史勇:《中国近代文物事业简史》,甘肃人民出版社2009年版,第202—204页。
[2]《中国文物研究会在沪成立》,《广西文献通讯》1948年第3期。

第四章　中国当代博物馆管理体制的构建与变迁

　　本章主要介绍了新中国成立后我国博物馆事业单位体制的建立,以及改革开放后在文化体制改革背景下博物馆管理体制的发展与变迁。新中国成立后,我国在文化领域参考苏联模式建立起公有化的文化事业体系。这一体系在初期起到积极的文化动员效应,但随着社会经济变革的开启、文化体制改革的深入,公有化的文化事业体制不再适应社会发展的需要,因而整个文化行业包括博物馆领域进行了由边缘地带向核心区域变革的制度变迁。"制度变迁理论"由诺斯提出,是指扬弃、改变旧制度(或制度结构)并产生新制度(或新制度结构)的过程。在同一制度体系中,由于制度的性质与职能不尽相同,不同的制度具有不同的属性特质,变动的难易程度亦不同。"文化体制"与"经济体制"不同,是指自发形成的或人为设计的用以规范文化组织和文化行为的系统化、结构化的制度体系,蕴含着社会伦理和意识形态属性,是整个社会组织系统中的精神化子系统。[1]我国博物馆事业体制改革在文化体制改革的背景下进行,但与其他经营性文化机构不同,经营性文化机构改革的目标是转企改制,而文博机构的改革方向始终围绕历史文化传承、社会价值传递、社会教育传播进行,本质上是一种系统内部的制度变迁过程。

　　纵观中华人民共和国成立后的博物馆体制改革,主要表现为在国家宏观管理上由"计划体制"转向"公共文化服务体系";在人事制度上由"上级任命的事业编制"转向"定岗定编,竞争上岗"的竞聘制度,再到"定编竞聘＋政府购买公共文化服务"的综合制度;在财政制度上由"定额拨款"走向"定额拨款＋以文补文",再到"全额拨款＋专项基金"的全额财政拨款制度;在运营制度上由"行政管理"逐步走向"公共管理与公共服务"。

　　根据文化体制改革的背景,本书将中华人民共和国成立后博物馆管理

---

[1] 傅才武、何璇:《四十年来中国文化体制改革的历史进程与理论反思》,《山东大学学报(哲学社会科学版)》2019年第2期。

体制的定型与演进分为以下几个阶段(见表4-1)。

表4-1 中华人民共和国成立后博物馆事业管理体制的定型与演进

时间段	管理体制	主要制度(包括财务、人事、运营等)	体制改革工作重点
1949—1978年	计划体制	(1)有关行政部门、博物馆事业单位进行直接领导;(2)上级部门按目标任务配置人、财、物等资源	(1)接收南京国民政府时期的各类博物馆,重建、改造旧有博物馆;(2)构建社会主义新型公有化计划体制
1979—1983年	行政微观(具体工作)管理到宏观管理	(1)1980年起,博物馆事业单位实行"分级管理、分灶吃饭"的新财政管理体制;(2)人事制度上探索岗位责任制	(1)加快博物馆陈列展览、恢复并开放,推动博物馆社会教育工作的部署与开展;(2)积极探索博物馆事业体制改革
1984—2002年	"办博物馆"到"管博物馆"	(1)人事上采用馆长负责制、聘任制、个人岗位责任制和奖惩制度;(2)财务制度上实行"以文补文"	(1)国家简政放权,博物馆在人事、财务及运营方面有一定的自主权;(2)竞聘制度基本实行
2003—2012年	公共文化服务体系	(1)国家加强公共管理与公共服务;(2)人事上全面推进"竞聘制";(3)财务上实行免费开放制度下的"收支两条线"	(1)将博物馆事业纳入公共文化服务体系下;(2)全面推进免费开放制度;(3)博物馆法人制度的建立;(4)博物馆绩效考核体系的设计
2013年至今		(1)在博物馆内部运营方面积极探索"理事会制度";(2)人事上实施"定编竞聘+政府购买公共服务"	(1)博物馆理事会制度的推行;(2)政府购买公共文化服务制度的试行;(3)基金会制度的探索;(4)博物馆绩效考核的践行

第一节 1949—1978年公有化博物馆体制的构建

1949年中华人民共和国成立后,受苏联模式的影响以及为了与我国计划经济体制相匹配,我国逐步形成集中管理的公有文化体制,即"以政府为主导,以高度集中为特点的文化运行机制"。在该体制下,从20世纪50年代初期起,中央政府借助高度集中化、组织化的"单位制度"逐步完成了对社会文化资源的整合,大量民间组织、团体或个人进入国有体制内,我国逐步建立起一个包括广播电视电影行业、文化艺术行业、新闻出版行业和文物博物馆行业在内的国家公共文化生产与分配体系,成功构建起一个庞大的文化事业体系。①

在这一时期,博物馆事业逐步融入社会主义文化建设中,主要为宣传意识形态服务。在大众文化研究领域中,意识形态是一个关键概念,常常与"文化""大众文化"相互重合,正如格拉姆·特纳所指出的,"意识形态是文化研究中最重要的概念范畴",詹姆斯·凯瑞更直接提出"将文化研究描述为意识形态研究"的观点。②在当时的情况下,博物馆也和报纸、电台一样被纳入我国意识形态宣传体系之中。

当时博物馆工作的重点是接收旧有博物馆和创建新的博物馆。党和国家加强对博物馆事业的接收和改造,并加强对所接收的博物馆进行直接行政管理。即国家博物馆管理机构制定并发布有关政策、指令、公告等,由各层级部门传达至管理对象处,并持续监督政策法令的实施情况以及一切相关的管理活动。中华人民共和国成立后,在党和政府的大力扶持下,博物馆事业逐渐从战争时期的停顿中复苏,以博物馆和考古机构为主体的中华人民共和国文博事业逐渐形成,推动人民群众正确认识历史,热爱祖国,提高政治觉悟与生产热情。从1949年至1978年,我国博物馆事业在文物保护、博物馆建设、考古发现、文博考古对外交流等方面均取得一定成绩。

一、1949—1956年公有化博物馆体系的初建

中华人民共和国成立后,国家初步成立文化部③并开展相关工作,颁布相关政策法规,确定中华人民共和国博物馆建设的方针,设计博物馆日常管理制度。国家在接管并改造旧博物馆的同时,做好文物征集工作,布置新的展览陈列,推动建立了一批新馆,逐步确立社会主义新型博物馆的发展方向。

---

① 傅才武:《当代公共文化服务体系建设与传统文化事业体系的转型》,《江汉论坛》2012年第1期。
② 〔英〕约翰·斯道雷:《文化理论与大众文化导论(第五版)》,常江译,北京大学出版社2010年版,第3页。
③ 后与国家旅游局的职责整合组建文化和旅游部。为保证论述的客观历史性,本书保留机构原称,后不赘述。

(一)对南京国民政府各类博物馆的接管

1948年下半年,随着解放军在战场上的节节胜利,各解放区先后成立军事管理委员会对国民党资产进行接管,其下设的文化接管委员会对南京国民政府时期成立的一批文博机构进行接管。1948年9月26日,晋察冀和晋冀鲁豫两大边区合并成立华北人民政府,其下设的高等教育委员会接管旧都文物整理委员会;在文化部下设北京文物整理委员会,录用一批专业人员,从事古物建筑维修保护和调查研究工作。随着各地逐渐解放,各地军委会分别接管了故宫博物院、历史博物馆、沈阳博物院、中央博物院等一批博物馆,共计21所。此外,中华人民共和国成立后政府还陆续接管了北疆博物馆(法)、大连资源馆(日)、亚洲文会博物馆(英)等外国人在华建立的博物馆(见表4-2)。

表4-2 各地博物馆接管情况[①]

时间	接管单位	被接管博物馆	备注
1948年	东北文物保管委员会	沈阳博物院	其所属的古物馆改为东北博物馆,1960年又改称辽宁省博物馆;沈阳故宫改为沈阳故宫陈列所
1948年11月	开封市军管会	河南博物馆	1952年改称河南省博物馆
1949年1月	天津市军管会文教接管部	天津广智馆	1952年两馆合并,改名天津市历史博物馆
		河北省立天津博物馆	
1949年2月	南通区军管会	南通博物苑	——
1949年3月	北平军管会文化接管委员会	国立故宫博物院	——
		历史博物馆	拟与故宫博物院合并
		沈阳博物院北京分部	拟令其迁回沈阳,由沈阳博物院接收
		鲁迅故居	后为北京鲁迅博物馆
1949年5月	太原军管会	山西省图书博物馆	1953年与太原文物馆合并,改称山西省博物馆
1949年5月	西安军管会文教委员会	西北历史文物陈列所	1952年改称西北历史博物馆,1955年改称陕西省历史博物馆

[①] 参见李明华主编:《城市解放系列丛书》,中国档案出版社2009年版。

续表

时间	接管单位	被接管博物馆	备注
1949年5月	南京军管会文化接管委员会	国立中央博物院筹备处	1949年6月29日，成立了中央博物院院务委员会；1950年3月9日，遵照中央文化部令，中央博物院筹备处更名为国立南京博物院，属中央文化部文物事业管理局领导
1949年5月	杭州市军管会	西湖博物馆	1953年改称浙江省博物馆
1949年6月	上海军管会文化教育管理委员会	上海市立博物馆	改称上海市历史博物馆，1951年并入上海博物馆筹备委员会
1949年6月	青岛市军管会	青岛水族馆、山东产业馆（日）	1950年两馆合并为青岛市人民博物馆，1954年改为青岛海产博物馆
1949年10月	广州市军管会文教接管委员会	广州市博物馆	1951年11月，广州市立博物馆成立
1949年12月	重庆市军管会文教接管委员会	中国西部博物馆	改称西南人民科学馆，后为重庆市自然博物馆
1950年1月	川西行署文教厅	四川博物馆	改称川西人民博物馆，1952年改称四川省博物馆
1950年11月	大连市文教局	大连资源馆（日）	改称东北资源馆，1959年定名为大连自然博物馆
1951年1月29日	中国政府	旅顺东方文化博物馆（苏）	1945年8月，苏联红军接管该馆。1951年8月30日，大连劳动人民历史文化陈列所并入。1954年4月，改称旅顺博物馆
1951年	松江省文教厅	松江省科学博物馆（苏）	1954年改称黑龙江省博物馆
1952年7月	天津市文化局	北疆博物院（法）	成立天津市人民科学馆，1957年定名为天津自然博物馆
1952年6月	上海文化局	亚洲文会博物馆（英）	改组为上海历史与建设博物馆筹备处

民国时期建立的博物馆是新中国博物馆事业的重要基础，中华人民共和国成立后许多重要的博物馆都是由这些馆转变而来。1949年11月1日文

化部成立后,中央人民政府文化部接收全国公共博物馆共20所[1],建立相关规章制度,对博物馆员工进行整顿充实、教育提高,对原有文物进行清点、登记、编号,在各博物馆举办展览,对外开放。

(二) 1949—1956年新中国博物馆管理体制的初建

1949年10月1日,中华人民共和国成立。同年11月1日,中央人民政府文化部成立,设立文化部文物局。文物局主管全国文物、博物馆以及图书馆事业,下设文物处、博物馆处、图书馆处、资料室和办公室。知名学者郑振铎为局长,王冶秋为副局长,任用一批文博专业水平强的骨干为各处正、副处长。为了解全国博物馆情况,促进新中国博物馆事业的建设,文物局积极推动文物普查、博物馆现状调查等相关工作,这段时期文物局机构也发生几次变化(见表4-3)。

表4-3　1949-1956年文物局重大事件[2]

时间	重大事件
1950年1月28日	文化部文物局开始调查全国各种博物馆、科学馆、自然馆、水族馆、人文馆及各类陈列馆的情况
1950年8月	文化部文物局两次召开博物馆事业座谈会,讨论文物征集、博物馆建设等相关事宜;接收文物共计14778件
1951年10月1日	文化部文物局与原科学普及局合并,成立文化部社会文化事业管理局,在原有管理事业的基础上增加了主管文化馆和电化教育事业的职能
1955年1月15日	文化部成立文物管理局,主管国家文物和博物馆事业,图书馆和文化馆事业仍由社会文化事业管理局进行管理

文化部文物局设立后,各地也相继成立了管理博物馆事业的专门机构。1950年1月,经呈准上海市政府,原上海市古代文物管理委员会改名为上海市文物管理委员会。[3]1952年10月26日,陕西省文物管理委员会正式成立。[4]河北、山西、浙江、安徽、山东、湖北、广西、江苏等省、区也都设立了文物管理委员会,共计31个。各地文物管理委员会的成立保障了对民国时期博物馆机构接管工作的有序进行,推动了博物馆事业的恢复与复苏。此外,

---

[1] 文化部文物局教育处、南开大学历史系编:《博物馆学参考资料(下册)》,1986年,第411页。
[2] 参见文化部文物局教育处、南开大学历史系编:《博物馆学参考资料(下册)》,1986年;谢辰生口述、姚远撰写:《谢辰生口述》,生活·读书·新知三联书店2018年版。
[3] 马承源主编:《上海文物博物馆志》,上海社会科学出版社1997年版,第370页。
[4] 中国考古学会编:《中国考古学年鉴:1984》,文物出版社1984年版,第220页。

各大行政区文化部还设立文物处,统筹所在地区的文物、博物馆事业。各地还建立文物征集机构,如西安市革命文物征集委员会,上海市文物收集委员会,湖北军区革命、历史文献实物收集委员会等,共计15个,有针对性地开展文物征集工作。①

(三)1949—1956年出台的博物馆相关政策

在解放战争时期,我党就十分重视文物古迹的保护,颁发了文物保管、征集的政策。1948年2月5日,晋察冀中央局颁发《为征集与保管文物古迹通知》,1948年7月31日,晋冀鲁豫中央局颁发《晋冀鲁豫边区文物征集保管暂行办法》,1948—1949年华北人民政府相继颁发《关于文物古迹征集管理问题的规定》《为保护各地名胜古迹、严禁破坏由》《为禁运古物图书出口由》等政策,为新中国文博事业的初建奠定制度基础。②

中华人民共和国成立后,随着博物馆管理机构的建立,国家推出一系列关于文物保护、征集、建设的政策法规。为推动国家博物馆事业从战时停顿状态复苏,禁止文物出口、推动考古发掘成为当务之急,1950年5月24日,中央人民政府政务院颁发《禁止珍贵文物图书出口暂行办法》《古迹、珍贵文物、图书及稀有生物保护办法》《古文化遗址及古墓葬之调查发掘暂行办法》3个文件。同年6月16日,出台《关于征集革命文物的命令》,在该文件的指示下,各地相继成立文物征集机构,纷纷开展文物征集工作。为推动全国各地地志性博物馆的建立,1951年10月27日颁发《对地方博物馆的方针、任务、性质及发展方向的意见》。在中央法规的指示下,一些行政区也制定了与文物相关的条例法令,如西北军政委员会文化部颁发的《为拟具保护文物古迹颁发仰各遵照并希扩大宣传》,东北行政委员会颁发的《东北解放区文物古迹保管办法》,华东军政委员会颁发的《配合治淮工程进行保存古迹文物计划草案》等。

这一时期国家出台的博物馆相关政策以接管、改造旧博物馆机构,加强各地文物保管和征集为重点。本部分共梳理相关政策9条,其中文物保护政策7条,考古发掘政策1条,博物馆管理政策1条。

1.关于文物保护的主要政策

文物保护相关政策主要有《古迹、珍贵文物、图书及稀有生物保护办法》《禁止珍贵文物图书出口暂行办法》《关于征集革命文物的命令》《关于保护古文物建筑的指示》《为拟具保护文物古迹颁发仰各遵照并希扩大宣传》《配

---

① 吕济民主编:《当代中国的博物馆事业》,当代中国出版社1998年版,第36页。
② 《新中国成立前夕华北地区有关保护文物古迹文件选编》,《档案天地》1999年第S1期。

合建设工程进行保存古迹文物计划草案》《关于在基本建设工程中保护历史及革命文物的指示》(见表4-4)。

表4-4 关于文物保护的主要政策[①]

序号	政策文件	发布时间	发布机构	主要内容
1	《古迹、珍贵文物、图书及稀有生物保护办法》	1950年5月24日	政务院	明确指出各地原有或偶然发现的一切具有革命、历史、艺术价值之建筑、文物、图书等,应由该地方人民政府文教部门及公安机关妥为保护,严禁破坏、损毁及散佚
2	《禁止珍贵文物图书出口暂行办法》	1950年5月24日	政务院	指出将禁止出口文物分为革命文献及实物、古生物、史前遗物、建筑物、绘画、雕塑、铭刻、图书、货币等11类,并确定出口的标准和范围
3	《关于征集革命文物的命令》	1950年6月16日	政务院	指出中国革命博物馆建立伊始,为筹备党史专题陈列,就将征集大量珍贵的近现代文物,特别是革命文物
4	《关于保护古文物建筑的指示》	1950年7月	政务院	指出凡因事实需要,不得不暂利用者,应尽量保护旧观,经常加以保护,如确有必要拆除或改建时,必须经由当地人民政府逐级呈报各大行政区文教主管机关后始得动工
5	《为拟具保护文物古迹颁发仰各遵照并希扩大宣传》	1950年8月22日	西北军政委员会文化部	规定各地发现的一切文物,均归当地政府文教部门保管,严禁偷盗破坏;文物调查、整理、保管的费用,由当地在文化事业费内开支;基建中发现文物,必须报告西北军政委员会文化部,不得擅自发掘等

① 参见国务院法制办公室编:《中华人民共和国法规汇编:1949—1952》,中国法制出版社2014年版;吕济民主编:《当代中国的博物馆事业》,当代中国出版社1998年版;陈全方编:《当代陕西文博》,三秦出版社1990年版。

续表

序号	政策文件	发布时间	发布机构	主要内容
6	《配合建设工程进行保存古迹文物计划草案》	1951年3月2日	西北军政委员会文化部	结合西北地区铁路、公路、水利等建设实际而颁发,规定对基建中出土文物必须加以清理保存
7	《关于在基本建设工程中保护历史及革命文物的指示》	1953年10月	政务院	明确指出在基本建设工程中保护文物是文化部门和基本建设部门的共同任务

在文物保护方面,以上政策的主要内容是在文物部门指导下,依据文物保护办法,对文物管理、文物出口、文物征集等活动加以严格管理,防止文物破坏、损毁及散佚,以推动新中国文物事业的发展。

2.关于考古发掘的主要政策

在考古发掘政策方面,主要有《古文化遗址及古墓葬之调查发掘暂行办法》(见表4-5)。

表4-5 关于考古发掘的主要政策[①]

序号	政策文件	发布时间	发布机构	主要内容
1	《古文化遗址及古墓葬之调查发掘暂行办法》	1950年5月24日	政务院	为保护、研究我国文化遗产,对古文化遗址及古墓葬进行有计划的调查及发掘而制定,实行文物登记工作,在中央人民政府文化部的指示下,由具备发掘工作条件的专业人员进行古文化遗址及墓葬的发掘

在考古发掘方面,以上政策的主要内容是考古发掘活动应在中央人民政府文化部的指导下,由相关专业人员进行。政策旨在推动新中国考古事业的恢复。

3.关于博物馆管理的主要政策

在博物馆管理政策方面,主要有《对地方博物馆的方针、任务、性质及发展方向的意见》(见表4-6)。

[①] 参见国务院法制办公室编:《中华人民共和国法规汇编:1949—1952》,中国法制出版社2014年版。

表4-6 关于博物馆管理的主要政策[①]

序号	政策文件	发布时间	发布机构	主要内容
1	《对地方博物馆的方针、任务、性质及发展方向的意见》	1951年10月27日	文化部	明确要求各地在博物馆建设上参照苏联模式,建立以"自然资源""历史发展""民主建设"为陈列内容的地志性博物馆

在博物馆管理方面,以上政策的主要内容是在恢复、改造旧有博物馆的同时,借鉴苏联模式,大力支持建设一批新型地志性博物馆。

在文化部文物局的领导下,在文物、博物馆相关政策法规的指导下,各地纷纷着手创建博物馆的工作,20世纪50年代成为我国博物馆事业第二个发展时期。国家在改造旧博物馆的同时,加强对中央直属博物馆的建设,积极效仿苏联兴建反映自然、历史和民主建设的地志性博物馆。文化部明确提出这一阶段文博事业的总任务是进行爱国主义教育,通过改造陈列内容、布置展览,引导民众正确认识自然与历史、热爱国家、提高政治觉悟,使博物馆工作与社会生活联系起来。例如,故宫博物院布置了"清代革命史料""帝国主义侵华史料"等陈列,北京历史博物馆筹办了"中国原始社会"等陈列。

(四)1949—1956年博物馆工作的主要成绩

截至1955年底,全国共有博物馆50所,是新中国成立时的两倍多,其中专门性博物馆11所,纪念性博物馆10所,地志性博物馆29所,此外,实有藏品共计337万件。除青海、西藏之外,各省、自治区、直辖市都建有博物馆或博物馆筹备处,博物馆干部人员队伍庞大,博物馆展览陈列增加,博物馆联系群众的工作制度普遍建立。1955年全国参观博物馆人次达789万。[②]

1. 接管博物馆的重建、开放工作

1950年,广州市博物馆建立。1951年,中央革命博物馆筹备处筹办的"中国共产党成立三十周年纪念党史展览"开放。1951年,上海博物馆开放。1953年后,山西省博物馆、重庆市博物馆、黑龙江省博物馆、陕西省博物馆相继建立。

2. 部分省、市的新馆落成开放

1949年10月10日,东北烈士纪念馆建立;1950年7月,国立革命博物馆筹备处成立;1950年,苏州人民艺术馆、北京鲁迅故居成立;1951年,上海孙

---

① 参见国务院法制办公室编:《中华人民共和国法规汇编:1949—1952》,中国法制出版社2014年版。
② 吕济民主编:《当代中国的博物馆事业》,当代中国出版社1998年版,第62页。

中山故居、韶山毛泽东旧居开放；1953年，北京周口店猿人展览馆、成都杜甫草堂纪念馆开放；1956年，北京鲁迅博物馆、上海鲁迅纪念馆、湖北省地质博物馆相继开放。

3. 地志性博物馆建设工作有序开展

在《对地方博物馆的方针、任务、性质及发展方向的意见》的指导下，1953年，文化部决定以山东为试点，建设我国第一个地志性博物馆。1954年8月文化部文物局抽调黑龙江、浙江及南京等地博物馆人员到山东协助筹备自然、历史分部的陈列。1956年1月山东省博物馆完成地志性基本陈列，同年2月正式对外开放。同年5月21日，全国博物馆工作会议在北京召开，会议交流博物馆建设经验，明确博物馆的性质和任务。会后，与会代表赴山东济南参观全国第一个完成地志性博物馆陈列的山东省博物馆，并于济南召开地志性博物馆建设经验交流会，为其他地区地志性博物馆工作开展提出意见。1951年，湖南省博物馆筹备处成立。1953年1月，福建省博物馆、江西省博物馆、湖北省博物馆筹备处相继成立。1956年，湖南省博物馆、安徽省博物馆开放。[①]

4. 进行博物馆海外展览

1950年，"中国艺术展"在苏联、捷克斯洛伐克展出，后又在民主德国、波兰展出。1951年，"中国文化艺术展"赴印度展出。1955年，故宫博物院接待了53个国家的4832位外宾。[②]博物馆展览"走出去"作为新中国对外交流的重要一部分，推动中国文化向外传播，有助于向世界展示新中国的国际形象。

二、1956—1978年博物馆事业体系逐步形成

随着1956年社会主义改造工作的基本完成，我国进入全面建设社会主义时期。新中国的博物馆事业改变了旧中国时期半殖民地半封建的性质，逐步确立起社会主义新型博物馆事业的建设方向。结合苏联模式和我国博物馆事业的发展状况，中央积极构建公有化的文博管理体系，国有博物馆机构由国家文物管理部门在人事、财务、运营等方面实行集中统一的领导与管理。在1956年至1978年之间，博物馆领域的主要成绩包括：大批地志性博物馆建立，田野考古工作逐步展开，博物馆对外交流工作继续推进。

（一）1956—1978年博物馆事业体制的建立

在这一时期，博物馆管理机构的隶属关系与管理职能发生了几次变迁。

---

① 文化部文物局教育处、南开大学历史系编：《博物馆学参考资料（下册）》，1986年，第411—413页。
② 吕济民主编：《当代中国的博物馆事业》，当代中国出版社1998年版，第62—63页。

1965年8月23日,文化部将图书馆事业划归到文物管理局,将文化部文物局改为文化部图博文物事业管理局。1973年2月14日,国务院发布《关于成立国家文物事业管理局的通知》,决定成立国家文物事业管理局,归国务院文化组领导,加强对文博事业的管理。[1]国家文物事业管理局加强对全国博物馆事业的行政管理,在博物馆人事、财务和运营等方面建立起直接、集中的管理系统。国家文物事业管理局的行政管理职能主要为:(1)在党的领导下,在意识形态领域实行高度集中管理,根据国家财力和事业发展需要,制定全国统一的博物馆事业发展规划、工作政策、法规制度等,建立严格的纪律和集中管控系统;(2)党政监管,党任命博物馆行政部门及其附属单位的领导管理人员,严格遵循"党管干部"的基本原则,保证其对各类博物馆活动主体的"格式化"和"无差别"管理;(3)负责审核和划拨全国各省、自治区、直辖市博物馆的事业经费,建立自上而下的资源配置体系,对全国博物馆单位直接进行资源供给,按目标任务配置人、财、物等资源;(4)对直属博物馆事业单位进行直接领导,包括人员编制的设定、事业经费的核定、工作计划的审定、领导干部的任免等方面,各地文物行政部门配合国家文物事业管理局对本行政区内的博物馆事业进行逐层的行政管理。[2]在行政管理体系下,博物馆事业单位业务部门的管理权逐渐向党内转移和集中。党的领导机关在权力分配中占有绝对的主动地位,同时各地博物馆管理部门及其系统内的博物馆机构受到意识形态的约束,会主动上交管理决策权,即"处处请示、事事汇报"。[3]例如,20世纪80年代前,扬州博物馆布置展览、文物修缮、接待外宾等业务都需要向上级部门请示。

同时,文博研究组织成立,负责我国古物修缮、考古发掘、文物研究等工作。1956年1月,北京文物整理委员会更名为古代建筑修整所,负责文物古迹的维修与保护工作,尤其是对北京地区的一些重要文物古迹制定了详细的维修方案和保护措施,为古建筑保护与修整作出了突出贡献。1962年,原文化部决定合并古代建筑修整所和成立于1956年12月的文化部博物馆科学工作研究所筹备处,组建文化部文物博物馆科学工作研究所。1973年6月,在原古代建筑修整所和文物博物馆科学工作研究所的基础上,经中央批准,组建成立了文物保护科学技术研究所(先后隶属于文化部和国家文物事

---

[1] 苏尚尧主编:《中华人民共和国中央政府机构:1949—1990》,经济科学出版社1993年版,第523页。
[2] 郑广荣:《改革开放以来中国博物馆事业管理述略》,《中国博物馆》1995年第3期。
[3] 傅才武、宋丹娜:《文化市场演进与文化产业发展——当代中国文化产业发展的理论与实践研究》,湖北人民出版社2008年版,第131页。

业管理局),该所主要负责对全国重点文物保护单位中的古建筑进行勘察、设计和工程指导,先后主持进行了山西永乐宫建筑群搬迁保护工程、山西云冈石窟保护工程、河北承德普宁寺大乘阁落架大修工程等大型文物保护工程。[①]1978年,文化部从全国抽调了一批历史、文物、古文字学研究学者,创立古文献研究室,负责整理和研究中国出土古代文献资料。[②]

(二) 1956—1978年博物馆领域的主要政策

1956—1978年我国博物馆事业以考古与文物保护为中心,多部门根据博物馆发展需求出台有关政策。在机构职责方面,1962年文化部《文化部文物局关于博物馆和文物工作的几点意见(草稿)》明确博物馆和文物机构具有文物陈列和保存机构与学术研究机构的双重功能。在文物保护方面,由于对外交流的不断增多,1977年《对外国人、华侨、港澳同胞携带、邮寄文物出口鉴定、管理办法》发布,文物保护工作从国内单方面文物保护上升到国家层面的防止文物出口流失。在考古工作方面,1964年《古遗址古墓葬调查发掘暂行管理办法》首次明确指出古墓葬的发掘工作以解决学术问题或配合国家大型基建工程为目的。1973年《关于进一步加强考古发掘工作的管理的通知》的发布,进一步规范了考古挖掘行业要求和国家标准。

这一阶段,国家从农业生产建设、文物出口鉴定、文物商业管理、文物保护、考古发掘等方面规范文博事业的发展,为全面提高我国文物保护能力、完善考古发掘标准提供有力的政策支持。本部分共梳理相关政策23条,其中文物保护政策10条,文物安全政策、文物市场管理政策、考古政策各3条,博物馆管理政策2条,公共文化服务政策及文博领域涉外政策各1条。

1. 关于文物保护的主要政策

在文物保护政策方面,主要有《国务院关于在农业生产建设中保护文物的通知》《文化部、全国供销合作总社关于加强保护文物工作的通知》《国务院关于进一步加强文物保护和管理工作的指示》《国务院关于公布第一批全国重点文物保护单位名单的通知》《国务院转发中国科学院关于保护古脊椎动物化石问题的请示报告的通知》《文物保护管理暂行条例》等政策(见表4-7)。

---

① 参见中国文化遗产研究院相关文件。
②《中国历史学年鉴》编辑组:《中国历史学年鉴:1979》,生活·读书·新知三联书店1980年版,第358页。

表4-7　关于文物保护的主要政策[①]

序号	政策文件	发布时间	发布机构	主要内容
1	《国务院关于在农业生产建设中保护文物的通知》	1956年4月2日	国务院	必须发挥广大群众所固有的爱护乡土革命遗址和历史文物的积极性,在农业生产建设中,对文化遗迹和文物加以保护、保存
2	《文化部、全国供销合作总社关于加强保护文物工作的通知》	1956年9月3日	文化部、全国供销合作总社	文化部门与供销合作社收购单位密切联系,及时进行配合鉴选。一方面要使文物得到保护,另一方面要避免物资的积压,应利用一切机会和各种不同的方式,广泛宣传国家保护文物的政策
3	《国务院关于进一步加强文物保护和管理工作的指示》	1961年3月4日	国务院	文物保护工作必须坚持勤俭办事业的原则,尽可能保持文物古迹工作的原状,不应大拆大改或大加改变附近环境,各级部门还必须采取适当方式向广大人民群众宣传保护文物的政策、法令,使文物保护成为广泛的群众性的工作
4	《国务院关于公布第一批全国重点文物保护单位名单的通知》	1961年3月5日	国务院	发布以韶山冲毛主席旧居、周口店遗址、秦始皇陵为代表的全国重点文物保护单位180处
5	《国务院转发中国科学院关于保护古脊椎动物化石问题的请示报告的通知》	1961年3月18日	国务院	古脊椎动物化石是珍贵的古生物实物资料,在学术研究上具有重大价值。为了防止破坏,避免造成无法弥补的损失,有关各地要切实做好保护工作
6	《文物保护管理暂行条例》	1963年4月17日	国务院	各级文化行政部门应进行文物保护单位的规划工作,纳入城市或农村建设规划。逐步开展科学技术的研究工作和保护措施。对文物保护单位进行宣传与介绍工作

[①] 参见国家文物局编:《中国文化遗产事业法规文件汇编(1949—2009)》,文物出版社2009年版;国家文物事业管理局编:《新中国文物法规选编》,文物出版社1987年版。

续表

序号	政策文件	发布时间	发布机构	主要内容
7	《关于进一步加强保护窑址的通知》	1973年5月15日	国家文物事业管理局	凡在著名古瓷窑遗址范围内兴建工程时，施工单位必须按有关规定事先与文物部门协商，提出方案，报请省、市革委会审查批准。严禁个人和集体在古瓷窑遗址采集瓷片，绝不准外国人采集。有关文博考古单位因工作需要采集者，要报请当地文化主管部门同意
8	《国务院批转文化局"关于在农业学大寨运动中加强文物保护管理的报告"的通知》	1977年2月15日	国务院	明确指出大规模地进行兴修水利、平整土地将极大地促进我国文物考古工作的蓬勃发展。在兴修水利、平整土地的过程中要提高广大贫下中农对保护革命遗址、古遗址、古墓葬的重视，保护重要的革命文物和历史文物
9	《博物馆藏品保管试行办法》	1978年1月20日	国家文物局	加强博物馆藏品的保管工作。完善藏品的接收、鉴定、登账、编目、建档以及藏品库房的管理，加强藏品的保护、修复、复制。凡调拨、交换藏品，须经上级主管部门批准，其中一级藏品报国家文物事业管理局批准
10	《博物馆一级藏品鉴选标准》	1978年1月20日	国家文物局	为加强博物馆藏品的保管工作，充分运用革命文物、历史文物，博物馆应在其藏品中鉴选出一级藏品，采取措施，重点保管具有代表性的文物，如反映生产力的发展，反映中外关系中的友好交往，在艺术发展史上有代表性的作品，具有首创精神和独创风格的作品、名家作品，时代确切、遗存稀少的作品等

在文物保护方面，以上政策主要围绕博物馆文物保护工作展开，并积极在各地推行文物保护政策，要求保护革命遗址、古遗址、古墓葬，保护重要的革命文物和历史文物。加强人们的文物保护意识，并完善文物保护相关管理条例。

2. 关于文物安全的主要政策

在文物安全政策方面，主要有《关于严禁将馆藏文物图书出售作外销商品的通知》《有关外国人在文物保护单位和博物馆照相的通知》《对外国人、华人、港澳同胞携带、邮寄文物出口鉴定、管理办法》(见表4-8)。

表4-8 关于文物安全的主要政策[①]

序号	政策文件	发布时间	发布机构	主要内容
1	《关于严禁将馆藏文物图书出售作外销商品的通知》	1973年10月	国家文物事业管理局	各博物馆、图书馆、文化馆以及其他文物机构，今后馆藏文物图书一律不得自行出售。关于非文物的处理，应报请省、自治区、直辖市批准后始得进行
2	《有关外国人在文物保护单位和博物馆照相的通知》	1975年10月	外交部、国家文物事业管理局	外国人参观石窟寺、古建等文物保护单位，不要让他们系统地照相(如可以规定只许拍摄数张)，未曾发表的壁画、雕塑、博物馆陈列室内文物展品和馆藏文物，按国际上一般惯例也不能照相。外宾参观古遗址、古窑址时，不能拾取陶、瓷片标本
3	《对外国人、华人、港澳同胞携带、邮寄文物出口鉴定、管理办法》	1977年10月	国家文物事业管理局	明确指出外国人、华侨、港澳同胞携带、邮寄文物出口，必须事先做好鉴定工作，开具出口鉴定证明书，以便海关验放。如有旧存文物需要出口时，向四口岸之一的海关申报，发给《文物出口鉴定证明书》

在文物安全方面，以上政策主要是对文物机构藏品管理及流转要求，外国人、华侨、港澳同胞携带文物出口，以及外国人在华开展文物交流活动等方面制定相关管理办法、通知通告，积极保障我国文物安全。

3. 关于文物市场管理的主要政策

在文物市场管理政策方面，主要有《文物商业的性质和管理体制的方案》《关于加强文物商业管理和贯彻执行文物保护政策的意见》《关于进一步

---

① 参见国家文物局编：《中国文化遗产事业法规文件汇编(1949—2009)》，文物出版社2009年版；国家文物事业管理局编：《新中国文物法规选编》，文物出版社1987年版。

做好一般文物(旧工艺品)管理和出口工作的请示》(见表4-9)。

表4-9 关于文物市场管理的主要政策[①]

序号	政策文件	发布时间	发布机构	主要内容
1	《文物商业的性质和管理体制的方案》	1960年10月17日	文化部、商业部、外贸部	改变各地文物商业的纯商业性质为实行企业经营管理方法的文化事业单位,作为国家收集社会上流散的文物的收购站和临时保存所,统一划归各地文化部门负责领导。负责收集流散在社会上的传世文物
2	《关于加强文物商业管理和贯彻执行文物保护政策的意见》	1974年12月15日	外贸部、商业部、文物局	文物出口执行"少出高汇、细水长流"的方针。贯彻执行文物保护政策,打击文物走私、投机倒把活动。文物部门要加强对文物商店的领导。积极开展社会流散文物的征集和收购工作。文物货源由文物部门统一供应
3	《关于进一步做好一般文物(旧工艺品)管理和出口工作的请示》	1978年11月23日	外贸部、商业部、文物局	文物部门根据有利争取外汇的原则,对国外和国内市场,提出统一安排、相互调剂的意见。友谊商店、外轮供应公司经营的文物货源,改由文物部门统一供应。对一般文物的出口工作必须统一安排,全面规划,认真贯彻"少出高汇、细水长流"的方针。国内市场销售价格的作价原则办法由国家文物局统一管理

在文物市场管理方面,以上政策坚持贯彻"少出高汇,细水长流"的方针,在贯彻文物保护政策的同时,征集社会流散文物并打击文物走私行为,针对实际情况,开展文物出口与管理工作。

4. 关于考古的主要政策

在考古政策方面,主要有《古遗址古墓葬调查发掘暂行管理办法》《国家文物局关于进一步加强考古发掘工作的管理的通知》《国家文物事业管理局、国家地震局关于进一步开展地震考古工作的意见》(见表4-10)。

[①] 参见国家文物局编:《中国文化遗产事业法规文件汇编(1949—2009)》,文物出版社2009年版;国家文物事业管理局编:《新中国文物法规选编》,文物出版社1987年版。

表4-10　关于考古的主要政策[①]

序号	政策文件	发布时间	发布机构	主要内容
1	《古遗址古墓葬调查发掘暂行管理办法》	1964年9月17日	文化部	明确指出古墓葬的发掘工作,必须在下列两种情况下才能进行:(一)为解决学术问题进行的考古发掘;(二)在工业、农业、水利、交通、国防、城市建设等基本建设工程范围内,配合工程进行的考古发掘
2	《国家文物局关于进一步加强考古发掘工作的管理的通知》	1973年8月1日	文物局	考古发掘工作的管理须报备国家文物事业管理局。不得自行发掘,每项发掘都必须严格按照考古学的要求进行,严禁以搞副业生产或其他名义乱挖古墓葬、古遗址。各县(市)一般不必举办固定的出土文物展览
3	《国家文物事业管理局、国家地震局关于进一步开展地震考古工作的意见》	1978年11月23日	文物事业管理局、地震局	摘录古籍图书中有关历史地震的记载,对古建筑中记述地震的碑刻、题记等实物资料予以重视和保护,并做好照相记录工作。各地地震部门主动配合文物管理单位,做好地震考古工作

在考古方面,以上政策对田野考古、古墓、古遗址挖掘规范进行详细规定,严格把控考古挖掘工作的规范性,并积极展开考古研究工作,主持开展专门领域的考古工作。

5.关于博物馆管理的主要政策

在博物馆管理政策方面,主要有《全国文物、博物馆事业五年(1958—1962年)发展纲要》《文化部文物局关于博物馆和文物工作的几点意见(草稿)》(见表4-11)。

[①] 参见国家文物局编:《中国文化遗产事业法规文件汇编(1949—2009)》,文物出版社2009年版;国家文物事业管理局编:《新中国文物法规选编》,文物出版社1987年版。

表4-11 关于博物馆管理的主要政策[①]

序号	政策文件	发布时间	发布机构	主要内容
1	《全国文物、博物馆事业五年(1958—1962年)发展纲要》	1958年	文化部文物局	五年内有计划地发展各种类型博物馆,为建成全国博物馆网打下基础,还要求促进其他产业部门、科研机构、民族事务机构、大专院校筹办各种专业性的博物馆
2	《文化部文物局关于博物馆和文物工作的几点意见(草稿)》	1962年8月22日	文化部文物局	各种类型的博物馆在陈列上逐渐形成完整的陈列体系。加强对流散文物的收集和管理工作,建立科学记录档案,博物馆的馆长以及文物机构负责人需对藏品负法律上的责任。博物馆和文物机构除陈列和保存文物等管理工作,同时应该又是一个学术研究机构

在博物馆管理方面,以上政策就博物馆建设以及文物工作展开策划,要求建设博物馆网,促进专业性博物馆发展,并提高博物馆陈列、展示水平。明确博物馆管理机制,要求博物馆保护文物、征集流散文物,积极开展学术研究活动。

6. 关于公共文化服务的主要政策

在公共文化服务政策方面,主要有《关于县县办博物馆、社社办展览室的建议》(见表4-12)。

表4-12 关于公共文化服务的主要政策[②]

序号	政策文件	发布时间	发布机构	主要内容
1	《关于县县办博物馆、社社办展览室的建议》	1958年8月	文化部	强调博物馆和展览室要成为为政治、为生产服务,推动中心工作的有力宣传鼓动工具,成为向群众进行社会主义教育和自我教育的场所

在公共文化服务方面,以上政策积极推进博物馆公共文化服务功能的实施,明确博物馆是文化传播、文化教育的基地,应该为生产建设、文化宣传

---

① 参见国家文物局编:《中国文化遗产事业法规文件汇编(1949—2009)》,文物出版社2009年版;国家文物事业管理局编:《新中国文物法规选编》,文物出版社1987年版。
② 参见国家文物局编:《中国文化遗产事业法规文件汇编(1949—2009)》,文物出版社2009年版。

服务,是群众进行社会主义教育和自我教育的场所。

7.关于博物馆领域涉外事务的主要政策

在文博领域涉外事务的政策方面,主要有《文化部、对外贸易部关于文物出口鉴定标准的几点意见》(见表4-13)。

表4-13 关于文博领域涉外的主要政策[①]

序号	政策文件	发布时间	发布机构	主要内容
1	《文化部、对外贸易部关于文物出口鉴定标准的几点意见》	1960年7月12日	文化部、对外贸易部	出口文物鉴定标准的原则以一九四九年为主要标准线,革命文物不论年限原则上一律禁止出口。以清代乾隆六十年为限,凡一七九五年以前的一律不准出口。清代宣统三年辛亥以前为限,凡一九一一年以前的,一律禁止出口等

在文博领域涉外事务方面,以上政策明确规定文物涉外要求,对出口文物进行明确规定,坚定维护我国文物安全。

(三)1956—1978年博物馆领域的主要成绩

1956—1978年,我国博物馆事业以文物保护工作和考古工作为主,国家成立文物局,设立古代建筑修整所、文物保护科学技术研究所等文保机构,初步建立起文物保护、博物馆建设及考古挖掘的政策体系。1961年3月4日,公布了第一批全国重点文保单位180处。此外,制定了详细的考古行业规范与标准,培养考古人才,壮大考古队伍,河南省、湖北省、湖南省、陕西省等相继产生重大考古发现。同时,考古研究方法和手段不断突破,研究成果相继涌现。随着对外交流活动的增多,出土文物展览走出国门,博物馆被列为接待外宾的重要项目,中国博物馆事业的地位与影响力得以提高。[②]

1.大批地志性、纪念性博物馆成立

1957年4月召开的纪念性博物馆工作座谈会,明确了纪念馆的性质、特点和类别,讨论了革命文物的征集、保管和陈列工作的开展,有力地推动了纪念性博物馆的建设。1957年,内蒙古自治区博物馆、天津市艺术博物馆、河北省乐亭李大钊故居纪念馆、山西省文水刘胡兰纪念馆、广州毛泽东主办

---

① 参见国家文物局编:《中国文化遗产事业法规文件汇编(1949—2009)》,文物出版社2009年版。

② 吕济民主编:《当代中国的博物馆事业》,当代中国出版社1998年版,第85页。

农民运动讲习所旧址等馆相继开放。1958年后,在北京建立的中国历史博物馆、中国人民革命军事博物馆、中央自然博物馆、中国革命博物馆等大型国家博物馆相继落成开放,甘肃省博物馆、河南省博物馆、江西省博物馆等各大省级综合性博物馆也相继开馆。[①]

2. 田野考古工作逐步展开

在博物馆管理机构的领导和文博考古政策的相继出台下,这一时期发掘出众多对中国考古事业影响深远的大型遗址及墓葬,考古遗址的发掘和大量文物的出土揭示了中华文化起源脉络,展示了我国古代高超的手工业技术和厚重的文化底蕴。1959年考古学家徐旭生率先根据文献记载到豫西进行考古调查,发现了二里头遗址、登封王城岗等遗址,揭开了夏文化野外考古的序幕。1964年,中国科学院考古研究所的仇士华和蔡莲珍建立了我国第一个碳—14实验室,结束了我国考古学界无法对出土遗存进行科学测年的历史。1968年5月周恩来总理亲自批示发掘满城陵山汉墓,出土随葬品中有两套完整的金缕玉衣,还有造型别致、设计精巧的长信宫灯以及华丽精美的错金博山炉,显示了西汉手工业和工艺美术方面高超的发展水平。1972年4月,文物专家发掘清理银雀山西汉墓,共出土竹简7500余枚,为研究中国先秦和汉初的政治、经济、军事、哲学、文字、书法、历法等提供了极其宝贵的实物资料。1972年至1974年,马王堆汉墓先后发掘马王堆1号、2号、3号汉墓,其中1号汉墓出土的女尸是世界上已发现的保存时间最长的一具湿尸,是防腐学上的奇迹。1973年6月,人们在建水站时意外发现了距今7000年前的河姆渡遗址。河姆渡遗址考古挖掘出人工栽培水稻的遗迹以及最早的驯养家猪和水牛的遗迹,证明了长江流域和黄河流域一样是中华远古文化的重要发祥地。1974年3月,考古工作者在陕西临潼西杨村的发掘揭开了埋藏于地下2200多年的秦始皇兵马俑。这是20世纪最壮观的考古发现,被誉为"世界第八大奇迹"。联合国教科文组织将其列入"世界文化遗产名录"。1975年底至1976年春开始的睡虎地发掘工作,使沉睡了2000多年的秦代竹简面世。作为我国首次大量发现的秦代竹简,睡虎地秦墓竹简是我国迄今发现的最早最完整的法典,现藏于湖北省博物馆,为其镇馆之宝。1977年9月考古工作者发掘出保存完好的战国初期的曾侯乙墓,出土文物达7000余件,其中包括罕见的精美乐器,堪称中国音乐史上的一大奇观,展现了春秋战国礼乐文化的繁荣。墓中文物大多藏于湖北省博物馆,其中曾侯乙编钟为该馆镇馆之宝。这时期中国考古事业遍地开花,我国

[①] 吕济民主编:《当代中国的博物馆事业》,当代中国出版社1998年版,第429—432页。

丰富的历史文化遗存得到充分有效的保护,考古文物的保管、收藏、研究、展示推动着我国文博事业的发展。

3. 博物馆领域对外交流工作继续推进

1964年,中国和朝鲜学者在中国东北地区的大连岗上、楼上、双驼子等青铜时代遗址和黑龙江宁安渤海国上京龙泉府开展了合作发掘,这是中华人民共和国成立后首次与外国学术界联合在中国进行的合作发掘。[1]同时,博物馆参观成为这一时期接待外宾的重要活动。1973年9月13日,法国总统蓬皮杜访问中国,国务院副总理邓小平陪同参观北京故宫博物院。同年10月14日,加拿大总理特鲁多访问中国,周恩来总理陪同参观龙门石窟。此外,这一时期,博物馆陈列展览继续走出国门。1957年,"敦煌艺术展"在波兰、捷克斯洛伐克展出,在国际上获得重大反响。1963年,"中国永乐宫壁画展览"在日本展出。1973年5月,河南省博物馆在日本东京举办"中华人民共和国河南碑帖拓片展览"。1973年后,以马王堆出土文物展为代表的"中国出土文物展"将中国考古推向了国外,在欧洲、美洲、亚洲的十多个国家相继隆重展出。[2]

由上可知,1949—1978年这一阶段我国博物馆领域的工作重点是:通过组建由文物局领导的各级文博行政管理部门和出台一系列相关政策法规,构建起社会主义新型博物馆事业的管理模式。国家各级博物馆行政管理部门在人事、财务、运营等方面进行集中统一的领导与管理,有效推动故宫博物院等旧博物馆改造、重建工作有序进行,加快了以湖北省博物馆为代表的一批新的地志性、专题性博物馆的筹备与建立。此外,这一时期考古工作也取得不俗成绩。

第二节 1979—1983年博物馆体制改革的开启

1978年党的十一届三中全会后,我国逐渐将工作重点转移到社会主义现代化建设上来,党和国家作出了实行改革开放的新决策。新时期博物馆事业被赋予了新的内涵。1979年至1983年是我国博物馆事业的工作重点转移时期,国家出台了一系列整顿及恢复博物馆的措施,吹响了中国博物馆体制改革的号角。

---

[1] 王巍:《新中国考古学70年发展与成就》,《历史研究》2019年第4期。
[2] 吕济民主编:《当代中国的博物馆事业》,当代中国出版社1998年版,第429—432页。

一、1979—1983年博物馆管理从微观转向宏观

1978年改革开放以来,在计划经济向市场经济转型的背景下,我国开始推进文化体制改革,以市场化措施即经济激励为手段启动了文化单位市场化发展的目标路径探索性改革。1980年起,我国实行"分级管理、分灶吃饭"的新财政管理体制,全国各地的博物馆事业经费改由各级地方财政支出。同时,国家文物事业管理局和地方行政管理部门从微观管理转向宏观管理,在"保护为主,抢救第一"方针的指导下,加强文物保护、考古发掘、博物馆建设的统筹规划以及政策法规体系构建,加强指导、监管文物流通活动。[1]这一阶段,在中共中央的指示精神和国家文物事业管理局的一系列方针、政策与措施的指导下,博物馆领域开展了恢复、整顿工作。1979年6月《省、市、自治区博物馆工作条例》规定博物馆要实行在党委领导下的馆长分工负责制,按照民主集中制的原则,统一领导全馆的政治思想工作、业务工作和后勤工作,明确各部门的职责范围,实行岗位责任制。

这一时期全国各地还成立了大批文物考古、博物馆学术研究组织。1979年,中国考古学会恢复成立,为考古工作者提供了学术交流和科学研究的平台,推动了考古事业的发展。1980年,中国自然博物馆协会和中国文物保护技术协会成立,1982年,中国博物馆学会成立。与此同时,一些地方博物馆的群众性学术团体也陆续成立,各地纷纷组建博物馆学会、考古学会。[2]相关学术机构和群众团体的成立积累了大量文物保护和考古实践经验,推动了学科建设的发展,为文博事业的发展培育了众多人才。

二、1979—1983年博物馆领域的主要政策

1979—1983年,这一时期出台的主要政策以保证博物馆工作的"重点转移"为中心。本部分共梳理相关政策18条,其中文物保护政策7条,文物市场管理政策5条,对外文化交流政策3条,考古政策2条,博物馆管理政策1条。1979年《省、市、自治区博物馆工作条例》总结了新中国成立以来博物馆事业的发展经验,进一步规范了博物馆的性质、作用和方向。之后《关于文物事业涉外工作的几点意见》《关于做好文物古迹保护工作的通知》等政策均围绕加强文物保护和规范考古发掘活动发布,强调保障博物馆陈列展览

---

[1] 郑广荣:《改革开放以来中国博物馆事业管理述略》,《中国博物馆》1995年第3期。
[2] 寿孝鹤等主编:《1949—1985中华人民共和国资料手册》,社会科学文献出版社1986年版,第550页。

和科学研究工作。

1. 关于文物保护的主要政策

在文化保护政策方面,主要有《关于搞好古代文物复制、仿制工作有关问题的通知》《拓印古代石刻的暂行规定》《关于加强古建筑和文物古迹保护管理工作的请示报告的通知》《国务院关于加强历史文物保护工作的通知》《关于拍摄文物的几项暂时规定》《关于做好文物古迹保护工作的通知》《中华人民共和国文物保护法》(见表4-14)。

表4-14 关于文物保护的主要政策[①]

序号	政策文件	发布时间	发布机构	主要内容
1	《关于搞好古代文物复制、仿制工作有关问题的通知》	1979年7月30日	轻工业部、国家文物事业管理局	文物的复制、仿制工作,必须在保证文物绝对安全和不损害其原有价值的前提下进行。随着我国旅游事业的迅速发展,来我国参观、游览的外宾日益增多。为了适应旅游事业发展的需要,促进文化交流,为国家多争取外汇,各地必须采取有效措施,认真抓好古代文物的复制、仿制工作
2	《拓印古代石刻的暂行规定》	1979年9月4日	国家文物事业管理局	明确提出涉及我国疆域、外交、民族关系的石刻,要严格控制传拓数目。未发表的古代石刻不能传拓出售,或将拓片作为礼品赠送外国人。对外赠送须经有关部门批准,宋及宋以上的,只许雕刻副版传拓出售。宋以下的,允许使用原碑传拓。在传拓时禁止使用木榔头捶打法

[①] 参见国家文物局博物馆司编:《博物馆工作手册》,华龄出版社2007年版;国务院法制局编:《中华人民共和国法规汇编:1991年1月—12月》,中国法制出版社1992年版;北京市文物事业管理局编:《文物工作手册》,北京燕山出版社1990年版。

续表

序号	政策文件	发布时间	发布机构	主要内容
3	《关于加强古建筑和文物古迹保护管理工作的请示报告的通知》	1980年5月15日	国务院	使用古建筑的单位,要与文物部门签订使用合同,严格遵守有关法令的规定,负责保护文物的安全。今后凡是故意违反规定破坏文物的要追究责任,情节严重的可由文物部门依法起诉。由政府公布的各级文物保护单位其所有权属于国家,任何单位对于使用的古建筑只有保护安全的责任,没有拆除、改建的权利。重要古建筑必须坚持原地保存的原则
4	《国务院关于加强历史文物保护工作的通知》	1980年5月17日	国务院	埋藏在地下的历史文物均属国家财产,任何单位、任何个人不得擅自挖掘古墓、古遗址。私人出售其收藏的历史文物,都由国家开设的文物商店议价收购。珍贵历史文物一律不准出口。各级文物收藏管理机构对管辖范围内的历史文物要认真建立严格的统计制度、档案制度、保管制度。要认真做好防火、防盗、防霉烂、防损伤的工作
5	《关于拍摄文物的几项暂时规定》	1981年5月23日	国家文物事业管理局	明确指出文物拍摄的具体要求,避免为发展旅游事业而造成文物的破坏
6	《关于做好文物古迹保护工作的通知》	1982年4月10日	中国人民解放军总参谋部、总政治部、总后勤部	部队在施工、营建、生产中,若发现古墓、古城遗址或其他历史文物,必须严加保护,立即报告上级和文物管理部门。今后各单位在营建和构筑军事设施时,应尽量避开古建筑和名胜风景区,严禁乱拆、乱挖、乱建
7	《中华人民共和国文物保护法》	1982年11月19日	全国人大常委会	为了加强文物保护,规范文物利用,促进科学研究,传承中华优秀传统文化,进行爱国主义和革命传统教育,建设社会主义物质文明和精神文明,根据宪法制定本法。对不可移动文物、考古管理、可移动文物、文物出境进境、合理利用、监督检查、法律责任等方面作出具体规定

在文物保护方面,以上政策从文物复制、文物拓印、古建筑保护、文物拍摄、文物古迹保护等方面作出相关要求,加强文物保护,明确文物保护的重要性和具体要求。

2.关于文物市场管理主要的政策

在文物市场管理政策方面,主要有《关于博物馆外宾服务部不准出售文物的通知》《关于文物特许出口管理试行办法的请示报告》《国家文物局关于文物商店工作条例(试行)》《国务院批转国家文物局关于加强市场管理的请示报告的通知》《关于发布加强文物出口监管公告的通知》(见表4-15)。

表4-15 关于文物市场管理的主要政策[①]

序号	政策文件	发布时间	发布机构	主要内容
1	《关于博物馆外宾服务部不准出售文物的通知》	1979年7月9日	国家文物事业管理局	博物馆的外宾服务部(或小卖部)出售本馆某些文物的复制品、仿制品、印刷品和纪念品,不得出售馆藏文物。关于博物馆内存量较多或不够藏品标准的文物,符合出口标准的,报请上级主管部门批准后,划拨当地文物商店,由文物商店经营出售
2	《关于文物特许出口管理试行办法的请示报告》	1979年7月31日	国家文物事业管理局	文物采用特许的形式出口,依据国际文物市场变动情况抓住有利的时机,以出口少量的文物换取较多的外汇,支援社会主义四个现代化的建设。特许出口文物(包括传世和出土文物)标准为重复相同存量过多的;在完成科研任务之后,在国内无保留价值的;严格限定在三级以下(包括三级)

---

① 参见国家文物局博物馆司编:《博物馆工作手册》,华龄出版社2007年版;国务院法制局编:《中华人民共和国法规汇编:1991年1月—12月》中国法制出版社1992年版;北京市文物事业管理局编:《文物工作手册》,北京燕山出版社1990年版。

续表

序号	政策文件	发布时间	发布机构	主要内容
3	《国家文物局关于文物商店工作条例(试行)》	1981年7月17日	国家文物局	文物商店是国家设立的文物事业单位,内部实行企业管理,资金来源或报请当地财政、行政部门拨款,或由销售利润中扣除。通过商业手段收集流散在社会上的文物使之得到保护,为博物馆(院)和有关科研部门提供藏品和资料,将一般不需要由国家收藏的文物投放市场为国家创造较高的外汇收入
4	《国务院批转国家文物局关于加强市场管理的请示报告的通知》	1981年10月30日	国务院	国内市场的文物应由文物部门归口经营,统一收购。调整文物出口政策,严格控制文物出口。加强法制,坚决打击文物走私和投机倒把分子。每年应从国家基本建设计划中增列一笔专款,用来解决国家重点文物库房的建设。地方要加大财政预算中的文物经费和基建投资,改善文物的保管条件
5	《关于发布加强文物出口监管公告的通知》	1982年2月20日	国家海关总署、国家文物事业管理局	个人携带或托运、邮运出口文物均须事先经文物管理部门鉴定,并在携运出口时,由携运人(或代运单位)主动向海关申报。不符合手续,海关不予放行;对于携运人未向海关申报或伪报物品名称及规定的,不论是否藏匿,均按走私论处

在文物市场管理方面,以上政策从文物出口、文物商店、博物馆外宾服务等多方面巩固文物市场管理,加强文物管理并严格控制文物出口,并加大文物库房投资建设力度,有力维护有序发展的文物市场。

3.关于对外文化交流的主要政策

在对外文化交流政策方面,主要有《国家文物事业管理局对博物馆涉外工作的通知》《关于文物事业涉外工作的几点意见》《中华人民共和国文化部关于加强出国文物展览管理的通知》(见表4-16)。

表4-16　关于对外文化交流的主要政策[①]

序号	政策文件	发布时间	发布机构	主要内容
1	《国家文物事业管理局对博物馆涉外工作的通知》	1979年8月3日	国家文物事业管理局	对国际组织、外国机构和个人提出的要求和建议要采取积极态度,对不同情况采取不同的处理办法。对外国机构和个人的要求和建议在互利的条件下,均应给予答复。能同意的同意,报上级批准;不能同意的婉言谢绝
2	《关于文物事业涉外工作的几点意见》	1979年8月3日	对外文化联络委员会、国家文物事业管理局	在国外展示展览坚持积极慎重、统一规划、小型为主、细水长流,既重政治作用,也重经济效益的方针。稀有的珍贵文物和易损文物不准出国展览
3	《中华人民共和国文化部关于加强出国文物展览管理的通知》	1981年4月8日	文化部	出国文物展览,应由文化部统一规划、综合平衡。出国文物展览的展品选择,要注意"细水长流"和"留有余地"。一般展览,展品不宜超过100件,一级文物不宜超过十分之一。特别珍贵的孤品和易损文物(如宋以前的绘画和丝织品等),一律不得出国展出

在对外文化交流政策方面,以上政策从博物馆涉外、文物涉外、文物出国展览等方面制定相关政策,明确国外展览要积极慎重、既重政治作用,也重经济效益,稀有的珍贵文物和易损文物禁止出国展览。

4.关于考古的主要政策

在考古政策方面,主要有《中华人民共和国考古发掘申请书》和《中华人民共和国考古发掘证照》(见表4-17)。

[①] 参见国家文物局博物馆司编:《博物馆工作手册》,华龄出版社2007年版;国务院法制局编:《中华人民共和国法规汇编:1991年1月—12月》,中国法制出版社1992年版;北京市文物事业管理局编:《文物工作手册》,北京燕山出版社1990年版。

表4-17　关于考古的主要政策[①]

序号	政策文件	发布时间	发布机构	主要内容
1	《中华人民共和国考古发掘申请书》	1983年2月4日	文化部	从1983年开始,一切考古发掘必须先申报《中华人民共和国考古发掘申请书》,由该部会同中国社会科学院审查同意
2	《中华人民共和国考古发掘证照》	1983年2月5日	文化部	该部颁发《中华人民共和国考古发掘证照》后,始得进行发掘。如需对全国重点文物保护单位进行考古发掘,需由该部会同中国社会科学院审核后,报国务院批准

在考古方面,以上政策围绕考古发掘申请书及证照展开,明确考古挖掘工作的申请规范,积极促进建立相对完善的考古发掘工作体系。

5.关于博物馆管理的主要政策

在博物馆管理政策方面,主要有《省、市、自治区博物馆工作条例》(见表4-18)。

表4-18　关于博物馆管理的主要政策[②]

序号	政策文件	发布时间	发布机构	主要内容
1	《省、市、自治区博物馆工作条例》	1979年6月29日	国家文物局	省、市、自治区博物馆是国家举办的地方综合性或专门性博物馆,是文物和标本的主要收藏机构、宣传教育机构和科学研究机构,是我国社会主义科学文化事业的重要组成部分。博物馆工作应当贯彻"古为今用"的方针和各项文物工作政策,办成具有鲜明的民族风格和地方特色的社会主义博物馆

在博物馆管理方面,以上政策积极明确博物馆在我国文化体系中的地位,明确博物馆功能及发展目标,并对博物馆未来发展规划作出指引。

---

① 参见国家文物局博物馆司编:《博物馆工作手册》,华龄出版社2007年版;北京市文物事业管理局编:《文物工作手册》,北京燕山出版社1990年版。
② 参见北京市文物事业管理局编:《文物工作手册》,北京燕山出版社1990年版。

三、1979—1983年博物馆领域的主要成绩

1979年5月,国家文物局在合肥召开博物馆工作座谈会,整顿全国博物馆事业,要求加强博物馆基本陈列和文物科学研究工作,将工作重心转移到陈列展览的宣传教育上。博物馆事业迎来新的转折。

(一)博物馆公共服务成效初显

博物馆工作座谈会前后,各地博物馆基本陈列逐渐恢复和开放,如云南省博物馆的"红军长征过云南"陈列、湖南省博物馆的"湖南历史文物"陈列、中国革命博物馆的"中国共产党党史"陈列等。同时,各地纷纷建立革命博物馆、历史博物馆、民族博物馆等类型博物馆,博物馆数量不断增加,大中型博物馆的收藏、展陈和科研设施不断改善,不同类型的博物馆体系得以初步确立。1983年我国文化系统博物馆数为690个,是1978年的1.9倍。[1]1977年中国历史博物馆举办"周恩来纪念展览"陈列,受到了全社会的广泛关注,博物馆的影响力逐渐加强。为加强博物馆的宣传教育功能,湖北省博物馆、湖南省博物馆在考古发掘的基础上先后举办曾侯乙墓、马王堆汉墓出土文物展,吸引大量群众参观,取得极大的社会反响。博物馆日益成为为人民服务、为社会主义服务的文化艺术事业。

(二)文物考古工作成果丰硕

1980年中国文物保护技术协会成立,协会主持了数百个文物保护项目和科研项目,取得了显著的文物保护成果。1982年《中华人民共和国文物保护法》出台,文物保护管理工作受到重视,盗掘、走私文物行为得到大力打击,文物保护事业初见成效。这一时期考古事业亦成果丰厚。1980年发掘的曲村天马遗址以晋文化为主,出土了大量精美的青铜器、玉器。1981年牛河梁红山文化遗址的发现对于展现中华民族原始形态、探索文明起源具有重大意义。1983年西汉南越王墓出土了丝缕玉衣、金印等珍贵文物,该墓葬的挖掘对研究岭南地区历史文化具有重要意义。同年,河南舞阳贾湖遗址被确认为新石器早期文化遗存,展现了八九千年前淮河上游的灿烂文化。

在改革开放的推动下,博物馆对外交流活动得到迅速发展。1979年"丝绸之路展"在日展出,1982年"中国秦始皇兵马俑展览"在澳大利亚展出,1983年"中国古代文明展览"在意大利展出。[2]博物馆通过展览积极向海外

---

[1] 马自树:《中国博物馆和文化政策》,《中国博物馆》1994年第4期。
[2] 吕济民主编:《当代中国的博物馆事业》,当代中国出版社1998版,第370页。

传播中国文化,促进中外文化联系与交流。1983年7月,中国博物馆代表团出席在伦敦召开的国际博协第31届大会,本次大会恢复了中国在国际博物馆界的席位,中国博物馆国际化进程取得阶段性成果。

由上可知,1978—1983年这一阶段博物馆行业领域的工作重点是:在国家改革开放的整体背景下,国家文物局等部门出台以《省、市、自治区博物馆工作条例》为代表的一批促进整顿文博事业的政策,加快博物馆陈列展览恢复与开放进程,推动博物馆社会教育工作部署与开展。同时,博物馆顺应国家行政、财政等制度的转型,开启了一定的经营性探索,为博物馆体制改革的推进作出尝试。

第三节　1984—2002年博物馆体制改革的探索

在改革开放的大背景下,经过1978年以来对博物馆事业的整顿工作,中国博物馆事业迎来更大的发展机遇。1984年全国博物馆整顿改革座谈会后,我国逐步开始了对博物馆体制改革的探索。国家行政管理部门逐步转变职能、简政放权,从"政事不分、官办不分"的传统文化体制转向市场体制下的"政事分开、管办分离"模式。国家文物局及各地文物行政部门从"按目标分配划拨人、财、物资源"的微观管理模式转向"制定政策、发布法规、做好规划"的宏观管理模式。[①]在宏观管理体系下,全国各地博物馆事业单位在人事任命与管理、财务支出、运营业务等方面拥有了更多的自主权。这些举措开启了我国博物馆体制改革的新尝试。

一、1984—2002年博物馆系统推行"管办分离"

改革开放后,随着经济体制改革的全面推进,我国文化体制受其影响逐步进行改革。1984年4月,文化部文物局召开全国文物工作会议,对博物馆提出"调整、改革、整顿、提高"的要求。据此,1984年8月,文化部文物局在甘肃兰州召开全国博物馆整顿改革座谈会,会上提出应破除影响博物馆发展的旧观念,推动改革新观念的落实。其中主要内容有:(1)解放思想,实事求是,充分调动博物馆职工的积极性和创造性(改革的目的),发挥博物馆的征集收藏、科学研究和陈列宣传三大职能(改革的出发点和归宿);(2)各级

[①] 傅才武、宋丹娜:《文化市场演进与文化产业发展——当代中国文化产业发展的理论与实践研究》,湖北人民出版社2008年版,第133页。

文博行政管理部门应简政放权,各级干部各司其职,使博物馆在人、财、物和业务开展上享有一定的自主权;(3)建立健全严格的博物馆规章制度,推动科学管理,改变过去的平均主义分配,落实岗位责任制和考评制度;(4)博物馆应把社会效益放在首位,同时也应加强自身管理与运营,在遵循国家规章制度和确保文物安全的前提下,面向社会和观众,开展多种服务,获得一定的经济效益;(5)可以选择一些博物馆进行聘任制的试点,在上级部门的领导下,广泛征求群众意见,通过公开、透明的程序,聘任合格者担任馆长、副馆长和馆内各级干部,馆长采取任期制;(6)以省、自治区、直辖市级的博物馆为重点,在上级部门的领导下,进行改革工作的试点,总结经验,逐步推广。为贯彻该座谈会的改革精神,我国博物馆在管理制度、人事制度、财务制度和业务工作等方面进行了一系列的改革探索。[1]

(一) 从"办博物馆"向"管博物馆"转型

为加强全国博物馆事业的领导与管理,1987年6月,国务院决定将文化部文物事业管理局改为"国家文物事业管理局",仍由文化部领导,但其自主权得到扩大,计划、财政、物资分配等都单列户头。1988年,改称"国家文物局"。据1993年《国务院关于部委管理的国家局设置及有关问题的通知》,确定国家文物局是由文化部归口管理的国家局(副部级)。为适应国家经济体制改革和社会主义市场经济的发展,国家文物局以转变职能、加强宏观管理与调控、提高工作效率为重点,建立科学的行政管理体制。国家文物局内设办公室、文物保护司、博物馆司、综合司4个职能司和机关党委,职能包括加强文物保护、抢救和考古发掘的统筹、规划与监督,加强博物馆事业发展的组织协调等,同时将人才培养的具体工作、博物馆技术规范的制定等工作下放给地方文物部门和转移给直属事业单位。[2]1998年《国务院关于部委管理的国家局设置的通知》中取消国家文物局下设的综合司,精简职能,将"审批文物商店的有关工作"交给地方人民政府,取消国家文物局"指导、监督文物经营单位购销活动和经营方式"的职能。[3]

从文化部文物局的草创到国家文物局的确立,我国博物馆事业管理机

---

[1] 康式昭主编:《中国改革全书:1978—1991(文化体制改革卷)》,大连出版社1992年版,第17—18页。
[2] 国务院办公厅秘书局、中央编委办公室综合司编:《中央政府组织机构》,中国发展出版社1995年版,第283—286页。
[3] 国务院办公厅秘书局、中央编委办公室综合司编:《中央政府组织机构:1998》,改革出版社1998年版,第320—322页。

构经历了多次"并入—划出—并入"的反复变迁,在归口文化部后,文物局与文化部下属其他机构之间的职能分配也有多次调整。随着不同时代博物馆领域工作的发展变化,文物局顺应时代、灵活机动,不断调整管理模式。为适应我国从计划体制到市场体制的转型,文物局开始从"办博物馆"走向"管博物馆"的探索,政府在自身职能界定方面也更加明晰,政府逐步改变过去直接提供博物馆产品的职责,将工作重点转变为保障博物馆产品的创造、传播和消费,维持稳定的市场环境。

(二)人事制度改革

1. 从"馆长分工负责制"到"馆长负责制"

1979年6月29日,国家文物局发布《省、市、自治区博物馆工作条例》,规定博物馆要实行党委领导下的馆长分工负责制。座谈会后,一些博物馆推行在党组织监督之下的馆长负责制,改变了党委领导下馆长分工负责制在博物馆工作中出现的党政不分、以党代政的情况,加强了对博物馆行政、业务工作的统筹与指挥。这一时期,在人事领导机制方面,各大博物馆做法不一,馆长负责制的执行尚在探索之中,也带来了"一长制"容易出现的弊端。[①]

2. 改"任命制"为"聘任制"

首先是选聘馆长、副馆长、中层干部及一般干部,通过上级党组织和行政部门组织,由上级领导、有关单位及本单位代表组成考聘委员会,对多名馆长候选人进行考评,并广泛征求群众意见,选出最佳人选,上报审议后订立聘任合同。再由馆长依法聘任副馆长,并签订目标责任书,正、副馆长研究选聘中层正职干部,最后再共同确定工作人员,保证职工人员优化组合。[②]其次是对专业技术人员实行专业职务聘任制。1986年3月,中央职称改革工作领导小组批转了《文物博物专业职务试行条例》及其《实施细则》,提出研究馆员、馆员、文博管理员等文博专业职务应由文博专业职务评审委员会(简称"评审委员会")评审、认定后才可聘任。[③]20世纪80年代,陕西省博物馆、上海博物馆等博物馆大胆改革、加强管理,取得良好的社会效益和显著的经济效益。陕西省博物馆自1987年开始着手改革,几年间出台四套改革方案、三十多项规章制度,打破过去人事管理及分配制度中存在的终身制,推行聘任制和目标责任制,层层负责,极大地调动了职工的积极性和创造性,提高了工作效率。1987年改革后,8月的讲解次数超过了前半年的总

[①②] 吕济民主编:《当代中国的博物馆事业》,当代中国出版社1998年版,第120页、121页。
[③] 浙江省文物局编:《文物法规选编》,1999年,第243—249页。

和，文物清库工作也超前完成。①上海博物馆分别研究确立了其管理部门、业务部门、后勤服务部门和事业单位中的企业部门内设机构的不同性质，有针对性地进行管理，明确不同的工作任务、要求及待遇，推行任命制、聘任制、聘任合同制、临时合同制、临时工制等不同的人事制度，大大提高了干部职工的积极性。②

3. 推行"个人岗位责任制"和"奖惩制度"

为开创博物馆工作的新局面，全国省、自治区、直辖市大部分博物馆都改革了不合理的规章制度，在1979年《省、市、自治区博物馆工作条例》明确实施部门岗位责任制的基础上，制定适合本馆发展的、以个人为单位的岗位责任制和对应奖惩制度。通过制定岗位责任制的有关规章，明确各个岗位职工的职责范围与工作要求，通过明确可行的奖惩制度，改变过去平均主义分配所带来的弊端，激发每个岗位职工的积极性、主动性、创造性，提高博物馆工作的效率。③河北省博物馆于1986年12月开始与原省展览会合并、改建，为保障开馆及后续运营工作的顺利开展，于1987年4月1日颁发并实施《河北省博物馆岗位责任制》，明确正副馆长、总支书记、陈列部、保管部、美工摄影部、研究部、征集部、群工部等职责范围，同时开始实施《河北省博物馆奖惩办法》，从国家下拨的经费和自筹经费中抽取一定比例作为奖励基金，设置评奖小组颁发奖金，试行月评奖制度。

步入21世纪之后，国家大力实施人才强国战略，加快推进事业单位人事制度改革，建设高素质、社会化的专业技术人才队伍。一些省、市在此前就率先试行事业单位人事制度改革，1998年江苏省人事厅印发《江苏省事业单位实行聘用制办法（试行）》，随后颁发《江苏省事业单位竞争上岗的暂行办法》。为响应省、市政府的改革政策，扬州博物馆拟定并推出内部机制改革试行方案，推行"定岗定编，竞争上岗"，废除现岗位所有人员的原有身份，全体工作人员采取竞聘方式，重新选择岗位，再通过双向选择，确定各部门组成人员，并且实行定期考核。2000年7月21日发布的《关于加快推进事业单位人事制度改革的意见》提出，加快推进事业单位人事制度改革成为当前的紧迫任务，改革的重点是"脱钩、分类、放权、搞活"，要求建立以聘用制为基础的用人制度，建立形式多样、自主灵活的分配激励机制，建立符合事业

---

① 马志翔：《谈谈陕西省博物馆的聘任制、目标责任制》，载中国博物馆协会编：《中国博物馆学会成立十周年纪念暨学术讨论会文集》，紫禁城出版社1993年版，第365—373页。
② 郑欣淼：《最重要的是转换思路——上海博物馆的启示》，《中国文物报》2000年1月12日。
③ 吕济民主编：《当代中国的博物馆事业》，当代中国出版社1998年版，第121页。

单位特点的宏观管理和人事监督制度。①全国省、自治区、直辖市的博物馆事业单位也因此获得了新的改革动力,博物馆人事制度改革将进一步加快推进。

(三)"以文补文"扩大博物馆资金来源

我国事业单位的改革起源于财政压力,政府面临财政困难,于是放弃对事业单位"大包大揽"的保护义务,国家不再承担事业单位的一切经费开支,事业单位得以拥有一定的自主权,能够在上级领导下利用自身资源进行创收。②长期以来,博物馆建设以社会效益为主,谈论"经济效益"成为博物馆的禁区。国家划拨给博物馆的业务经费仅能满足博物馆正常运营、发放编制人员工资,没有多余的经费支撑博物馆开展其他业务活动,工作人员积极性不高。全国博物馆整顿改革座谈会研究讨论了博物馆运营如何实现社会效益和经济效益的兼顾与结合,怎样通过展览等方式获取一定收入,在提高员工积极性的同时开展更多为人民服务的项目等问题。早在1980年,《关于活跃农村文化生活的几点意见》首次提出"以文补文"的路径,即文化事业单位在兼顾社会效益和经济效益的前提下开展有偿服务和经营活动,补贴发展经费。1984年,文化部、财政部经过研究,正式承认"以文补文"的合法性,鼓励文化事业单位通过市场经营活动丰富人民群众文化生活和提高职工待遇。1987年,文化部、财政部、国家工商局又联合下发了《关于颁发〈文化事业单位开展有偿服务和经营活动的暂行办法〉的通知》,从国家政策层面给予"以文补文"以充分的肯定。③20世纪90年代,"以文补文"进入兴盛期,有偿服务从文化相关项目延伸到商业、旅游、宗教、服务行业等领域。

至此,博物馆在财政制度上逐渐由"定额拨款"转向"定额拨款+以文补文"的形式。一些博物馆出租多余展厅举办为人民服务、为社会服务的展览活动,兴办起商业、餐饮业、娱乐业等服务活动。例如,广东东莞鸦片战争博物馆经营了餐厅、茶室、照相馆、花店、招待所、陶艺厂等服务项目,增加了博物馆收入,改善了博物馆工作环境,提高了职工薪资待遇。④北京的各大博

---

① 甘肃省人事厅编:《事业单位人事制度改革与人事管理文件选编(上)》,甘肃文化出版社2008年版,第36—42页。
② 傅才武、宋丹娜:《文化市场演进与文化产业发展——当代中国文化产业发展的理论与实践研究》,湖北人民出版社2008年版,第7页。
③ 尹青山等主编:《中国改革开放政策大典》,中国建材工业出版社1993年版,第962页。
④ 吕济民主编:《当代中国的博物馆事业》,当代中国出版社1998年版,第122页。

物馆积极进行创收举动,故宫博物院收取影视剧组进入院内拍摄影视剧的费用,还有的博物馆长时间出租场地,并以出租博物馆品牌的方式与其他单位联合举办营利性活动等。[①]扬州市博物馆通过海外展览的形式获得利益分成,1985年与日本江都文化馆共同举办"扬州画家作品"展览分得四成利益;基本陈列也收取一定门票,1994年举办的"扬州历史文物展""扬州八怪作品展"等常设陈列,门票价格核定为2元。湖南常德市文博系统大力实施"以文补文",1994—2001年,常德博物馆、石门县博物馆、津市博物馆等6家博物馆(纪念馆)通过"以文补文"获得收入共计260万元,经费缺口全由创收解决。[②]通过自身的合法经营创收,博物馆的财政压力得以缓解。1996年以后,国家文物局系统下的博物馆总收入大于总支出,并呈逐年上升的趋势。这表明博物馆的经济创收活动在一定程度上弥补了经费的不足,博物馆发展能力和服务质量逐渐提高。

二、1984—2002年博物馆领域的主要政策

1984年4月文化部文物局召开全国博物馆整顿改革座谈会,强调发挥博物馆对人类社会文化遗存和自然标本的征集收藏、科学研究、陈列宣传的三大职能。[③]1985年国家文物局发布《革命纪念馆工作试行条例》推动革命纪念馆建设,加大博物馆的陈列宣传作用。在我国考古领域由田野向水下延伸的发展趋势下,1989年国务院发布《中华人民共和国水下文物保护管理条例》。1991年的《关于充分运用文物进行爱国主义和革命传统教育的通知》要求充分发挥文物的社会教育功能,博物馆成为公共文化服务的重要场所。此外,我国还从遗址盗掘、消防防护、藏品管理、文物出入境、考古调查等方面严格制定文物保护相关要求与标准,文物保护体系得以逐渐完善。

这一阶段博物馆工作的重点是推动文物保护事业发展,加强博物馆人事和财政制度建设,在博物馆建设的基础上有序开展考古、对外文化交流、公共文化服务工作。本部分共梳理相关政策31条,其中文物保护政策15条,文物安全政策6条,人事制度、财政制度政策4条,考古政策3条,对外文化交流、博物馆建设、公共服务政策各1条。

---

① 刘宝明:《当代北京博物馆史话》,当代中国出版社2008年版,第81、177页。
② 常德市地方志编纂委员会、常德市文物局编:《常德市文物志(1988—2010)》,方志出版社2014年版,第424—425页。
③ 康式昭主编:《中国改革全书:1978—1991(文化体制改革卷)》,大连出版社1992年版,第17页。

1. 关于文物保护的主要政策

在文物保护政策方面,主要有《古建筑消防管理规则》《中华人民共和国海关对旅客携运和个人邮寄文物出口的管理规定》《文化部关于博物馆藏品管理办法》《财政部关于执法机关依法没收的国家禁止出口的文物无偿交由专管机关处理的通知》《关于打击盗掘和走私文物活动的通告》《国务院关于进一步加强文物工作的通知》《中华人民共和国水下文物保护管理条例》《国家文物局、公安部关于在严打中加强古墓葬、古遗址保护,打击盗掘、走私文物犯罪活动的通知》《公安部、国家文物局关于严厉打击盗掘古墓葬犯罪活动的意见》《全国人民代表大会常务委员会关于惩治盗掘古文化遗址古墓葬犯罪的补充规定》等(见表4-19)。

表4-19 关于文物保护的主要政策[①]

序号	政策文件	发布时间	发布机构	主要内容
1	《古建筑消防管理规则》	1984年3月12日	文化部、公安部	古建筑的消防工作,要贯彻从严管理、防患未然的原则。加强消防管理工作,保护古建筑免遭火灾危害。当地市、县文物管理部门负责领导。地方公安机关予以监督管理和业务技术指导。古建筑的管理与使用单位,要把预防火灾列为整个管理工作的一个重要部分,使防火工作做到经常化、制度化。古建筑管理与使用单位的行政领导人,即为该单位的防火安全负责人,全面负责本单位的消防安全工作

---

① 参见国家文物局博物馆司编:《博物馆工作手册》,华龄出版社2007年版;国务院法制局编:《中华人民共和国法规汇编:1991年1月—12月》,中国法制出版社1992年版;北京市文物事业管理局编:《文物工作手册》,北京燕山出版社1990年版。

续表

序号	政策文件	发布时间	发布机构	主要内容
2	《中华人民共和国海关对旅客携运和个人邮寄文物出口的管理规定》	1985年2月15日	海关总署	旅客携带、托运和个人邮寄文物（含已故现代著名书画家的作品）出口，必须向海关申报。文物应具有文化行政管理部门钤盖的鉴定标志、文物外销发货票，或文化部指定的文化行政管理部门开具的许可出口证明查验放行。不向海关申报的，不论是否藏匿，均属走私行为
3	《文化部关于博物馆藏品管理办法》	1986年6月19日	文化部	博物馆藏品是国家宝贵的科学、文化财富，是博物馆业务活动的物质基础。为了准确鉴别藏品的历史、艺术和科学价值，加强藏品的保护管理，确保藏品的安全，充分发挥藏品的作用，根据《中华人民共和国文物保护法》有关条款，制定本办法。对博物馆藏品的接收、鉴定、登账、编目、建档，藏品库房的管理，藏品的保护、修复、复制，藏品的提用、注销规定了具体办法
4	《财政部关于执法机关依法没收的国家禁止出口的文物无偿交由专管机关处理的通知》	1987年4月1日	财政部	规定"属于政治性、破坏性物品，无偿交由专管机关处理"一段，补充为"属于政治性、破坏性物品，以及国家禁止出口的文物，无偿交由专管机关处理"
5	《关于打击盗掘和走私文物活动的通告》	1987年5月26日	国务院	我国地下、内水和领海中遗存的一切文物，统属国家所有。文物购销统由文物部门经营，国内外人士不得私自买卖文物。坚决打击盗掘和走私文物的违法活动，进行文物走私或者进行文物投机倒把活动情节严重的，依法追究其刑事责任

续表

序号	政策文件	发布时间	发布机构	主要内容
6	《国务院关于进一步加强文物工作的通知》	1987年11月24日	国务院	运用文物丰富人民的精神生活，提高文化素养。要加强对文物的科学研究工作，为各个学科的学术研究提供资料。我国文物古迹是吸引来访外宾和国内外广大旅游者参观的重要内容，要将保护文物和发展旅游事业很好地结合起来，互相促进，共同发展。要利用祖国文物，开展国际文化交流，增进我国和各国人民之间的相互了解和友谊。对于特别珍贵的孤品和重要易损文物，一律禁止出国展览
7	《中华人民共和国水下文物保护管理条例》	1989年10月20日	国务院	国家文物局主管水下文物的登记注册、保护管理以及水下文物的考古勘探和发掘活动的审批工作。地方各级文物行政管理部门负责本行政区域水下文物的保护工作，会同文物考古研究机构负责水下文物的确认和价值鉴定工作。对于海域内的水下文物，国家文物局可以指定地方文物行政管理部门代为负责保护管理工作。水下文物的考古勘探和发掘活动应当以文物保护和科学研究为目的
8	《国家文物局、公安部关于在严打中加强古墓葬、古遗址保护，打击盗掘、走私文物犯罪活动的通知》	1990年6月26日	国家文物局、公安部	切实加强文物管理防护工作，制止盗窃文物的犯罪活动，切实落实安全防范措施。展出珍贵文物必须有严密可靠的安全措施，安全无保障的，只陈列复制品。要建立健全安全保卫责任制。考古发掘工地必须有专人负责文物防盗工作。重点打击重大盗窃、破坏、走私文物的犯罪分子，依法从严惩处

续表

序号	政策文件	发布时间	发布机构	主要内容
9	《全国人大常委会关于惩治盗掘古文化遗址古墓葬犯罪的补充规定》	1991年6月29日	全国人大常委会	盗掘具有历史、艺术、科学价值的古文化遗址、古墓葬的,处三年以上十年以下有期徒刑,可以并处罚金;情节较轻的,处三年以下有期徒刑或者拘役,可以并处罚金;有下列情形之一的,处十年以上有期徒刑、无期徒刑或者死刑,并处罚金或者没收财产
10	《公安部、国家文物局关于严厉打击盗掘古墓葬犯罪活动的意见》	1991年10月28日	公安部、国家文物局	各级党委、人民政府和有关部门要切实加强领导,采取有力措施,坚决打击盗掘古墓葬犯罪活动,保护国家文物,切实把保护国家文物作为当前的一项紧迫任务,发挥群众保护文物的作用,依法从重从快打击盗掘古墓葬等违法犯罪活动
11	《中华人民共和国文物保护法实施细则》	1992年5月5日	国家文物局	一切考古发掘项目,都必须履行报批手续。全民所有制文物收藏单位收藏的文物,应当向文物行政管理部门登记。考古领队人员资格由国家文物局审查认定,并颁发证书。对文物保护单位、考古发掘、馆藏文物、私人收藏文物均进行系统规定,制定相关标准
12	《国务院关于加强和改善文物工作的通知》	1997年3月30日	国务院	文物保护事业以"保护为主,抢救第一"为方针。各地方、各有关部门应把文物保护纳入财政预算和体制改革。要求充分发挥文物的社会教育作用、历史借鉴作用和科学研究作用。进一步加强有关专业技术人才的培养。考古发掘以配合基本建设为主
13	《关于加强革命文物工作的意见》	1998年2月18日	中宣部、国家教委、民政部、文化部、国家文物局、共青团中央	党的十一届三中全会以来,革命文物工作取得了显著成绩,发挥了重要的社会教育作用。要组织好各种革命文物的陈列和展览,加强爱国主义教育基地的建设,不断扩大社会教育面,充分发挥革命文物的社会教育作用,与此同时,加大文物保护力度

续表

序号	政策文件	发布时间	发布机构	主要内容
14	《关于加强馆藏文物管理防止国有资产流失的通知》	1998年6月24日	国家文物局	国有博物馆、纪念馆、文管所、考古所等文博单位的馆藏文物,其中包括珍贵文物和一般文物,作为文化财产,属国家所有。馆藏文物禁止出售和私自赠送,严格加强馆藏文物管理
15	《关于加强和改善世界遗产保护管理工作的意见》	2002年4月25日	文化部、国家文物局、国家计委、财政部、教育部、建设部、国土资源部等	1985年,我国正式加入了《世界遗产公约》,应进一步加强对世界遗产的保护管理工作,做好规划,完善制度。正确处理世界遗产保护与利用的关系。有效保护、保存和展示文化和自然遗产

在文物保护方面,以上政策从打击文物犯罪、加强文物保护工作、出台文物保护条例、改善世界文化遗产保护意见等方面出发,详细地对文物保护工作进行规划和设计,全力推动我国文化保护事业的发展,使我国文保事业取得显著进步。

2. 关于文物安全的主要政策

在文物安全政策方面,主要有《博物馆安全保卫工作规定》《文化部、公安部关于检查落实文物和古建筑防火安全措施的通知》《文化部、公安部关于切实加强文物安全防护工作的紧急通知》《文物出境鉴定管理办法》《文物出国(境)展览管理规定(试行)》《国家文物局关于重申文物出入境管理有关规定的通知》(见表4-20)。

表4-20 关于文物安全的主要政策[①]

序号	政策文件	发布时间	发布机构	主要内容
1	《博物馆安全保卫工作规定》	1985年1月25日	文化部、公安部	规定了博物馆安全工作的方针、任务、领导职责、保卫组织、重点要害部位、防盗、消防、技术预防和奖惩等方面的内容

---

① 参见国家文物局博物馆司编:《博物馆工作手册》,华龄出版社2007年版;国务院法制局编:《中华人民共和国法规汇编:1991年1月—12月》,中国法制出版社1992年版;北京市文物事业管理局编:《文物工作手册》,北京燕山出版社1990年版。

续表

序号	政策文件	发布时间	发布机构	主要内容
2	《文化部、公安部关于检查落实文物和古建筑防火安全措施的通知》	1986年6月2日	文化部、公安部	禁止在古建筑内开设易于引起火灾的饭店、餐厅、茶馆等,禁止擅自在古建筑内从事拍摄电影等活动。各级公安机关要把文物和古建筑列为保卫重点,加强日常的消防监督检查
3	《文化部、公安部关于切实加强文物安全防护工作的紧急通知》	1987年7月15日	文化部、公安部	加强文物管理防护工作,有效地制止盗窃文物的犯罪活动,一、二级文物必须送库房安全条件好的单位代为保管,考古发掘地必须有专人负责文物防盗工作。当地公安机关应重点巡视文博单位,加强防范,提高治安管理水平
4	《文物出境鉴定管理办法》	1989年2月27日	文化部	文物出境鉴定是指对申报出境的文物,依据《中华人民共和国文物保护法》第二条及国家规定的文物出口界限和鉴定标准,进行鉴定、查验,决定其能否出境。凡经鉴定不准出境的珍贵文物,文物出境鉴定组应登记拍照,备案存查。属一级文物的,须报国家文物局备案。国家可以对经鉴定不准出境的文物予以征购
5	《文物出国(境)展览管理规定(试行)》	1997年7月1日	国家文物局	国家文物局负责全国文物出国(境)展览的归口管理和宏观调控。易损文物、一级孤品及元代以前(含元代)绘画,不得出国(境)展览。出国(境)文物展览一般采取有偿展出的方式
6	《国家文物局关于重申文物出入境管理有关规定的通知》	1998年5月3日	国家文物局	一系列物品出境前必须进行文物出境鉴定,文物出境鉴定由文物出境鉴定站负责办理,文物出境使用的"火漆印"是文物出境的主要凭证,是提供海关允许放行的重要标识

在文物安全方面,以上政策针对文物出入境管理、文物出国展览、博物馆安全保卫等方面进行详细规定,并针对考古发掘加强文物管理防护工作,

有效地制止了盗窃文物的犯罪活动。

3.关于人事制度、财政制度的主要政策

在人事制度、财政制度方面,主要有《国务院办公厅关于文化部文物事业管理局改为国家文物事业管理局的通知》《国家重点文物保护专项补助经费使用管理办法》《文物事业单位财务制度》《国有文物收藏单位接受境外捐赠、归还和从境外追索的中国文物进口免税暂行办法》(见表4-21)。

表4-21 关于人事制度、财政制度的主要政策[①]

序号	政策文件	发布时间	发布机构	主要内容
1	《国务院办公厅关于文化部文物事业管理局改为国家文物事业管理局的通知》	1987年6月20日	国务院办公厅	为加强对全国文物工作的领导和管理,国务院决定将文化部文物事业管理局改为国家文物事业管理局,隶属关系不变,仍由文化部领导。国家文物事业管理局独立行使职权,计划、财政、物资分配等单列户头
2	《国家重点文物保护专项补助经费使用管理办法》	1993年11月15日	财政部、国家文物局	国家专项补助经费由国家文物局和财政部共同管理。由省级文物部门和同级财政部门负责申请
3	《文物事业单位财务制度》	1997年6月10日	财政部、国家文物局	明确规定国家对文物事业单位实行核定收支、定额或者定项补助,超支不补、结余留用的预算管理办法。对文化事业单位的收入与支出类别详细划分,并建立完善的财政管理制度
4	《国有文物收藏单位接受境外捐赠、归还和从境外追索的中国文物进口免税暂行办法》	2002年6月25日	财政部、国家税务总局、海关总署	国务院文物行政管理部门和国有文物收藏单位以接受境外机构、个人捐赠、归还的和从境外追索等方式获得的中国文物进口,免征关税、进口环节增值税、消费税

在人事制度、财政制度方面,以上政策从中国文物进口免税、事业单位人事及财务制度、重点文物专项资金等方面促进我国文物事业的发展,为博

---

① 参见国家文物局博物馆司编:《博物馆工作手册》,华龄出版社2007年版;国务院法制局编:《中华人民共和国法规汇编:1991年1月—12月》,中国法制出版社1992年版;北京市文物事业管理局编:《文物工作手册》,北京燕山出版社1990年版。

物馆事业及考古工作的开展提供人员和资金支持。

4. 关于考古的主要政策

在考古政策方面，主要有《田野考古工作规程(试行)》《文化部关于省、自治区、直辖市文物考古研究所工作条例(试行)》《考古调查、勘探、发掘经费预算定额管理办法》(见表4-22)。

表4-22 关于考古的主要政策[①]

序号	政策文件	发布时间	发布机构	主要内容
1	《田野考古工作规程(试行)》	1984年5月10日	文化部	田野考古工作实行领队负责制。对出土遗物处理、标本采集、遗址资料记录、墓葬发掘、发掘资料整理与发掘报告编写作出详细规定
2	《文化部关于省、自治区、直辖市文物考古研究所工作条例(试行)》	1986年5月29日	文化部	文物考古研究所是行政管理部门领导下的文物保护和科学研究机构。实行所长负责制，承担有关文物的调查、保护、发掘、研究和宣传工作。考古发掘工作要以配合国家经济建设为主。对于为解决学术问题而进行的主动发掘要严格控制。要及时进行各类抢救性发掘。科学研究应贯穿于本机构一切业务活动。文物普查、考古发掘、古建筑维修、文物保护、文物考古资料整理汇集等各项重要业务活动，都是科学研究工作
3	《考古调查、勘探、发掘经费预算定额管理办法》	1990年4月20日	国家文物局、国家计委、财政部	加强考古经费管理，保证考古工作正常进行，根据《中华人民共和国文物保护法》和有关法规制定本办法。本办法适用于文物考古单位为科学研究和配合建设工程及其他动土工程而进行的考古调查、勘探和考古发掘经费预算编制工作

在考古方面，以上政策从设立文物考古研究所以及制定相关工作条例、出台考古经费管理办法等方面，从人事、机构、财政三方面推动我国考古事业规范化、有序化发展，推动考古体系建设更加完善。

5. 关于对外文化交流的主要政策

在对外文化交流的政策方面，主要有《中华人民共和国考古涉外工作管

[①] 参见国家文物局博物馆司编：《博物馆工作手册》，华龄出版社2007年版；北京市文物事业管理局编：《文物工作手册》，北京燕山出版社1990年版。

理办法》(见表4-23)。

表4-23　关于对外文化交流的主要政策[①]

序号	政策文件	发布时间	发布机构	主要内容
1	《中华人民共和国考古涉外工作管理办法》	1991年2月22日	国家文物局	强调加强考古涉外工作管理,保护我国的古代文化遗产,促进我国与外国考古学术交流。本办法适用于在中国境内陆地、内水和领海以及由中国管辖的其他海域,中国有关单位同外国组织和国际组织所进行的考古调查、勘探、发掘和与之有关的研究、科技保护及其他活动。任何外国组织、国际组织在中国境内进行考古调查、勘探、发掘,都应当采取与中国合作的形式。国家文物局统一管理全国考古涉外工作

在对外文化交流方面,以上政策从考古角度出发,推动中外双方进行考古发掘和学术交流,更好地支持我国进行考古发掘活动,保护文化遗产,推动中外考古活动和学术友谊的发展。

6.关于博物馆建设的主要政策

在博物馆建设的政策方面,主要有《革命纪念馆工作试行条例》(见表4-24)。

表4-24　关于博物馆建设的主要政策[②]

序号	政策文件	发布时间	发布机构	主要内容
1	《革命纪念馆工作试行条例》	1985年1月9日	文化部	指出各类革命纪念馆是为纪念近现代革命史上重大事件或杰出人物并依托于有关革命遗址、纪念建筑而建立的纪念性博物馆,是有关革命遗址、纪念建筑和文物资料的保护收藏机构、宣传教育机构和科学研究机构,是我国博物馆事业的重要组成部分。本条例在调查征集、保护收藏、陈列展览、宣传教育、科学研究、工作人员、经费等方面作出了具体规定

在博物馆建设方面,以上政策支持革命博物馆建设,并出台专项条例规

[①] 参见国务院法制局编:《中华人民共和国法规汇编:1991年1月—12月》,中国法制出版社1992年版。

[②] 参见国家文物局博物馆司编:《博物馆工作手册》,华龄出版社2007年版。

范博物馆发展,建设多种类型博物馆,从而完善我国博物馆体系,积极推动博物馆休闲、教育功能的开展。

7. 关于公共服务的主要政策

在公共服务的政策方面,主要有《关于充分运用文物进行爱国主义和革命传统教育的通知》(见表4-25)。

表4-25 关于公共服务的主要政策[1]

序号	政策文件	发布时间	发布机构	主要内容
1	《关于充分运用文物进行爱国主义和革命传统教育的通知》	1991年8月27日	中宣部、国家教育委员会、文化部、民政部、共青团中央、国家文物局	丰富的文物是青少年了解历史、认识国情、学习传统的重要途径和生动教材。各级教育、民政、文化、文物部门和共青团组织,要充分发掘和发挥这一优势,依托博物馆、纪念馆和各种革命遗迹、遗址作为固定场所,有计划地运用文物开展爱国主义和革命传统教育活动

在公共文化服务方面,以上政策要求博物馆积极发挥公共服务功能,充分利用博物馆、纪念馆和各种革命遗迹等公共文化服务场所,开展爱国主义和革命传统教育活动,帮助青少年了解历史,认识国情,弘扬爱国主义精神。

三、1984—2002年博物馆领域的主要成绩

1984年全国博物馆整顿改革座谈会明确了博物馆职能与发展要求,博物馆成为公众学习、旅游的重要场所。各地考古机构相继确立,水下考古事业取得突破性进展。我国博物馆积极开展对外交流活动,国际化水平日益提高。

(一)博物馆公共服务工作继续展开

随着经济水平的不断提高,文化需求与日俱增,博物馆成为公众休闲的重要场所和文化旅游的重要目的地。20世纪80年代以来,全国各地新建了一批大中型的现代化博物馆,如陕西历史博物馆、法门寺博物馆、山东博物馆等,博物馆数量得到明显增长。1984年全国文化系统博物馆的基本陈列为798个,专题展览为913个,丰富多彩的陈列与展览使博物馆的吸引力大

---

[1] 参见国家文物局博物馆司编:《博物馆工作手册》,华龄出版社2007年版。

大增强。1994年国家文物局召开全国博物馆工作座谈会,确立博物馆的改革和发展方向,要求博物馆充分发挥社会教育功能。在会议精神引导下,全国各地博物馆纷纷开展专题展览和特色文物展,极大地推动了社会教育的普及,提升了观众的文化认知与文化认同。

(二)田野考古稳步推进,水下考古成果显著

20世纪80年代早期,各省、自治区、直辖市的文物工作队更名为考古研究所,人数也由原来的十几人增至数十人,考古力量显著提升。[1]各地考古机构纷纷展开保护性和抢救性的考古发掘。江苏扬州唐城遗址、湖南里耶古城及出土秦简牍、河南淅川下寺楚国墓群、安徽淮北隋唐大运河考古均为这一时期重要的考古发现。在田野考古的基础上,为进一步保护我国水下考古遗迹,1987年国家文物局设立了国家水下考古协调小组、成立了水下考古学研究中心,负责全国的水下考古研究工作。1987—1989年我国先后派遣人员赴外学习水下考古理论与技术,开展专业人员培训班。此后,我国的水下考古正式拉开帷幕。1990年海南文昌宝陵港清初沉船调查、1993年辽宁绥中元代沉船水下考古调查、1998年浙江宁波象山西泽宋元沉船遗址调查等充分运用遥感、探测等技术发掘、打捞出大量水下文物,为科学研究提供实物依据。[2]这一时期我国水下考古经验不断丰富、技术力量不断增强、研究成果不断涌现。

(三)中国博物馆国际化程度不断增强

博物馆作为国家文化和历史的象征,是国与国之间文化交流的重要窗口。改革开放以来,中国博物馆积极开展对外展览活动,引进国外著名博物馆藏品展,提高自身国际化程度。1997年实施的"陈列精品"工程使大量高质量的临展、特展和中外交流展走出国门。在北京、上海举办的"大英博物馆藏:古埃及文明展""古罗马文明展:罗马帝国的人与神"等历史文化展览,丰富了观众的观览选择和参观体验。此外,中国也积极组织承办大型学术活动和国际会议,促进中外博物馆事业交流,加强与世界各国博物馆之间的联系。1989年的国际博协亚太地区大会在北京举行,1994年中国主办国际博协博物馆学委员会年会,我国博物馆的影响不断扩大。随着国际对话与交流的日益密切,文化合作成为中外交往的重要途径。中挪两国政府和博物馆协会密切合作创建了中国第一座生态博物馆——六枝梭戛生态博物馆,开启了博物馆国际合作的新篇章。20世纪90年代中期,中意合作建立

---

[1] 王巍:《新中国考古学70年发展与成就》,《历史研究》2019年第4期。
[2] 中国文物报社编:《大考古——考古·文明·思想》,济南出版社2004年版,第250页。

了西安文物保护修复中心、北京文物保护修复培训中心等文物保护机构。[①]

由上可知,1984—2002年这一阶段博物馆行业领域的工作重点是内部制度变革,国家从"办博物馆"向"管博物馆"转型,在人事制度上,博物馆积极探索并推行馆长负责制、聘任制、个人岗位责任制、奖惩制度等,在财务制度上,"以文补文"政策的推行扩大了博物馆的资金来源。国家简政放权,博物馆在人事、财务及运营方面都拥有了一定的自主权,博物馆积极探索内部制度改革,提升了自身的发展活力与服务质量。在国家有关政策的指导与支持下,博物馆公共服务工作持续展开,考古成果显著,博物馆国际化程度不断提升。

第四节　2003—2012年博物馆体制改革的推进

2002年,党的十六大报告提出要制定文化体制改革总体方案,深化文化体制改革,积极发展文化事业和文化产业,并提出国家要支持和保障文化公益事业。由此,我国文化体制改革试点工作逐步展开。国家对博物馆事业的管理逐步向公共管理和公共服务转型,博物馆机构被纳入公共文化服务体系,博物馆免费开放政策的全面落实、博物馆法人制度的建立、博物馆绩效考核体系的践行是这一阶段改革的重点。

一、2003—2012年博物馆管理由计划体制向公共管理转型

2003年7月,中共中央办公厅、国务院办公厅转发《中共中央宣传部、文化部、国家广电总局、新闻出版总署关于文化体制改革试点工作的意见》。同年10月,党的十六届三中全会通过的《完善社会主义市场经济体制若干问题的决定》,明确要求公益性文化事业单位深化劳动人事、收入分配和社会保障制度改革,加大国家投入,增强活力,改善服务。2004年,国家发展改革委印发的《关于2004年经济体制改革的意见》首次在政府文件中提出要建立健全公共文化服务体系。2005年10月,党的十六届五中全会通过的《中共中央关于制定国民经济和社会发展第十一个五年规划的建议》提出加大政府对文化事业的投入,逐步形成覆盖全社会的比较完备的公共文化服务体系。同年12月23日,中共中央、国务院印发《关于深化文化体制改革的若干意见》,其中就推进文化事业单位改革提出要求,明确规定国家兴办的

---

① 张文彬:《中国博物馆国际化的进程回顾与展望》,《中国博物馆》2006年第3期。

图书馆、博物馆、文化馆(站)、科技馆、群众艺术馆、美术馆等为群众提供公共文化服务的单位,为公益性文化事业单位;加大公益性文化事业投入,调整资源配置,逐步构建公共文化服务体系;深化文化事业单位的内部改革,推进人事、收入分配和社会保障制度改革;全面推行聘用制度和岗位管理制度,健全岗位目标责任制。[1]我国博物馆事业在文化体制改革进程中被逐步纳入公共文化服务体系,国家加强对博物馆事业的公共管理,博物馆人事制度改革全面推进,全国博物馆、纪念馆免费开放工作逐步落实。

(一)国家加强对博物馆事业的公共管理

公共文化服务是指公共部门或准公共部门单独或者共同生产或提供的,以满足人民的基本文化需要和保障人民文化权益得以实现为宗旨的,以提高公众文化素质和社会整体文化水平为目标的,既为公众提供基本的精神文化享受,也提供维持社会生存与发展所必需的文化环境与条件的公共产品和服务行为的行为。加强公共文化服务体系构建是我国文化体制改革的一部分,也是社会发展中的文化诉求和政府变革中的文化服务,是推动我国文化事业向现代公共管理理念转型的必然举措。所谓"公共管理",是指以政府为核心的社会公共部门利用政治、经济、法律和社会等手段,整合社会资源,对公共事务进行管理,达到增进社会公共利益、提高政府绩效和服务品质的目的。在公共文化服务体系下,政府公共文化服务的基本职能应包括宏观引导、战略指导、制度保障、管理协调、服务供给、资源整合、人才培养、绩效考核八大方面。[2]

2009年《国务院办公厅关于印发国家文物局主要职责内设机构和人员编制规定的通知》对国家文物局进行职责调整,取消已由国务院公布取消的行政审批事项,加强文物行政执法督察职责,完善原有主要职责,明确提出国家文物局负责推动完善文物和博物馆公共服务体系建设,拟订文物和博物馆公共资源共享规划并推动实施,指导全国文物和博物馆的业务工作,协调博物馆间的交流与协作。同时改革内设机构,下设办公室(外事联络司)、政策法规司、督察司、文物保护与考古司、博物馆与社会文物司(科技司)5个职能司和机关党委。直属单位有机关服务中心、北京鲁迅博物馆、文物出版社等8个,主要职能有拟订文物和博物馆事业发展规划,拟订文物认定、博

---

[1] 中共中央文献研究室编:《十六大以来重要文献选编(下)》,中央文献出版社2008年版,第125—131页。

[2] 孙刚:《公共文化新视觉:公共文化服务体系建设中的政府主导作用研究》,中国地质大学出版社2018年版,第37、75、76页。

物馆管理的标准和办法,组织文物资源调查,参与起草文物保护法律法规并负责督促检查等10项。[①]这一时期,在积极建设公共文化服务体系的过程中,国家各级文物部门及其他国家机构加强对文博事业的公共管理和公共服务,主要表现为:

(1) 在宏观引导方面,国家高度重视公共文化服务体系的建设,从方针政策、思想文化上加以宏观引导,保障博物馆等公共文化服务项目提供的产品方向正确、内容健康。

(2) 在战略指导方面,紧跟世界文化发展趋势,把握新时代文化发展特点,加强公共文化服务体系建设的规划、管理、实践等方面的研究,在《国家"十一五"时期文化发展规划纲要》《关于加强公共文化服务体系建设的若干意见》《中共中央关于深化文化体制改革 推动社会主义文化大发展大繁荣若干重大问题的决定》等文件中提出相关建设要求,在战略层面上指导博物馆相关工作。

(3) 在制度保障方面,通过调查研究、征求意见,政府制定了一系列具有指导性、规范性、可操作性的政策制度,促进博物馆行业发展。例如2008年发布《关于全国博物馆、纪念馆免费开放的通知》,2011年发布《博物馆事业中长期发展规划纲要(2011—2020)》。

(4) 在管理协调方面,从发展公共文化服务全局出发,统筹博物馆主管部门与其他政府部门之间的关系。同时,国家文物局与地方博物馆行政管理部门明确自身职能,加强组织保障,积极与社会各方协作,创新科学合理的博物馆公共服务体制机制。

(5) 在服务供给方面,切实将博物馆免费开放工作做好、做实、做细,利用媒体宣传、现代科技、社会教育、文化旅游等多种形式,为公众提供更多、更好的公共文化产品和服务。

(6) 在资源整合方面,按照文化遗产保护和传播的重要程度对各地博物馆进行科学分级,重点发展特色博物馆,避免重复投资,同时打破区域界限,推动不同区域之间文博单位的交流、合作、共赢。

(7) 在人才培养方面,坚持改革创新,深化人事制度改革,优化内部组织结构,完善博物馆人才培养、引进、使用、激励机制,转变运营方式,同时动员社会力量,推动博物馆志愿者队伍的壮大。

(8) 在绩效考核方面,国家文物局于2012年5月发布《全国博物馆评

---

① 国务院办公厅秘书局、中央机构编制委员会办公室综合司编:《中央政府组织机构:2008》,党建读物出版社2009年版,第284—287页。

估办法(2012修订)》,成立全国博物馆评估委员会,明确评价指标、考核办法、反馈机制、奖励条例等,将博物馆发展纳入公众的视野,接受公众的监督,加强博物馆行业的管理,充分发挥其社会服务的功能。

作为2003年文化体制改革的综合性试点地区,广东省、上海市等省市抓住历史性的机遇,在博物馆领域探索出改革的有效途径。广东省积极做好文化领域改革发展的重点任务,开展公共文化服务标准化试点改革,广东省博物馆作为国家级试点之一进行了公共文化机构法人治理结构改革。[①]上海市博物馆积极推进社会公益类事业单位的改革,上海博物馆等单位试点先行,探索成立以理事会为主要架构的法人治理机构,由举办者、出资人、管理人员等各方组成的理事会对馆内发展规划、财务预算、人员任免等重大事项进行科学决策。[②]

(二) 博物馆人事制度改革全面推进

在文化体制改革逐步推进的过程中,人事制度改革充分激发事业单位的活力,文博行业领域也积极建立健全领导人员选拔与监督机制、人员聘用制度、岗位管理制度、分配制度等。2002年国务院办公厅转发原人事部《关于在事业单位试行人员聘用制度的意见》,2003年《关于深化文化事业单位人事制度改革的实施意见》一文,要求加强宏观管理,建立文化事业单位人事分类管理制度,对公益型文化事业单位,按照"精简、高效"的原则,搞活内部用人机制,健全领导人员选拔任用和管理监督机制,推行人员聘用制度和岗位责任制度。该实施意见的相关要求成为国家对博物馆等文化事业单位人事制度改革的战略要求。各省、自治区、直辖市在该实施意见的指导下进行广泛调查研究,制订适合于本地区文化事业单位人事制度改革的实施方案和计划。各地博物馆纷纷响应国家政策,博物馆人事制度改革在这一时期全面推进。

浙江省博物馆在2003年制定的《浙江省博物馆、浙江图书馆改革试点工作总体实施方案》指导下,建立以岗位管理为基础的用人制度,开展"定岗、定编、定员、定责"的工作。在干部聘用上,实行直接聘任、推选聘任、竞争上岗等聘用多种形式;在人员聘用上,实行全员聘用制,采取公开招聘、竞争上岗、双向选择、择优录取的方式。此外,浙江省博物馆打破专业技术职务聘用终身制,对专业技术人员采取同职同聘、高职低聘、低职高聘、高岗低

[①] 中共广东省委党校、广东行政学院编:《建设社会主义文化强国与广东实践》,广东人民出版社2018年版,第230页。

[②] 中共上海市委党史研究室编:《上海改革开放实录(2002—2012)》,上海书店出版社2016年版,第84页。

用等多种形式。在分配制度上,实行岗位工资与档案工资分离的办法,落实按劳分配的原则,根据各岗位承担的工作量、技术含量、有关责任等采用不同的定酬分配办法,健全相关考核机制,明确奖惩措施。改革后,浙江省博物馆共划分了十二级岗位层次,最高收入与最低收入之间差距为2.75倍,极大地激发了各岗位职员的积极性。①随着博物馆的发展,浙江省博物馆进一步完善内部人事管理机制,于2010年制定《浙江省博物馆岗位设置方案》,推行岗位设置管理制度,完善民主测评下的任期制,通过鼓励参加学术研讨、技能培训、业务研修等方式加强人才培养。②湖南省博物馆在2002年底公布其用人分配制度的改革实施方案,馆长由省文化厅聘任,副馆长、部门主任按照申请、竞职演说、民主打分的流程竞聘,最后由馆长聘任,各部门职员采取竞争上岗、择优聘用的办法。在分配制度上,湖南省博物馆设计体现职级差异的岗位津贴制度,每位员工每月只发放应得津贴的70%,剩余30%在年终考核称职后补发,岗位津贴数额会根据博物馆每月的经济效益上下浮动。③人事改革促进了湖南省博物馆的职工观念更新,充分发挥了职工的主观能动性和潜力。

（三）免费开放制度下的"收支两条线"

公共文化服务建设坚持普遍均等的原则,以实现和保障公民基本文化权益。为满足人民群众多层次、多样化的文化需求,博物馆等公共文化建设应积极拓宽服务领域、创新服务方式、提高服务质量。在这一要求下,公共博物馆等公共文化设施免费开放制度逐步展开。2004年3月,文化部、国家文物局颁布了《关于公共文化设施向未成年人等社会群体免费开放的通知》。2005年,全国文物系统下的博物馆全部实现对集体参观的未成年人免费开放,对未成年人个人、残疾人、老人、军人等社会群体进行门票减免。2008年1月,中共中央宣传部、财政部、文化部、国家文物局联合下发《关于全国博物馆、纪念馆免费开放的通知》。文件下发后两年间,全国共有1440多家各级文物部门归口管理的公共博物馆、纪念馆、全国爱国主义教育示范基地实现免费开放,成效显著。2010年1月《关于进一步做好公共博物馆纪

---

① 浙江省文化厅文改办:《浙江省博物馆、浙江图书馆改革试点纪实》,载郭沫勤、孙若风主编,中国文化报社编:《中国文化设施建设与经营管理研究》,中国文联出版社2006年版,第291—293页。
② 浙江文物年鉴编委会编:《浙江文物年鉴:2011》,浙江古籍出版社2012年版,第171页。
③ 陈建明主编:《湘博志:湖南省博物馆年鉴(2003—2005)》,湖南美术出版社2007年版,第372—374页。

念馆免费开放工作的意见》一文指出,国家将加大财政支持力度,强化管理与绩效考评,博物馆自身应创新体制机制,做好免费开放这一长期任务。博物馆免费开放政策出台后,参观博物馆人数骤增,在社会教育等方面取得一定成果,但同时博物馆门票收入的锐减增加了博物馆财政压力,一些博物馆业务经费不足,管理成本负担加重。

针对该现象,一些博物馆探索建立基金会,以此来减轻博物馆运营资金不足的压力。2009年10月20日,民营博物馆观复博物馆成立北京观复文化发展基金会,这是国内首个尝试以基金会的形式来提供博物馆运营发展资金的文博单位。在国有博物馆中,2010年2月20日,宁波博物馆成立宁波博约博物馆文化发展基金会;2010年9月28日,故宫博物院成立北京故宫文物保护基金会。这些均属地方性非公募基金会,资金主要来源于企业赞助,募集的资金用于博物馆业务运营,如藏品保护与研究、人才培养、展览陈列设计以及其他文化公益活动。2012年10月23日,广东省博物馆事业发展基金会由广东省民政厅批复成立,这是国内文博领域首家公募性基金会,得到了政府部门的大力支持,广东省政府在五年内共持续投入5000万元资金作为基金会本金。[1]该基金会以资助广东省博物馆开展各项公益活动为宗旨,通过定向募捐、公开募捐来整合社会资源,支持博物馆事业发展,为开展文物征集、收藏、保护、研究、展示、教育等公益项目提供资助。

建立基金会这一扩大资金来源的措施为部分博物馆所接受并采用,但博物馆基金会的发展并不普遍、运营尚不成熟。目前我国博物馆所设立的基金会尚存在社会参与度不高、社会透明度不够、专业人才缺乏、投资收益不足等困难。

目前我国大部分国有博物馆均实行免费开放政策,博物馆财务制度以"收支两条线"为主。2011年3月,《中共中央 国务院关于分类推进事业单位改革的指导意见》发布,规定各地区的博物馆等公益一类事业单位贯彻落实"收支两条线"的原则,根据正常业务需要,给予经费保障。免费开放政策下的博物馆财务管理逐步走向"收支两条线"。2011年7月,国务院办公厅印发《关于事业单位分类试点的意见》,其中提出从事关系公共教育、公共文化等公益服务,不能或不宜由市场配置资源的事业单位,所需经费由财政予以保证,不开展经营活动,不收取服务费用,实行"收支两条线"管理,收入上缴国库或财政专户,不能自主支配。山西、上海、浙江、广东、重庆作为试点地区,博物馆等事业单位率先进行改革探索。

---

[1] 陈宇:《国内博物馆基金会发展浅析》,《文艺生活》2015年第8期。

二、2003—2012年博物馆领域的主要政策

2003年起我国进入博物馆改革推进期,2004年出台的《关于公共文化设施向未成年人等社会群体免费开放的通知》使博物馆等文化设施由有偿服务逐步转为社会公共服务。国家文物局等部门在文物保护与考古挖掘政策基础上针对全国重点文物保护单位、国家考古遗址公园、世界文化遗产出台专项规定与办法。2011年国家文物局出台《博物馆事业中长期发展规划纲要(2011—2020年)》对博物馆事业作出长期规划,强调积极推动民办博物馆、高校博物馆建设,鼓励各博物馆在促进自身发展的同时加强馆际合作,提高展览水平,充分发挥博物馆教育、娱乐、休闲功能。

这一阶段博物馆工作以提高公共文化服务水平、稳步推进博物馆改革为重点。本部分共梳理相关政策50条,其中博物馆管理政策11条,遗产保护政策、文物保护及文物安全政策各6条,公共文化服务、财政政策、遗址保护政策各3条,文物市场管理政策、社会力量参与博物馆建设政策、对外文化交流政策各2条,考古政策1条,其他政策5条。

1. 关于博物馆管理的主要政策

在博物馆管理的政策方面,主要有《博物馆管理办法》《关于全国博物馆、纪念馆免费开放的通知》《关于推进地市文博单位管理干部和全国重点文物保护单位保护管理机构负责人培训工作的意见》《国家文物局关于加强馆藏文物借用管理工作的通知》《文化部、国家文物局关于加强文物行政执法机构建设的通知》《国家文物局关于加强和改进文物、博物馆行业作风建设的意见》《国家文物局关于开展国家一级博物馆运行评估试点工作的通知》《博物馆事业中长期发展规划纲要(2011—2020)》《全国博物馆评估办法》《国务院关于开展第一次全国可移动文物普查的通知》《国家文物局关于加强博物馆陈列展览工作的意见》(见表4-26)。

表4-26 关于博物馆管理的主要政策[①]

序号	政策文件	发布时间	发布机构	主要内容
1	《博物馆管理办法》	2005年12月22日	文化部	为贯彻落实科学发展观,规范博物馆管理工作,促进博物馆事业发展,根据《中华人民共和国文物保护法》《中华人民共和国文物保护法实施条例》《公共文化体育设施条例》《事业单位登记管理暂行条例》和《民办非企业单位登记管理暂行条例》等相关法律法规,制定本办法。在博物馆设立、年检与终止、藏品管理、展示与服务等方面作出具体规定
2	《关于全国博物馆、纪念馆免费开放的通知》	2008年1月23日	中共中央宣传部、财政部、文化部、国家文物局	充分发挥博物馆、纪念馆宣传和传播先进文化的重要作用,将全国博物馆、纪念馆向社会免费开放。各级财政部门应将博物馆、纪念馆免费开放相关经费纳入财政预算,切实以保障。中央财政设立专项资金,重点补助地方博物馆免费开放所需资金
3	《关于推进地市文博单位管理干部和全国重点文物保护单位保护管理机构负责人培训工作的意见》	2008年4月22日	国家文物局	明确指出为增强文博干部队伍的能力与素质,提高文物保护工作的整体水平,在"十一五"期间展开大规模的针对全国地市文博单位管理机构负责人的培训。逐步推进持证上岗制度
4	《国家文物局关于加强馆藏文物借用管理工作的通知》	2008年6月13日	国家文物局	结合当前博物馆免费开放的实际需要,进一步规范馆藏文物(含标本等藏品)的借用行为,促进馆际文物资源的整合,提升博物馆的社会教育和文化传播功能,确立馆藏一级文物借用许可程序和借用申请材料以及借用范围

---

① 参见国家文物局编:《中国文化遗产事业法规文件汇编(1949—2009)》,文物出版社2009年版;山东省文物局编:《文物保护法律法规汇编》,山东大学出版社2015年版;国务院法制办公室编:《中华人民共和国法规汇编:2012》,中国法制出版社2014年版。

续表

序号	政策文件	发布时间	发布机构	主要内容
5	《文化部、国家文物局关于加强文物行政执法机构建设的通知》	2009年11月29日	文化部、国家文物局	各地要结合实际情况,加强文物行政执法机构建设,积极推动文物行政执法工作。地方各级文化、文物行政部门应内设文物执法督察的专职机构,强化监管责任,切实履行职责
6	《国家文物局关于加强和改进文物、博物馆行业作风建设的意见》	2010年1月15日	国家文物局	提高文物、博物馆行业队伍整体素质,推进文化遗产事业科学发展。加强和改进文物、博物馆行业作风建设的指导思想。确保文物安全,坚持服务人民,改善民生
7	《国家文物局关于开展国家一级博物馆运行评估试点工作的通知》	2010年2月10日	国家文物局	提高一级博物馆管理、运行水平,推动博物馆体制机制创新,促进博物馆事业发展,进行国家一级博物馆运行评估,评估包括定性评估、定量评估和现场复核三个环节。评估内容包括:藏品管理、科学研究、陈列展览与社会教育、公共关系与服务、博物馆管理与发展建设等
8	《博物馆事业中长期发展规划纲要(2011—2020)》	2011年12月14日	国家文物局	随着经济全球化、政治多极化的曲折发展,现代化的快速推进,各种思想文化的相互激荡也日趋激烈,尊重与维护文化的多样性,更加重视文明的对话与交流、传承和发展,日益成为全人类的共识。我国改革开放,工业化、城市化和信息技术革命的快速推进,给经济发展和社会进步注入了强劲的生机和活力,也给认知领域带来了巨大的变化,为新时期文化的发展更新创造了必要和可能。2011年10月党的十七届六中全会通过了《中共中央关于深化文化体制改革 推动社会主义文化大发展大繁荣若干重大问题的决定》,提出了"努力建设社会主义文化强国"战略目标,指出要大力发展公益性文化事业,保障人民基本文化权益。加强文化馆、博物馆、图书馆、美术馆、科技馆、纪念馆等公共文化服务设施和爱国主义教育示范基地建设

续表

序号	政策文件	发布时间	发布机构	主要内容
9	《全国博物馆评估办法》	2008年2月发布,2012年5月修订	国家文物局	博物馆评估工作由国家文物局组织开展,凡经评估认定的博物馆,国家文物局将在各项业务活动和国内外交流、人员培训等方面给予优先支持。博物馆经评估确定相应等级,从高到低依次为一级博物馆、二级博物馆、三级博物馆
10	《国务院关于开展第一次全国可移动文物普查的通知》	2012年10月1日	国务院	种类丰富、数量庞大、价值突出的可移动文物是中华民族文化的实物见证。可移动文物普查是继第三次全国文物普查(不可移动文物部分)之后在文化遗产领域开展的国情国力调查,是确保国家文化安全、保障人民群众基本文化权益的重要措施,是健全国家文物保护体系的重要基础工作。可移动文物普查是通过国家统一组织、由专业部门采用现代信息手段集中调查统计的方式,对可移动文物进行调查、认定和登记,掌握可移动文物现状等基本信息,为科学制定保护政策和规划提供依据。开展可移动文物普查,将有利于掌握和科学评价我国文物资源情况和价值,健全文物登录备案机制和文物保护体系,加大文物保护力度、扩大保护范围,保障文物安全,并将进一步促进文物资源整合利用,丰富公共文化服务内容,有效发挥文物在国民经济和社会发展总体布局中的积极作用
11	《国家文物局关于加强博物馆陈列展览工作的意见》	2012年12月13日	国家文物局	博物馆举办陈列展览,要始终坚持社会效益第一的原则。深入挖掘文物内涵,强化教育功能,整合区域藏品、展览、人才、技术、资金等资源,策划优秀展览项目巡回展出,弥补中小型博物馆展览资源的不足

在博物馆管理方面,以上政策以博物馆管理办法、博物馆人才培训、博物馆作风建设、博物馆陈列及博物馆长期发展规划为出发点完善博物馆管理的各个环节,提高博物馆运行效率,为人们带来更好的公共文化服务

体验。

2. 关于遗产保护的主要政策

在遗产保护的政策方面,主要有《中国文化遗产标志管理办法》《商务部、国家文物局关于加强老字号文化遗产保护工作的通知》《国家级非物质文化遗产保护与管理暂行办法》《世界文化遗产保护管理办法》《中华人民共和国非物质文化遗产法》《大运河遗产保护管理办法》(见表4-27)。

表4-27　关于遗产保护的主要政策[①]

序号	政策文件	发布时间	发布机构	主要内容
1	《中国文化遗产标志管理办法》	2006年2月6日	国家文物局	国家文物局是中国文化遗产标志的权利人。国家文物局授权中国文物信息咨询中心对中国文化遗产标志及其使用进行保护和管理,维护中国文化遗产标志权利人的权益。使用中国文化遗产标志,应当根据本办法附件一规定的式样,按比例放大或缩小,不得更改图形的比例关系和样式
2	《商务部、国家文物局关于加强老字号文化遗产保护工作的通知》	2006年10月26日	商务部、国家文物局	老字号是我国极其重要的传统商业资源和弥足珍贵的文化遗产。各地要切实提高对老字号的保护意识,加强老字号非物质文化遗产的保护工作,重点做好老字号历史研究与文物建筑的保护工作,建立科学有效的老字号非物质文化遗产传承机制,并加强老字号非物质文化遗产知识产权的保护
3	《国家级非物质文化遗产保护与管理暂行办法》	2006年11月2日	文化部	国家级非物质文化遗产的保护,实行"保护为主、抢救第一、合理利用、传承发展"的方针,坚持真实性和整体性的保护原则。保护和传承国家级非物质文化遗产,加强保护工作的管理。各级文化行政部门负责组织、协调和监督本行政区域内国家级非物质文化遗产的保护工作

---

① 参见国家文物局编:《中国文化遗产事业法规文件汇编(1949—2009)》,文物出版社2009年版;山东省文物局编:《文物保护法律法规汇编》,山东大学出版社2015年版;国务院法制办公室编:《中华人民共和国法规汇编:2012》,中国法制出版社2014年版。

续表

序号	政策文件	发布时间	发布机构	主要内容
4	《世界文化遗产保护管理办法》	2006年11月14日	文化部	加强对世界文化遗产的保护和管理,履行对《保护世界文化与自然遗产公约》的责任和义务,传承人类文明,依据《中华人民共和国文物保护法》制定本办法。世界文化遗产工作贯彻保护为主、抢救第一、合理利用、加强管理的方针,确保世界文化遗产的真实性和完整性,并制定了具体的管理细则
5	《中华人民共和国非物质文化遗产法》	2011年2月25日	国家文物局	国家对非物质文化遗产采取认定、记录、建档等措施予以保存,对体现中华优秀传统文化,具有历史、文学、艺术、科学价值的非物质文化遗产采取传承、传播等措施予以保护。保护非物质文化遗产,应当注重其真实性、整体性和传承性,有利于增强中华民族的文化认同,有利于维护国家统一和民族团结,有利于促进社会和谐和可持续发展
6	《大运河遗产保护管理办法》	2012年8月14日	文化部	大运河遗产保护实行统一规划、分级负责、分段管理,坚持真实性、完整性、延续性原则,依照国家有关法律、行政法规和本办法的规定执行。国家设立的大运河保护和申遗省部际会商小组,协调大运河遗产保护中的重大事项,会商解决重大问题。办法还在遗产保护规划制度、保护措施、监测巡视制度等方面作出了具体规定

在遗产保护方面,以上政策主要针对非物质文化遗产、世界文化遗产、老字号文化遗产、大运河遗产等方面制定专项发展管理办法,积极推动我国遗产保护事业的发展,进而提升人们的文化自觉、文化自信。

3. 关于文物保护的主要政策

在文物保护的政策方面,主要有《中华人民共和国文物保护法实施条例》《文物保护行业标准管理办法(试行)》《古人类化石和古脊椎动物化石保护管理办法》《中华人民共和国水下文物保护管理条例》《文物复制拓印管理办法》《国务院关于进一步做好旅游等开发建设活动中文物保护工作的意见》(见表4-28)。

表4-28 关于文物保护的主要政策[①]

序号	政策文件	发布时间	发布机构	主要内容
1	《中华人民共和国文物保护法实施条例》	2003年5月18日发布,2017年修订	国务院	对不可移动文物、考古发掘、馆藏文物、民间收藏文物、文物出境入境的各项要求和制度进行了详细规定。要求做好文物保护的宣传教育工作、提高文物保护的科学技术水平
2	《文物保护行业标准管理办法(试行)》	2004年9月3日	国家文物局	文物保护行业标准是指文物保护和博物馆行业范围内的技术标准、规范等。文物保护行业标准分为强制性标准和推荐性标准。文物保护行业标准应当与国家相关标准相符,当与国家标准不一致时,必须有充分的法律依据和科学依据,并经国家标准审批部门批准。文物保护行业标准属于科技成果。对文物保护行业标准中技术水平高,取得显著效益的,可以纳入科技奖励范围,予以奖励
3	《古人类化石和古脊椎动物化石保护管理办法》	2006年8月7日	文化部	加强对古人类化石和古脊椎动物化石的保护和管理,根据《中华人民共和国文物保护法》制定本办法。一、二、三级化石和一般化石的保护和管理,按照国家有关一、二、三级文物和一般文物保护管理的规定实施。对化石进出境、调查勘探和发掘工作等方面作出了具体规定

[①] 参见国家文物局编:《中国文化遗产事业法规文件汇编(1949—2009)》,文物出版社2009年版;山东省文物局编:《文物保护法律法规汇编》,山东大学出版社2015年版;国务院法制办公室编:《中华人民共和国法规汇编:2012》,中国法制出版社2014年版。

续表

序号	政策文件	发布时间	发布机构	主要内容
4	《中华人民共和国水下文物保护管理条例》	2011年1月8日发布，2011年修订	国务院	本条例所指水下文物是指遗存于下列水域的具有历史、艺术和科学价值的人类文化遗产。对水下文物的考古工作、价值鉴定、保护管理等方面作出具体规定，以期加强水下文物保护工作的管理
5	《文物复制拓印管理办法》	2011年1月27日	国家文物局	文物本体及其内容涉及国家秘密的，复制、拓印活动应当按照国家保密法律法规的规定执行。复制、拓印文物，不得对文物造成损害。利用文物原件进行复制、拓印应坚持少而精的原则，严格控制复制品、拓片数量。文物复制品应有表明复制的标识和数量编号，文物拓片应当标明拓印单位、时间和数量编号
6	《国务院关于进一步做好旅游等开发建设活动中文物保护工作的意见》	2012年12月19日	国务院	各类文物既是中华优秀传统文化的重要载体，也是旅游业可持续发展的重要基础。必须做好旅游等开发建设活动中的文物保护工作。严格执法，确定文物景区游客承载标准，加大对文物保护的投入，坚持文物保护优先，把文物安全放在首位

在文物保护方面，以上政策以保护管理办法和行业标准办法为着手点，对古人类化石、水下文物等文物的保护制订专项保护计划，并提及旅游业发展过程中的文化保护，完善我国文物保护体系。

4. 关于文物安全的主要政策

在文物安全的政策方面，主要有《文物出境展览管理规定》《国家文物局关于进一步加强文物单位消防工作坚决遏制文物火灾事故的紧急通知》《国家文物局关于加强田野文物安全工作的紧急通知》《国家文物局关于切实加强博物馆公共安全工作的紧急通知》《公安部、国家文物局关于进一步加强博物馆安全工作的通知》《国家文物局关于加强和改进文物安全工作的指导意见》（见表4-29）。

表4-29　关于文物安全的主要政策[①]

序号	政策文件	发布时间	发布机构	主要内容
1	《文物出境展览管理规定》	2005年5月27日	国家文物局	出境展览的文物应当经过文物收藏单位的登记和定级,并已在国内公开展出。国家文物局负责全国文物出境展览的归口管理。文物出境展览应确保文物安全。文物出境展览的承办单位应落实文物安全责任制,并对文物安全负全责。举办文物出境展览应适当收取筹展费、文物养护费等有关费用(2010年12月2日失效)
2	《国家文物局关于进一步加强文物单位消防工作坚决遏制文物火灾事故的紧急通知》	2010年11月20日	国家文物局	各地高度重视,切实加强冬季文物消防安全工作,立即行动,全面开展火灾隐患大排查大整治,加强管理,有针对性地采取防范措施,逐级落实消防安全责任制
3	《国家文物局关于加强田野文物安全工作的紧急通知》	2010年12月1日	国家文物局	坚决遏制盗窃盗掘古遗址、古墓葬和石窟寺、石刻案件高发势头,确保田野文物安全。各级人民政府落实文物保护责任,构建文物安全联合长效机制,健全文物安全责任体系,完善防范设施,提高田野文物防护科技水平
4	《国家文物局关于切实加强博物馆公共安全工作的紧急通知》	2010年5月13日	国家文物局	博物馆作为向公众开放的公共文化服务机构,务必要高度警惕,加强防范,认真查找问题,采取综合措施,确保博物馆公共安全。严格落实馆长安全管理责任,要严格执行值班和信息通报制度,落实安全工作责任制和责任追究制,切实维护博物馆安全稳定

---

① 参见国家文物局编:《中国文化遗产事业法规文件汇编(1949—2009)》,文物出版社2009年版;山东省文物局编:《文物保护法律法规汇编》,山东大学出版社2015年版。

续表

序号	政策文件	发布时间	发布机构	主要内容
5	《公安部、国家文物局关于进一步加强博物馆安全工作的通知》	2011年8月30日	国家文物局、公安部	要求高度重视,进一步强化博物馆安全工作。进一步强化博物馆内部安全管理措施,博物馆主要领导作为博物馆安全的第一责任人,推动风险等级达标,进一步提高博物馆安全技术防范水平。实施综合治理,进一步完善馆藏文物安全长效工作机制
6	《国家文物局关于加强和改进文物安全工作的指导意见》	2012年9月24日	国家文物局	到2015年,基本形成"政府主导、部门协作、单位负责、社会参与、打防结合、综合治理"的文物安全工作格局,各地健全文物安全责任体系、完善文物安全防控体系、严厉打击文物违法犯罪

在文物安全方面,以上政策主要目的是加强博物馆安全工作,提高文物安全水平,进一步确保田野考古文物安全。保护我国文物,大力打击文物盗掘犯罪。

5.关于公共文化服务的主要政策

在公共文化服务政策方面,主要有《中共中央宣传部、文化部、国家文物局关于进一步加强博物馆宣传展示和社会服务工作的通知》《关于公共文化设施向未成年人等社会群体免费开放的通知》《国家文物局关于请支持开展博物馆教育功能调研的函》(见表4-30)。

表4-30　关于公共文化服务的主要政策①

序号	政策文件	发布时间	发布机构	主要内容
1	《中共中央宣传部、文化部、国家文物局关于进一步加强博物馆宣传展示和社会服务工作的通知》	2003年12月22日	中共中央宣传部、文化部、国家文物局	加强博物馆宣传展示和社会服务工作,坚持以人为本,强化服务意识,把社会和观众的需求作为博物馆工作的出发点和落脚点。激励和培养公众参与意识,积极探索博物馆联系公众、服务社会的新思路和新举措。把社会效益放在首位,有条件的博物馆,要对中小学生参观实行免费或优惠

---

① 参见国家文物局编:《中国文化遗产事业法规文件汇编(1949—2009)》,文物出版社2009年版;山东省文物局编:《文物保护法律法规汇编》,山东大学出版社2015年版;国务院法制办公室编:《中华人民共和国法规汇编:2012》,中国法制出版社2014年版。

续表

序号	政策文件	发布时间	发布机构	主要内容
2	《关于公共文化设施向未成年人等社会群体免费开放的通知》	2004年3月19日	文化部、国家文物局	从2004年5月1日起,全国文化、文物系统各级博物馆、纪念馆、美术馆要对未成年人集体参观实行免票;对学生个人参观可实行半票;公共文化设施要坚持把社会效益放在首位,积极开展未成年人喜闻乐见的文化艺术活动,充分发挥对未成年人的教育引导功能
3	《国家文物局关于请支持开展博物馆教育功能调研的函》	2011年6月20日	国家文物局	在全国范围内开展"历史类博物馆、纪念馆教育功能调研"。调研拟从博物馆教育功能角度出发,进一步研究博物馆教育传播的内容、形式和手段创新,探索博物馆纳入国民教育体系的有效途径和实现方式

在公共文化服务方面,上述政策以博物馆宣传展示、社会服务、社会教育为出发点,推动博物馆成为公共文化服务的重要场所,并实施免费开放政策,吸引人们参观博物馆,从而将博物馆纳入国民教育体系。

6. 关于财政的主要政策

在财政政策方面,主要有《文物保护特批项目经费安排暂行规定》《大遗址保护专项经费管理办法》《国家非物质文化遗产保护专项资金管理暂行办法》(表4-31)。

表4-31 关于财政的主要政策[①]

序号	政策文件	发布时间	发布机构	主要内容
1	《文物保护特批项目经费安排暂行规定》	2005年8月25日	国家文物局	特批项目经费是指在国家重点文物保护专项补助经费中用于文物保护特批项目的经费。特批项目的报批程序:按照党和国家领导人、文化部主要领导、财政部有关部门领导批示或国家文物局确定的扶贫单位项目批示,由相关司提出意见后报办公室汇总,并依据年度切块规模提出经费安排建议报局长办公会审核批准

---

① 参见国家文物局编:《中国文化遗产事业法规文件汇编(1949—2009)》,文物出版社2009年版;国务院法制办公室编:《中华人民共和国法规汇编:2012》,中国法制出版社2014年版。

续表

序号	政策文件	发布时间	发布机构	主要内容
2	《大遗址保护专项经费管理办法》	2005年8月25日	国家文物局	专项经费是指中央财政安排用于大遗址保护和开展相关管理工作的补助经费，重点支持中央政府推动的大遗址本体保护示范工程。按照"中央主导、地方配合、统筹规划、确保重点、集中投入、规划先行、侧重本体、展示优先"的原则，经费安排优先考虑遗址本体保护需求急迫、有较好考古勘查工作基础、已编制规划或规划纲要、宣传展示可行性强、地方政府重视并有一定经费配套的项目（2013年6月9日失效）
3	《国家非物质文化遗产保护专项资金管理暂行办法》	2006年7月13日	财政部、文化部	专项资金的来源为中央财政拨款，分为保护项目补助经费和组织管理经费两大类。由地方各级文化行政部门和财政部门逐级申报，经省级文化行政部门和财政部门审核汇总后共同报文化部和财政部（2012年5月4日失效）

在财政方面，上述政策为文物保护特批项目、大遗址保护、国家非物质文化遗产保护出台专项资金提供支持，支持博物馆、纪念馆和各种革命遗迹、遗址等固定场所有计划地运用文物开展爱国主义和革命传统教育活动。

7.关于遗址保护的主要政策

在遗址保护的政策方面，主要有《长城保护条例》《国家考古遗址公园管理办法（试行）》《国家考古遗址公园规划编制要求（试行）》（见表4-32）。

表4-32 关于遗址保护的主要政策①

序号	政策文件	发布时间	发布机构	主要内容
1	《长城保护条例》	2006年10月11日	国务院	长城保护应当贯彻文物工作方针,坚持科学规划、原状保护的原则,对长城实行整体保护、分段管理,长城所在地县级以上地方人民政府应当将长城保护经费纳入本级财政预算,对长城保护实行专家咨询制度,公民、法人和其他组织都有依法保护长城的义务等内容
2	《国家考古遗址公园管理办法(试行)》	2009年12月17日	国家文物局	国家文物局负责国家考古遗址公园的评定管理工作,省级文物行政部门负责本行政区域内国家考古遗址公园的监督管理工作,遗址所在地县级以上人民政府负责国家考古遗址公园建设和运营的组织实施。国家文物局鼓励、支持国家考古遗址公园的建设。对于在经济社会文化发展中作出突出贡献的国家考古遗址公园,予以表彰、奖励
3	《国家考古遗址公园规划编制要求(试行)》	2012年12月24日	国家文物局	规划适用于确需建设国家考古遗址公园(以下简称遗址公园)的大遗址。规划必须以文物保护规划为依据,符合文物保护规划中展示规划的原则和要求,是遗址公园建设与管理的技术性文件。规划应在科学保护遗址的基础上,充分、准确阐释遗址的价值,评估相关社会、经济和环境条件,确定遗址公园的定位、建设目标、内容等

在遗址保护方面,上述政策明确规划建设国家考古遗址公园,充分支持遗址的建设和运营,并出台专项发展规划,以此带动遗址的发展与保护。

8.关于文化市场管理的主要政策

在文化市场管理的政策方面,主要有《文物行政处罚程序暂行规定》和

---

① 参见国家文物局编:《中国文化遗产事业法规文件汇编(1949—2009)》,文物出版社2009年版;山东省文物局编:《文物保护法律法规汇编》,山东大学出版社2015年版;国务院法制办公室编:《中华人民共和国法规汇编:2012》,中国法制出版社2014年版。

《文物拍卖企业资质年审管理办法》(见表4-33)。

表4-33 关于文化市场管理的主要政策[①]

序号	政策文件	发布时间	发布机构	主要内容
1	《文物行政处罚程序暂行规定》	2005年1月24日	文化部	文物行政部门实施行政处罚应当遵循的原则,上级文物行政部门对下级文物行政部门实施的文物行政处罚行为进行监督。对于下级文物行政部门违法作出的行政处罚决定,上级文物行政部门可责令其限期改正。逾期不改正的,上级文物行政部门有权依法对违法作出的行政处罚决定予以变更或者撤销
2	《文物拍卖企业资质年审管理办法》	2011年1月5日	国家文物局	文物拍卖企业资质年审,系指国务院文物行政部门和省级文物行政部门对取得文物拍卖资质的拍卖企业文物拍卖活动和专业人员从业等情况进行定期检查审核的监督管理制度。年审工作每两年开展一次,凡取得文物拍卖资质的拍卖企业均须参加(2017年12月27日失效)

在文化市场管理方面,上述政策以文物行政处罚程序暂行规定、文物拍卖企业资质年审管理办法为中心,规范文化市场管理,维护市场秩序,助力我国文化市场更好、更快发展。

9.关于社会力量参与博物馆建设的主要政策

在社会力量参与博物馆建设的政策方面,主要有《关于促进民办博物馆发展的意见》和《国家文物局、教育部关于加强高校博物馆建设与发展的通知》(见表4-34)。

[①] 参见国家文物局编:《中国文化遗产事业法规文件汇编(1949—2009)》,文物出版社2009年版;山东省文物局编:《文物保护法律法规汇编》,山东大学出版社2015年版。

表4-34　关于社会力量参与博物馆建设的主要政策[①]

序号	政策文件	发布时间	发布机构	主要内容
1	《关于促进民办博物馆发展的意见》	2010年1月29日	国家文物局、民政部、财政部	民办博物馆是为了教育、研究、欣赏的目的,由社会力量利用非国有文物、标本、资料等资产依法设立并取得法人资格,向公众开放的非营利性社会服务机构。进入新世纪以来,文化体制改革逐步深化,民办博物馆发展迅速。但是由于民办博物馆在我国还是一个新事物,尚处于探索阶段,还存在着准入制度不完善、扶持政策不健全、管理运行不规范、社会作用不明显等问题,严重制约了民办博物馆的健康发展。所以要高度重视、积极促进民办博物馆健康发展,加强扶持,为民办博物馆创造良好的发展环境,依法办馆,全面提高民办博物馆的质量
2	《国家文物局、教育部关于加强高校博物馆建设与发展的通知》	2011年5月22日	国家文物局、教育部	高校博物馆是为了教育、研究、欣赏的目的,由高等学校利用所收藏的文物、标本、资料等文化财产设立并向公众开放,致力于服务高等教育发展和社会文化发展的社会公益性组织。充分发挥藏品资源以及高校专业力量优势,搭建开放的高水平研究平台,大力推进博物馆的学术研究,以科技创新推动博物馆的管理创新和工作创新

在社会力量参与博物馆建设方面,上述政策指出我国应积极推动民办博物馆和高校博物馆建设,完善我国博物馆体系,并积极推动此类民办博物馆健康发展,为博物馆建设提供政策、财政支持,提高发展质量。

10.关于对外文化交流的主要政策

在对外文化交流的政策方面,主要有《文物出境审核标准》和《文物出境审核管理办法》(见表4-35)。

[①] 参见国务院法制办公室编:《中华人民共和国法规汇编:2012》,中国法制出版社2014年版;山东省文物局编:《文物保护法律法规汇编》,山东大学出版社2015年版。

表4-35　关于对外文化交流的主要政策[①]

序号	政策文件	发布时间	发布机构	主要内容
1	《文物出境审核标准》	2007年6月5日	国家文物局	对禁止出境展览文物类型作出明确规定
2	《文物进出境审核管理办法》	2007年7月13日	文化部	加强对文物进出境审核的管理,根据《中华人民共和国文物保护法》和《中华人民共和国文物保护法实施条例》,制定本办法。国家文物局负责文物进出境审核管理工作,指定文物进出境审核机构承担文物进出境审核工作。文物进出境审核机构由国家文物局和省级人民政府联合组建,并制定了详细的审核标准及各种审核细则等

在对外文化交流方面,上述政策明确表明必须严格依据文物出入境审核标准进行审理,确保文物安全。

11. 关于考古的主要政策

在考古的政策方面,主要有《关于加强基本建设工程中考古工作的指导意见》(见表4-36)。

表4-36　关于考古的主要政策[②]

序号	政策文件	发布时间	发布机构	主要内容
1	《关于加强基本建设工程中考古工作的指导意见》	2007年1月16日	国家文物局	基于建设工程中考古工作的工作程序,严格编制《文物影响评估报告》《文物调查工作报告》《考古勘探工作报告》等。进一步规范考古工作,建立考古工作监理制度,规范考古勘探和考古发掘工作,确保考古工作质量

在考古方面,上述政策主要以基础设施工程中的考古工作为出发点推动考古工作正常有序进行,确保考古工作质量。

12. 其他相关政策

在其他相关政策方面,主要有《文物保护科学和技术创新奖励办法(试

[①] 参见山东省文物局编:《文物保护法律法规汇编》,山东大学出版社2015年版。
[②] 参见国家文物局编:《中国文化遗产事业法规文件汇编(1949—2009)》,文物出版社2009年版。

行)》《全国重点文物保护单位保护规划编制审批办法》《全国重点文物保护单位保护规划编制要求》《国家文物鉴定委员会管理规定》《文物认定管理暂行办法》(见表4-37)。

表4-37 其他相关政策[①]

序号	政策文件	发布时间	发布机构	主要内容
1	《文物保护科学和技术创新奖励办法(试行)》	2004年7月6日	国家文物局	国家文物局设立文物保护科学和技术创新奖,贯彻尊重知识、尊重人才、鼓励创新的方针(2017年12月27日失效)
2	《全国重点文物保护单位保护规划编制审批办法》	2005年7月21日	国家文物局	编制文物保护单位保护规划,必须坚持"保护为主、抢救第一、合理利用、加强管理"的文物工作方针。文物保护单位保护规划应当纳入所在地的国民经济和社会发展规划、城乡建设发展规划。制定文物保护单位保护规划的基本原则和要求。保护规划的期限一般为20年
3	《全国重点文物保护单位保护规划编制要求》	2005年7月21日	国家文物局	明确文物保护单位保护规划设计成果的各组成部分要求、规划文本、规划框架等
4	《国家文物鉴定委员会管理规定》	2006年1月12日	国家文物局	国家文物鉴定委员会是国家文物局为文物保护管理工作而设立的文物鉴定咨询机构,由国家文物局聘请文物、博物馆及相关行业著名专家学者组成。其主要职责是:根据国家文物管理工作需要,对文化遗产的历史、艺术、科学价值和等级进行鉴定和评价,为文物征集、保护、管理和执行有关文物保护法规提供依据(2010年12月2日失效)

① 参见山东省文物局编:《文物保护法律法规汇编》,山东大学出版社2015年版;国务院法制办公室编:《中华人民共和国法规汇编:2012》,中国法制出版社2014年版。

续表

序号	政策文件	发布时间	发布机构	主要内容
5	《文物认定管理暂行办法》	2009年8月10日	文化部	认定文物,由县级以上地方文物行政部门负责。认定文物发生争议的,由省文物行政部门作出裁定。国务院文物行政部门应当定期发布指导意见,明确文物认定工作的范围和重点。省级文物行政部门应当根据国务院文物行政部门的要求,认定特定的文化资源为文物

以上政策从文物认定、文物保护单位规划、文物保护科学和技术创新奖励办法等方面推动文化保护科技创新,加强文物进出境审核的管理,使文物认定更加规范化、准确化,推动我国文物事业发展。

三、2003年—2012年博物馆领域的主要成绩

在博物馆免费开放政策和博物馆绩效考核机制的双重推动下,我国博物馆运营能力显著提升,博物馆参观人数迅速上升。数字博物馆和文化创意产业进入萌芽期、探索期,考古事业和对外文化交流活动有序开展。

（一）博物馆免费开放,大众文化需求日益得到满足

我国博物馆定级评估工作从2008年开始。2008年国家文物局公布首批83家国家一级博物馆,2009年公布首批二级博物馆171家、三级博物馆288家,2012年公布第二批国家一级博物馆34家,逐步构建起博物馆公共文化服务的绩效评估体系。截至2012年底,我国有博物馆3866家,其中免费开放博物馆数量为2417家,占总博物馆数的63%。国有博物馆有3219家,民办博物馆有647家,藏品数量3505万套,2012年文物单位举办展览数量2.2万次,其中免费展览1.7万次,接待人次6.7亿。[1]

为解决博物馆免费开放过程中出现的问题。2012年两会期间,财政部明确要求建立健全博物馆绩效评价体系,对免费开放后的公立博物馆实行绩效考核制度。以博物馆管理指标体系、功能指标体系、观众满意度指标体系作为打分评测依据,[2]对博物馆年举办展览数、文化休闲、数字化水平、文化产品开发、服务质量等方面进行考核,要求博物馆改进完善自身,提高公

---

[1] 数据来源:《2013年我国博物馆行业发展现状及发展特点分析》,中国产业信息网。
[2] 陈波、耿达:《博物馆免费开放绩效评价指标体系研究》,《艺术百家》2013年第29期。

共服务水平。

  安全工作始终是博物馆日常工作的重点。随着博物馆参观人数和展览数量的持续上升,2004—2012年间我国相继出台《国家文物局关于切实加强博物馆公共安全工作的紧急通知》《公安部、国家文物局关于进一步加强博物馆安全工作的通知》等政策文件,从文物火灾、展览陈设、文物出境等多方面强调博物馆安全工作。2008年11月博物馆安全委员会成立,该委员会旨在加强博物馆馆际安全管理和技术防范的经验交流。安保科技手段的不断创新,传感器、预防保护系统、监测系统的利用使得博物馆安全得到有效保障。

  在我国经济与社会事业稳步推进的发展背景下,文化教育和科学普及成为博物馆建设和运行过程中的重要目标。2005年、2007年文化部先后将一批博物馆、纪念馆纳入爱国主义教育基地,推动博物馆实现自身公共服务和社会教育的功能。2008年1月《关于全国博物馆、纪念馆免费开放的通知》公布并施行。截至2009年年底,全国已有1447座博物馆、纪念馆免费向社会公众开放。在2008年到2009年的两年时间里,共有近8亿人次到各种博物馆和纪念馆参观,相比于免费开放前的2007年增加了50%的客流量,有的地方博物馆、纪念馆的参观人数甚至在短时间内增长了10倍之多。人们对文化和知识的需求不断提升,加之博物馆免费开放政策的推行,博物馆成为人们日常休闲和旅游活动的重要选择。[①]为增强博物馆吸引力、提高文化附加值,各大博物馆在政策支持下开发博物馆文创产品。目前我国的博物馆文创事业处于起步、探索阶段,整体水平不高,基础较为薄弱,但发展前景广阔。2008年11月故宫淘宝上线、2011年苏州博物馆在淘宝开设文创店,少数博物馆开始设计研发专属文化创意产品。

  现代科技水平的提高为博物馆发展带来多样可能性,我国数字博物馆虽起步于20世纪末期,但发展较快。截至2009年,"中国虚拟博物馆群——中国科普博览"已建成70多个虚拟博物馆,形成六大展区,网站累计访问量约6000万次。2011年文化部与财政部的"文物调查及数据库管理系统建设项目"共完成1660275件/套馆藏珍贵文物和1370000件馆藏一般文物的数据采集工作,拍摄照片3869025张,录入文本信息3.05亿字,数据总量达15.16TB,成功摸清了全国馆藏珍贵文物的家底情况。[②]2012年百度百科推出数字博物馆项目,

---

[①] 王玲:《公共文化空间与城市博物馆旅游发展——以上海为例》,浙江大学出版社2014年版,第42页。
[②] 郑霞:《数字博物馆研究》,浙江大学出版社2016年版,第48页。

利用三维全景技术打造足不出户看展览的虚拟场景。除线上虚拟化博物馆外，各地博物馆在建设过程中也纷纷加大数字化投入力度，建设智能讲解系统、数字化展示平台、微信公众号、网站等，线下博物馆的数字化运用极大地提升了博物馆的参观体验，提高了博物馆的运行效率。

（二）田野考古持续发展，沉船考古成绩卓越

博物馆事业蓬勃发展的同时，各省考古成果纷纷涌现。2007年江西靖安李洲坳东周墓葬是我国目前发现的时代最早、埋葬棺木最多的"一坑多棺"墓，其奇特的葬制和葬俗为国内首见。2008年陕西高陵杨官寨遗址南北分布半坡文化和庙底沟文化的居民聚居区，对于研究仰韶文化的发展和仰韶文化的社会发展阶段，乃至文明的起源都非常重要。2009年河北曲阳涧磁村定窑遗址是近年来中国陶瓷考古的一项重大发现。2010年湖南永顺老司城遗址对于研究土司制度提供了考古学实证。2012年山东定陶灵圣湖汉墓发掘出的黄肠题凑是迄今发现的规格最高的汉代黄肠题凑。[1]除田野考古外，我国水下考古经过20年的发展，终于在2007年整体打捞出"南海一号"并将之移入广东海上丝绸之路博物馆，这是世界考古史上首次沉箱整体打捞沉船，对于我国沉船考古事业的发展具有开拓意义。

（三）对外交流日益多元

21世纪以来，我国博物馆对外交流与合作的方式内容不断丰富，中外博物馆展览的数量不断增多、规模不断扩大。博物馆展览成为"中法文化年""中意文化年"等系列交流活动中的文化名片。[2]在长期中外双方友好合作的基础上，我国博物馆积极与国外博物馆缔结友好馆协议，进一步推进文化交流。2012年河南博物院与西班牙达利博物馆签订友好馆协议，甘肃省博物馆与日本大阪东洋陶瓷美术馆建立国际友好馆。除建立友好合作关系外，我国还积极承担博物馆大型国际活动和学术会议，推动中国博物馆在国际博物馆大家庭中扮演更活跃、更重要的角色。2010年，国际博物馆协会第22届会员代表大会在上海成功举办。2012年，国际博协亚太地区联盟大会在武汉举行。

由上可知，2003—2012年这一阶段博物馆行业领域的工作重点是：将博物馆事业纳入公共文化服务体系，国家各级博物馆事业管理部门加强对博

---

[1] 资料来源：中国历史文化遗产保护网。
[2] 陆建松、韩翊玲：《我国博物馆国际交流与合作的现状、问题及其政策思考》，《四川文物》2011年第3期。

物馆事业的公共管理与公共服务，全国各地博物馆全面推进以竞聘制为主的人事制度改革。在国家关于博物馆、纪念馆免费开放制度实施的背景下，博物馆财务制度走向"收支两条线"。我国博物馆事业改革在公共文化服务体系建设中持续推进，大众文化需求日益得到满足，田野考古和水下考古成绩显著，中国博物馆活跃在国际文化交流的舞台。

第五节　2013年至今博物馆体制改革的深化

在文旅融合发展的背景下，博物馆建设迎来新的高潮。随着博物馆的不断发展，一些博物馆面临着财政支持不足与业务经费缺乏、体制机制老化与专业人员匮乏、藏品利用率不足与展览陈列同质化等问题，如何加强科学管理、提高博物馆的发展质量成为文博领域重点关注的话题之一。党的十八大以来，国家加快深化文化体制改革，这一时期国家在战略层面对文博事业健康、有序发展予以更加全面的支持。吸引社会力量参与博物馆管理和运营是新阶段博物馆体制改革的方向，博物馆理事会制度的完善、政府购买公共文化服务、博物馆考核制度的践行、博物馆事业发展基金的探索等是这一阶段改革的重点。改革将推动博物馆发展更趋科学化、公开化、社会化。

一、2013年至今博物馆管理制度创新

2013年11月，党的十八届三中全会审议通过《中共中央关于全面深化改革若干重大问题的决定》，标志着我国进入全面深化改革的新时期。该决定提出要推进文化体制机制创新，进一步深化文化体制改革，推动公共文化服务社会化发展，构建现代公共文化服务体系，明确不同文化事业单位功能定位，建立法人治理结构，完善绩效考核机制，鼓励社会力量、社会资本参与公共文化服务体系建设。[1]这一要求着眼于博物馆建设发展的现实需要，成为改革开放新形势下博物馆事业体制改革逐步深化的行动指南。于是在这一时代背景下，博物馆理事会制度、政府购买公共文化服务等吸引社会力量参与管理运营的改革方式得到有力践行，成效显著。

（一）完善博物馆绩效考评机制

博物馆事业纳入公共文化服务体系后，国家加强博物馆绩效考评机制

---

[1] 全国人大常委会办公厅、中共中央文献研究室编：《人民代表大会制度重要文献选编（四）》，中国民主法制出版社、中央文献出版社2015年版，第1684—1685页。

的建设。2012年国家文物局发布《全国博物馆评估办法(2012修订)》,按照自评、申报、评定、公布的程序,定期对全国博物馆进行一、二、三级评估。2013年国家文物局公布《博物馆免费开放绩效考评办法(草案)》和《博物馆免费开放绩效考评指标体系》,将经费保障与使用、文化传播与社会教育、管理运行与安全保障、观众评价、基础工作作为一级评估指标,对博物馆基本陈列、临时展览、讲解导览、青少年教育、文创产品、开放时间、观众人次、制度建设、服务设施、安全管理、藏品管理、科学研究等各方面进行考评,充分发挥免费开放专项资金的使用效益,提高公共文化服务能力和服务水平,激发免费开放制度下博物馆的发展活力。为进一步支持重点博物馆提升服务能力,2013年,财政部下发《中央补助地方博物馆、纪念馆免费开放专项资金管理暂行办法》,以有关部门监督检查、绩效评价的结果作为以后年度分配专项资金的重要参考依据,该法进一步完善了博物馆免费开放绩效考评机制。

为顺应国家关于绩效考评的政策要求,一些省份的文物局制定了省级博物馆绩效考评管理办法,针对地方情况,加快落实博物馆绩效评估工作,规范免费开放下博物馆资金使用、管理运营、考核评估。2013年8月,甘肃省平凉市文物管理局、市财政局根据省文物局、省财政厅对博物馆免费开放绩效考评工作的统一安排,组成联合考评组,对全市6个免费开放博物馆和3个免费开放纪念馆的年度工作逐一进行了绩效考评。2016年7月,甘肃省印发《甘肃省博物馆免费开放绩效考评办法》及相关指标体系,兰州、武威、平凉、庆阳等市纷纷对下辖博物馆进行全方位考评。2019年9月,为促进博物馆事业可持续发展,云南省文旅厅、财政厅印发《云南省博物馆、纪念馆免费开放绩效评价管理暂行办法》。博物馆绩效考评机制关乎博物馆作为公共文化服务部门是否能有效运作的核心性问题,免费开放制度下,博物馆社会效应的扩大迫切需要博物馆建立相应的绩效考评机制。在未来,博物馆绩效考评机制的建设应顺应时代变化。要深入分析现实情况,及时调整工作思路,制定配套的法律法规加以保障,根据具体情况增减对应的指标,严格规范考评程序,从而推动博物馆免费开放绩效考评机制科学、高效、持续运转。

(二)博物馆理事会制度的建立

博物馆理事会制度极大地凸显了文化治理的内涵与意义。"文化治理"这一概念最初由英国学者托尼·本尼特提出,他认为文化治理是将政策引入文化研究,使得个人、机构、团体、政府在相互联系的文化活动中保持持续的张力,并通过特定制度形成治理关系。[①]文化治理不同于文化管理,它强调主体的多元性,即政府、团体、机构、个人共同参与文化领域的活动和管理,以实现社会民主和文化协商,而非传统的权力的单向度运动。博物馆理事会制度通过吸纳政府部门代表、专业人士、各界群众等各方力量,形成博物馆最高管理和决策机构,健全博物馆内部控制体系,完善博物馆内部决策机制,保障博物馆决策的科学性、规范化,激发博物馆持续、健康发展的活力。

早在2003年文化体制改革试点工作推进时,广东省博物馆、上海博物馆等综合试点区的博物馆就积极探索筹建以理事会为主的法人治理组织,但不够正式且成效甚微。2008年博物馆免费开放制度推行后,博物馆理事会制度从微观探索阶段进入到宏观指导阶段,国家逐步出台政策,鼓励并推动博物馆积极建立以理事会为代表的内部管理制度。2008年《关于全国博物馆、纪念馆免费开放的通知》提出建立政府主导、法律规范、社会参与的博物馆管理体系。2010年《关于进一步做好公共博物馆纪念馆免费开放工作的意见》明确规定文博单位要积极探索完善法人治理结构,逐步实行理事会决策、馆长负责的管理运行机制,形成政府、社会、公众代表相结合的监督管理体系。2011年,国家出台了《关于分类推进事业单位改革的指导意见》,并配套下发《关于建立和完善事业单位法人治理结构的意见》,要求博物馆等面向社会提供公共服务的事业单位建立法人治理结构。[②]同年,国家文物局响应国家改革规划,要求国有博物馆、纪念馆逐步向"理事会领导、馆长管理"的运行机制过渡。2013年,党的十八届三中全会明确提出博物馆应组建理事会,吸纳社会力量参与管理。

在长期政策支持下,国家正式确立云南省博物馆为全国第一家博物馆理事会制度改革的试点单位并予以支持。通过相关调研、工作机构组建、筹建方案制定、治理模式构建以及理事会文件拟定后,云南省博物馆理事会于2014年4月成立并召开第一次会议,在制度、人事组织、管理、服务等方面进行了创新(见表4-38)。云南省博物馆理事会制度改革实现了政事分开、官办分离的目标,推动了政府职能转变,最终形成了以理事会为决策和监督机构、馆长负责下的管理层为执行机构的相对独立的博物馆运行机制。

[①] 〔英〕托尼·本尼特:《文化、治理与社会》,王杰、强东红译,中国出版集团东方出版中心2016年版,第210页。

[②] 於照:《博物馆理事会制度改革问题研究——以宁波博物馆为例》,宁波大学硕士学位论文,2017年。

表4-38　云南省博物馆理事会制度改革创新项目及内容[①]

创新项目	创新内容
制度	理事会负责对本馆的发展规划、财务预算决算、业务运营、章程拟定等进行科学决策,并进行监督
人事组织	理事会由行政部门代表、社会人士代表、博物馆干部职工代表三部分组成。理事长由举办单位委托,中层干部实行竞聘制。馆长作为单位法人,由理事会提名、选举,管理层实行馆长负责制
管理	根据相关规定,制定《云南省博物馆章程》,严格执行干部任期目标责任制
服务	推行公开化、透明化运营,本馆的发展规划、经费收支管理、运营计划、业务开展情况等向社会公开,接受公众监督

　　云南省博物馆理事会制度改革取得了丰富的阶段性成果,得到各界的关注。在云博理事会改革经验指引下,国家进一步推进公共文化机构法人治理结构改革。文化部于2014年推出《公共文化机构法人治理结构试点工作方案》,同年8月,在全国范围内选出10家公共文化机构,作为国家事业单位法人治理结构改革的首批试点单位。广东省博物馆作为其中唯一一家博物馆,积极启动理事会试点工作,在贯彻落实中央关于法人治理改革精神的基础上,进行了创新性的探索。在一系列前期准备工作完成后,2014年12月31日,广东省博物馆第一届理事会成立并召开第一次会议。理事会在人事组织上实行"三三制"的原则,政府、事业单位、社会人士等利益相关各方共同参与博物馆建设。第一届理事会组成人员有行政部门干部、高校人员、企业人员、社会知名人士等,任期5年,对发展规划制定、馆长任免、财务预决算审议、内设机构设置、业务活动开展等重大事项进行决策和监督。会上还讨论并表决通过了《广东省博物馆章程》《广东省博物馆理事会议事规则》等文件。

　　2015年3月国务院发布《博物馆条例》,其中第十一条第三项规定博物馆章程应当规定组织管理制度,包括理事会或者其他形式决策机构的产生办法、人员构成、任期、议事规则等。同时该条例第十七条规定博物馆应当完善法人治理结构,建立健全有关组织管理制度。2015年6月,国家文物局发布《关于推进博物馆理事会建设的指导意见》,进一步推动社会力量参与博物馆的各项决策与监督,强化博物馆的公共性,增加管理的公开透明度。各省、自治区、直辖市纷纷响应,博物馆理事会制度改革遍地开花。2015年4月29日,贵州省博物馆第一届理事会成立;2015年11月27日,河南博物院第一届理事会在郑州成立;2015年11月30日,湖南省博物馆理事会正式成

[①] 阮可:《现代公共文化服务体系——理论与浙江实践》,浙江大学出版社2014年版,第65页。

立;2015年12月29日,青海省博物馆理事会正式成立;2016年12月,宁夏博物馆理事会正式成立;等等。

2017年8月31日,中宣部等七部委联合下发《关于深入推进公共文化机构法人治理结构改革的实施方案》,对全国市(地)级以上规模较大、面向社会提供公益服务的博物馆等公共文化机构提出工作目标,进一步深入推进博物馆理事会制度的完善与发展。理事会制度将推动博物馆形成"由理事会行使决策权和监督权,由管理层具体执行"的法人治理模式,积极探索以公益为目标导向的现代博物馆运行机制,实现决策、管理、执行、监督与保障的科学化、民主化、制度化。在未来,国家应通过有关立法将博物馆理事会确立为博物馆内部具有最高决策与领导权的法定机构,明确博物馆理事会的基本职能和职责范围,确保博物馆理事会组成人员科学化、多元化、社会化,搭建博物馆理事会科学民主决策的制度平台,进一步提升博物馆法人治理能力,与文化产业、文化市场对话,迎来博物馆发展的更多机遇。①

(三) 政府购买公共文化服务的实行

随着文化体制改革不断深化,国家加快推广政府购买公共文化服务这一新形式,促进公共文化服务社会化发展。根据《国务院办公厅关于政府向社会力量购买服务的指导意见》的有关要求,2015年5月下发的《关于做好政府向社会力量购买公共文化服务工作的意见》明确规定公共博物馆等公共文化体育设施的运营和管理是政府购买公共文化服务的内容之一。随后,国家先后出台《关于在公共服务领域推广政府和社会资本合作模式的指导意见》《关于做好事业单位政府购买服务改革工作的意见》《政府购买服务管理办法》等文件。"通过政府购买公共文化服务,广泛吸引社会力量参与"这一改革形式成为时代需求,不少地方都进行了有益实践。在文博行业领域,政府坚持以需定供为导向,坚持公益性服务的宗旨,目前在购买公共文化服务的方式上主要有业务项目购买和人事岗位购买两种。

在业务项目购买方面,政府购买服务吸引社会力量参与博物馆陈列展览设计与布置、文创策划开发、文物保护与认养等项目。例如,在2016年上海公共文化服务发展报告中,浦东新区政府购买的博物馆类公共文化服务包括博物馆调研服务、博物馆开放运行评估服务、博物馆宣传推广、博物馆学科业务资料编撰及出版、可移动文物普查工作以及其他博物馆管理服

---

① 蔡武进、傅才武:《我国文博管理制度改革发展的基本路径》,《福建论坛(人文社会科学版)》2017年第10期。

务。①2017年4月15日,在山西省介休市张壁古堡,中国首个以省级政府部门主导的社会力量参与文物保护工程——"文明守望工程"启动,进一步动员和鼓励企业、社会团体或个人、当地居民等社会各方力量,通过捐赠、文物修缮、展示利用、文化创意、志愿服务、看护巡查等多种形式参与文物保护工作,目前已完成"众手搭""巨手擎""妙手集""巧手创"等多个文物保护项目。基于此,2019年1月山西省发布《山西省社会力量参与文物保护利用办法》,对社会力量参与认养不可移动文物、博物馆公共服务、文物保护志愿者服务等提出相关要求,进一步推进"政府主导、社会参与、成果共享"的文物保护与博物馆发展新机制。②

在人事岗位购买方面,博物馆招聘的政府购买公共服务工作岗位从最初的保安、保洁等博物馆后勤岗位发展到文保、社教、陈列等博物馆运营岗位。北京市朝阳区于2012年12月发布《朝阳区关于政府购买社会公共文化服务的实施意见》,其中指出博物馆岗位购买主要在保安保洁岗位。随着政府向社会力量购买公共文化服务体系的进一步发展,一些地区博物馆开始购买运营岗位,如江苏江海博物馆招聘的政府购买公共文化服务岗位中涉及展陈设计、文创策划、讲解服务、人力资源管理等岗位;洛阳民俗博物馆于2016年7月购买相关劳务派遣人员9人,主要从事匾额修复、契约文书修复、古木家具修复、古代丝织品修复以及讲解服务等;安庆市博物馆于2019年5月购买文物保管、文物考古陈列、会计等岗位人员;盐城中国海盐博物馆于2019年7月公开招聘政府购买公共服务讲解员7人。至此,博物馆人事制度由"定岗定编,竞争上岗"转向"定编竞聘+政府购买公共服务"。

尽管部分地区的博物馆对政府购买公共文化服务进行了一定的实践,但这一模式目前在我国并不普遍,尤其是中小型博物馆尚存在服务与需求不对接、支出与服务不平衡、管理与运营滞后的现象。博物馆通过政府购买公共文化服务的形式吸引更多的社会力量,有助于打破人事编制的束缚、经费匮乏的现状与"养人办事"的模式,进一步激发内部管理层的积极性,拓展运营方向,搭建决策权、管理权、执行权分置又互相促进的新机制,最终推出博物馆独特的文化品牌,促进博物馆在城市与社区中扮演更重要的角色。

---

① 徐清泉主编:《上海公共文化服务发展报告(2016)》,上海社会科学院出版社2016年版,第153页。
② 刘珂菁:《中小型博物馆购买公共文化服务的路径选择》,《中国文物报》2019年6月21日。

二、2013年至今博物馆领域的主要政策

2013年以来,我国博物馆体制改革进入深化期。《博物馆条例》进一步推动博物馆事业健康、有序发展。针对博物馆免费开放制度,《博物馆定级评估标准》等建立和完善了博物馆等级制度和绩效考核机制。在博物馆管理方面,《关于推进博物馆理事会建设的指导意见》推动了国内博物馆理事会制度建设。在博物馆运营方面,国务院、国家文物局等有关机构结合实际情况,从人才培养、文物保护、博物馆教育、文创产品开发、人事管理、文物执法等方面出台政策,为长城、大运河等文化遗产制定专项保护、发展计划,助力博物馆事业发展。

这一阶段博物馆事业以深化博物馆体制改革、推动博物馆新型制度化建设、加强博物馆经营与管理工作、保护专项文化遗产为重点,本部分共梳理相关政策44条,其中文物保护政策18条,博物馆管理政策9条,遗址保护政策4条,人事、财政政策4条,考古政策、公共文化服务政策、文物安全政策及文物市场管理政策各1条,其他政策5条。

1. 关于文物保护的主要政策

在文物保护的政策方面,主要有《可移动文物修复管理办法》《文物建筑防火设计导则(试行)》《国务院关于进一步加强文物工作的指导意见》《国家文物局立法工作规定》《全国重点文物保护单位文物保护工程检查管理办法(试行)》《中华人民共和国文物保护法实施条例(2017年修订)》《文物建筑开放导则(试行)》《古建筑修缮项目施工规程(试行)》《涉案文物鉴定评估管理办法》《不可移动文物认定导则(试行)》《关于实施革命文物保护利用工程(2018—2022年)的意见》《国家文物局关于加强文物博物馆单位消防安全工作的通知》《关于加强文物保护利用改革的若干意见》等(见表4-39)。

表4-39 关于文物保护的主要政策[①]

序号	政策文件	发布时间	发布机构	主要内容
1	《可移动文物修复管理办法》	2014年8月1日	国家文物局	修复可移动文物应当坚持不改变文物原状原则,全面保存和延续文物的历史、艺术、科学的信息与价值,将科学研究贯穿于修复的全过程,应认真执行文物修复操作规程和相关技术标准,采用先进、适用的技术手段和有效的管理方法,确保修复质量。可移动文物修复包括价值评估、现状调查、病害评测、方案编制、保护修复实施、效果评估、档案建立、预防性保护等活动。可移动文物修复应由取得可移动文物修复资质的单位承担
2	《文物建筑防火设计导则(试行)》	2015年2月26日	国家文物局	文物建筑防火设计,宜以文物保护规划、消防安全专项规划等为基础。文物建筑防火设计时,应优先利用或者改造现有的消防基础设施,并避免对文物本体及其环境风貌造成影响或者破坏。文物建筑防火设计前,应对防护对象进行现场勘查和火灾风险分析。文物建筑防火设计选择的电器设备和线缆应适应当地自然环境条件
3	《国务院关于进一步加强文物工作的指导意见》	2016年3月4日	国务院	坚持"保护为主、抢救第一、合理利用、加强管理"的文物工作方针。发挥文物的公共文化服务和社会教育功能,在推动中华文化走出去、提高国民素质和社会文明程度中进一步发挥重要作用,进一步增强文物资源促进经济社会发展的作用,促进中外人文交流的作用进一步发挥

① 参见国家文物局官网;国务院法制办公室:《中华人民共和国新法规汇编》2016年第6辑,中国法制出版社2016年版;中国政府网。

续表

序号	政策文件	发布时间	发布机构	主要内容
4	《国家文物局立法工作规定》	2016年8月1日	国家文物局	规范国家文物局立法工作,根据《中华人民共和国立法法》及其他相关法律、法规,制定本规定。包括立法工作计划、立法工作原则等具体内容
5	《全国重点文物保护单位文物保护工程检查管理办法(试行)》	2016年12月27日	国家文物局	工程检查是加强文物保护工程事中监管的重要手段。工程检查应根据文物保护工程特点,合理确定检查频率、时间节点和检查重点。各级文物行政部门应根据文物保护工程特点,科学确定检查方式和检查组人员,可委托或组织专业机构开展工程检查工作,也可组织专家参与工程检查工作。参与工程检查的专业机构和专家应具备相应的技术水平和专业能力,并遵守回避制度。各勘察设计、施工、监理和业主单位应牢固树立责任意识和质量意识,积极做好施工单位岗前培训、设计交底和施工交底、工程设计变更和洽商、预验收和整改等重点环节,确保文物保护工程质量和文物、人员安全
6	《中华人民共和国文物保护法实施条例》	2017年10月第三次修正	国务院	对国家重点文物保护专项补助经费和地方文物保护专项经费使用以及不可移动文物、考古发掘、馆藏文物、民间收藏文物、文物出境进境等方面作出规定
7	《文物建筑开放导则(试行)》	2017年10月26日	国家文物局	文物建筑开放应有利于阐释文物价值、发挥文物社会功能、保持文物安全、提升文物管理水平,在不影响文物建筑安全的前提下,依托文物建筑进行参观游览、科研展陈、社区服务、经营服务等活动。鼓励各级地方人民政府出台促进文物建筑开放的激励办法和保障措施

续表

序号	政策文件	发布时间	发布机构	主要内容
8	《古建筑修缮项目施工规程(试行)》	2018年3月1日	国家文物局	本规程适用于已公布为全国重点文物保护单位和省级文物保护单位的古建筑的修缮项目,是施工组织与管理各阶段中应执行的基本工作程序。对文物保护原则、项目施工程序、管理人员职责等方面作出具体规定,以期规范古建筑修缮项目的施工组织与管理,确保施工质量和安全
9	《涉案文物鉴定评估管理办法》	2018年6月14日	最高人民法院、最高人民检察院、国家文物局、公安部、海关总署	涉案文物鉴定评估机构开展涉案文物鉴定评估活动,应当遵循合法、独立、客观、公正的原则;文物鉴定评估人员在涉案文物鉴定评估活动中,应当遵守法律法规,遵守职业道德和职业纪律,尊重科学,遵守标准规范对鉴定评估范围和内容等作出规定
10	《不可移动文物认定导则(试行)》	2018年6月27日	国家文物局	县级以上地方文物行政部门认定不可移动文物,应当开展调查研究,收集相关资料,充分听取专家意见,召集专门会议研究并作出书面决定;认定不可移动文物,应当进行本体确认和时代确定,开展历史、艺术、科学价值和社会、文化意义评估。对具体认定细则作出规定
11	《关于实施革命文物保护利用工程(2018—2022年)的意见》	2018年7月29日	中共中央、国务院	统筹推进革命文物保护利用传承,着力加强革命文物保护修复和展示传播,着力深化革命文物价值挖掘和利用创新,着力提升革命文物公共服务水平和社会教育效果。强化教育功能,提升传播能力,让革命文物活起来
12	《国家文物局关于加强文物博物馆单位消防安全工作的通知》	2018年9月7日	国家文物局	各级文物行政部门和各文物、博物馆单位要高度重视,切实加强文物消防工作,立即组织开展文物、博物馆单位火灾隐患排查整治行动,严格落实追责问责制度,责任层层明确

续表

序号	政策文件	发布时间	发布机构	主要内容
13	《关于加强文物保护利用改革的若干意见》	2018年10月8日	中共中央办公厅、国务院办公厅	加强文物价值的挖掘阐释和传播利用,让文物活起来,将文物保护利用常识纳入中小学教育体系和干部教育体系,完善中小学生利用博物馆学习长效机制。激发博物馆创新活力。分类推进博物馆法人治理结构建设,实施"一带一路"文化遗产保护与交流合作专项规划,健全丝绸之路和海上丝绸之路文化遗产保护与申遗跨国合作机制。推进中国援外文物保护工程和联合考古项目
14	《文物保护装备发展纲要(2018—2025年)》	2018年11月2日	国家文物局、工业和信息化部、科学技术部	分类推进文物保护装备发展、提升文物保护装备保障能力、优化文物保护装备发展环境、优化完善激励政策,充分利用各级财政文物保护资金和吸引社会资本投资。响应"一带一路"倡议,积极开展国际交流合作,培养专业人才
15	《文化和旅游部、国家文物局关于加强地方文物行政执法工作的通知》	2019年5月8日	文化和旅游部、国家文物局	充分加强地方文物行政执法工作,文化市场综合执法队伍统一行使文物市场领域的行政执法职责,文化市场综合执法队伍要建立健全文物违法案件报告制度和信息公开制度,积极探索和推进"互联网+执法",通过全国文化市场技术监管和服务平台应用,促进办案流程和执法工作网上运行管理
16	《博物馆馆藏资源著作权、商标权和品牌授权操作指引(试行)》	2019年5月9日	国家文物局	加强文物保护利用和文化遗产保护传承,指导各地博物馆提高馆藏资源著作权、商标权和品牌开发和活化利用能力,完善体制机制,激发博物馆运行活力,本指引为推荐性规范,指引及后附的协议范本供博物馆开展有关工作参考使用。主要针对博物馆馆藏资源著作权、商标权和品牌涉及商业使用的授权进行指导;用于公益性展示、教育、研究、交流用途的授权

续表

序号	政策文件	发布时间	发布机构	主要内容
17	《关于转发〈军事法庭涉案文物移交办法(试行)〉并做好相关工作的通知》	2019年5月7日	国家文物局	依法没收的文物应当登记造册,妥善保管,结案后无偿移交文物行政部门,由文物行政部门指定的国有文物收藏单位收藏。共同推动军事法院涉案文物移交接收规范化、制度化
18	《国家文物局办公室、应急管理部消防救援局关于加强冬春文物火灾防控和第八批全国重点文物保护单位消防安全工作的通知》	2019年12月16日	国家文物局、应急管理部	指出进一步加强文物、博物馆单位,特别是第八批全国重点文物保护单位消防安全工作。各地文物行政部门和消防救援机构要认真组织好文物、博物馆单位安全生产集中整治和冬春火灾防控工作并加强针对性宣传教育

在文物保护方面,上述政策主要涉及文物修复办法、文保单位工程、文保安全、文物鉴定、文物资源品牌权等多方面,积极推进文物保护事业结合时代发展脉络向全方面、多方位发展。

2.关于博物馆管理的主要政策

在博物馆管理的政策方面,主要有《中央补助地方博物馆、纪念馆免费开放专项资金管理暂行办法》《全国文博人才发展中长期规划纲要(2014—2020)》《博物馆条例》《关于推进博物馆理事会建设的指导意见》《住房城乡建设部办公厅关于做好中国传统村落数字博物馆优秀村落建馆工作的通知》《国家文物局关于进一步推动非国有博物馆发展的意见》《国有馆藏文物退出管理暂行办法》《国家文物局关于公布施行〈博物馆定级评估办法〉(2019年12月)等文件的决定》(见表4-40)。

表4-40 关于博物馆管理的主要政策[①]

序号	政策文件	发布时间	发布机构	主要内容
1	《中央补助地方博物馆、纪念馆免费开放专项资金管理暂行办法》	2013年6月3日	财政部	专项资金由中央财政设立,用于补助博物馆、纪念馆免费开放所需经费支出,鼓励改善陈列布展,支持重点博物馆提升服务能力。财政部会同中宣部、文化部、国家文物局适时组织或委托有关机构对专项资金管理使用情况进行监督检查或绩效评价。检查和评价结果作为以后年度分配专项资金的重要参考依据
2	《全国文博人才发展中长期规划纲要(2014—2020)》	2014年5月9日	国家文物局	文博人才资源是提升文物保护、利用和管理水平的关键所在,是促进国家文物事业发展、确保文化强国战略目标实现的战略性资源。改革开放以来,我国文博人才工作和人才队伍建设取得了长足进步,文博人才队伍规模不断扩大,整体素质明显提高,人才工作制度和机制不断完善,为文物事业发展起到了重要的支撑作用。但我们还要清醒地看到,我国文博人才队伍总体状况与建设文化遗产强国的要求尚不相适应。当前我国文物事业正处于高需求、快发展的"黄金机遇期",我们必须切实增强紧迫感、责任感和使命感,全面深化改革,着力开拓创新,把加强文博人才队伍建设作为推动文物事业发展的根本举措,保障文物事业再创辉煌,实现文化强国目标
3	《博物馆条例》	2015年2月9日	国务院	促进博物馆事业发展,发挥博物馆功能,满足公民精神文化需求,提高公民思想道德和科学文化素质,制定本条例。在博物馆的设立、变更与终止,博物馆的管理,博物馆的社会服务,博物馆的法律责任等方面作出了具体规定

[①] 参见国家文物局官网;国务院法制办公室:《中华人民共和国新法规汇编》2016年第6辑,中国法制出版社2016年版;中国政府网。

续表

序号	政策文件	发布时间	发布机构	主要内容
4	《关于推进博物馆理事会建设的指导意见》	2015年6月12日	国家文物局	博物馆是人类收藏记忆的凭证和熔铸新文化的殿堂,是重要的公共文化机构。为确保博物馆的持续发展,不断提升博物馆的专业化水平和服务社会的能力,必须推动博物馆的体制机制改革,完善法人治理结构,建立健全有关组织管理制度。博物馆理事会建设,是当前博物馆发展的重要任务之一,既是贯彻落实党的十八届三中全会关于全面深化改革有关要求的重要举措,也是实现博物馆决策管理的民主化、科学化的重要途径,必须把理事会建设作为博物馆发挥公共文化服务职能作用的重要手段加以推进
5	《住房城乡建设部办公厅关于做好中国传统村落数字博物馆优秀村落建馆工作的通知》	2017年2月28日	住房和城乡建设部	中国传统村落数字博物馆是集中展现优秀中国传统村落的数字化平台,对提高村落地位、扩大村落影响、推动村落保护发展具有重要作用。中国传统村落数字博物馆分为综合馆和村落馆,综合馆将展示中国传统村落整体历史、文化、艺术、科学等价值,村落馆将逐个展示建馆的中国传统村落全貌
6	《国家文物局关于进一步推动非国有博物馆发展的意见》	2017年7月17日	国家文物局	非国有博物馆应依法依规办馆,独立承担法律责任。建立健全理事会制度,落实法人财产权,健全退出机制、信息公开和信用档案制度。提高办馆质量,探索建立馆藏资源共享机制。国家将非国有博物馆纳入博物馆质量评价体系,并积极支持符合条件的非国有博物馆纳入财政支持的博物馆免费开放经费补助范畴
7	《国有馆藏文物退出管理暂行办法》	2018年6月29日	国家文物局	国务院文物行政部门负责全国范围内文物退出的监督指导,县级以上地方文物行政部门具体负责本行政区域内文物退出的管理。国有文物收藏单位拟将馆藏文物作退出处理的,应当从严掌握、谨慎执行

续表

序号	政策文件	发布时间	发布机构	主要内容
8	《国家文物局办公室关于召开全国博物馆工作座谈会的通知》	2018年12月14日	国家文物局	召开全国博物馆工作座谈会,总结近年来特别是党的十八大以来博物馆工作取得的成绩,研究分析博物馆事业发展的新情况、新问题,讨论部署今后一个时期博物馆改革发展任务
9	《国家文物局关于公布施行〈博物馆定级评估办法〉(2019年12月)等文件的决定》	2020年1月8日	国家文物局	推进博物馆治理体系和治理能力现代化,完善以展示教育、开放服务为核心的博物馆质量评价体系,更好满足人民日益增长的美好生活需要,对博物馆进行等级评估。并出台评分细则计分表

在博物馆管理方面,上述政策主要以博物馆免费开放、博物馆条例,以及非国有博物馆、乡村数字博物馆的发展为核心开展博物馆管理的规划,并制定博物馆定级制度,激励博物馆提高自身水平,彰显公共文化服务功能。

3.关于遗址保护的主要政策

在遗址保护政策方面,主要有《国家考古遗址公园创建及运行管理指南(试行)》《国家考古遗址公园发展报告》《长城保护总体规划》《长城、大运河、长征国家文化公园建设方案》(见表4-41)。

表4-41 关于遗址保护的主要政策[①]

序号	政策文件	发布时间	发布机构	主要内容
1	《国家考古遗址公园创建及运行管理指南(试行)》	2017年10月10日	国家文物局	国家考古遗址公园运行管理,是指国家考古遗址公园正式对外开放后,其专门管理机构围绕遗址日常维护与监测、考古与研究、文化传播与公共服务等所开展的一系列的日常活动。实现遗址的对外开放,围绕遗址核心价值的保护、展示、阐释等开展一系列活动,包括前期研究、规划编制、考古调查与发掘、保护展示项目实施、配套设施建设以及立项申报等相关内容

---

① 参见国家文物局官网;国务院法制办公室:《中华人民共和国新法规汇编》2016年第6辑,中国法制出版社2016年版;中国政府网。

续表

序号	政策文件	发布时间	发布机构	主要内容
2	《国家考古遗址公园发展报告》	2018年9月26日	国家文物局	2017年以来,遗址本体保存现状显著改善,公园魅力和吸引力逐步彰显,管理运行和投入持续向好,学术研究和学术化普及异彩纷呈,公园运营主体和管理方式多样化。但目前发展仍然面临较多问题,亟待改善。预计2025年时考古遗址公园得以进一步发展
3	《长城保护总体规划》	2019年1月23日	文化和旅游部、国家文物局	长城作为"长城抗战"物质见证,是中华民族的精神象征。计划开展长城遗产线路建设,促进中外人文交流。处理好全面保存与重点保护的关系、分级管理与分类保护的关系、政府主导与社会参与的关系、遗产保护与传承弘扬的关系
4	《长城、大运河、长征国家文化公园建设方案》	2019年7月24日	中共中央办公厅、国务院办公厅	结合国土空间规划,分别编制长城、大运河、长征国家文化公园建设保护规划;要协调推进文物和文化资源保护传承利用,系统推进保护传承、研究发掘、环境配套、文旅融合、数字再现等重点基础工程建设;要完善国家文化公园建设管理体制机制

在遗址保护方面,上述政策主要以长城、大运河、长征国家文化公园、国家考古遗址公园等遗址保护公园的规划和建设为中心,探索一条促进文化遗产发展建设之路,推动我国文化遗产保护事业的发展。

4. 关于人事、财政的主要政策

在人事、财政政策方面,主要有《中共中央、国务院关于全面实施预算绩效管理的意见》《国家文物保护专项资金管理办法》《关于进一步加强文博事业单位人事管理工作的指导意见》《关于深化文物博物专业人员职称制度改革的指导意见》(见表4-42)。

表 4-42　关于人事、财政的主要政策[①]

序号	政策文件	发布时间	发布机构	主要内容
1	《中共中央、国务院关于全面实施预算绩效管理的意见》	2018年9月1日	中共中央、国务院	加快建成全方位、全过程、全覆盖的预算绩效管理体系,提高财政资源配置效率和使用效益,增强政府公信力和执行力。国务院全面实施预算绩效管理。做到"花钱必问效、无效必问责",大幅提升预算管理水平和政策实施效果
2	《国家文物保护专项资金管理办法》	2019年1月1日	财政部、国家文物局	对专项资金支出内容、补助范围、分配办法、申报与审批步骤、使用管理条例作出规定。专项资金实行"谁使用、谁负责"的责任机制,各级财政、文物行政主管部门按照全面实施预算绩效管理的要求,完善绩效目标管理,做好绩效监控和绩效评价,确保财政资金安全有效
3	《关于进一步加强文博事业单位人事管理工作的指导意见》	2019年11月6日	人力资源和社会保障部、国家文物局	建设高素质专业化文博事业单位工作人员队伍,文博事业单位专业技术岗位一般不低于单位岗位总量的70%。文博事业单位应当根据聘用合同规定的岗位职责任务,全面考核工作人员的表现,重点考核工作绩效。鼓励有条件的地方探索文博事业单位和工作人员文博创意产品收益分享机制
4	《关于深化文物博物专业人员职称制度改革的指导意见》	2019年11月26日	人力资源和社会保障部、国家文物局	创新基层文博专业人员评价办法。鼓励文博专业人员服务基层、扎根基层,建立健全"定向评价、定向使用"制度,逐步下放文博专业人员职称评审权限,突出业绩水平和实际贡献

在人事、财政方面,上述政策主要以国家文物专项资金以及文博事业单位人事管理与职称变革为主要内容,完善文博系统内部人事机制变革,提高绩效与运行效率。此外,设置文物专项资金为文物保护事业提供大力支持。

---

① 参见国家文物局官网;国务院法制办公室:《中华人民共和国新法规汇编》2016年第6辑,中国法制出版社2016年版;中国政府网。

5. 关于考古的主要政策

在考古政策方面,主要有《国家文物局关于进一步加强考古管理的意见》(见表4-43)。

表4-43 关于考古的主要政策[①]

序号	政策文件	发布时间	发布机构	主要内容
1	《国家文物局关于进一步加强考古管理的意见》	2019年5月31日	国家文物局	着力提高考古研究水平和创新能力,加快构建中国特色考古学学科体系、学术体系、话语体系。不断提升考古设施装备水平和工地安全水平。提高考古工作质量和学术研究水平。同时,加强考古成果宣传工作,及时向社会发布重要考古研究成果

在考古方面,上述政策主要以考古发掘和考古学术研究为出发点,用理论联系实际,推动我国考古工作高质量向好发展,同时促进考古学学科建设并提高学术研究水平。

6. 关于公共文化服务的主要政策

在公共文化服务政策方面,主要有《国家文物局、教育部关于加强文教结合、完善博物馆青少年教育功能的指导意见》(见表4-44)。

表4-44 关于公共文化服务的主要政策[②]

序号	政策文件	发布时间	发布机构	主要内容
1	《国家文物局、教育部关于加强文教结合、完善博物馆青少年教育功能的指导意见》	2015年6月18日	国家文物局、教育部	认真贯彻落实习近平总书记关于文化遗产工作、教育工作的一系列重要讲话精神,引导广大中小学生了解中华优秀传统文化,积极践行社会主义核心价值观,实现博物馆青少年教育资源与学校教育的有效衔接,探索构建具有均等性、广覆盖的中小学生利用博物馆学习的机制

在公共文化服务方面,上述政策积极响应习近平总书记的号召,充分调动博物馆青少年教育功能,实现学校与博物馆双重挂钩,利用博物馆这一平

[①] 参见国家文物局官网。

[②] 参见国家文物局官网。

台加深青少年对传统文化的了解。

7.关于文物安全的主要政策

在文物安全政策方面,主要有《国务院办公厅关于进一步加强文物安全工作的实施意见》(见表4-45)。

表4-45 关于文物安全的主要政策[①]

序号	政策文件	发布时间	发布机构	主要内容
1	《国务院办公厅关于进一步加强文物安全工作的实施意见》	2017年9月9日	国务院	健全落实文物安全责任制,加强日常检查巡查,严厉打击违法犯罪,提高监管执法能力。充实国务院文物行政部门安全督察力量,推动文物安全保护与现代科技融合创新。建立严格的文物案件和安全事故追责问责机制

在文物安全方面,上述政策明确要求进一步加强文物保护,推动文物保护产业科技革新,全面提高文物保护的能力以及健全安全问责机制。

8.关于文物市场管理的主要政策

在文物市场管理政策方面,主要有《文物拍卖管理办法》(见表4-46)。

表4-46 关于文物市场管理的主要政策[②]

序号	政策文件	发布时间	发布机构	主要内容
1	《文物拍卖管理办法》	2016年10月20日	国家文物局	加强文物拍卖管理,规范文物拍卖行为,促进文物拍卖活动健康有序发展,根据《中华人民共和国文物保护法》《中华人民共和国拍卖法》《中华人民共和国文物保护法实施条例》等法律法规,制定本办法。国家文物局负责制定文物拍卖管理政策,协调、指导、监督全国文物拍卖活动

在文物市场管理方面,上述政策确立了文物拍卖市场的管理办法,营造了一个良好的文化市场氛围,促进我国文化市场规范且有序发展。

---

① 参见中国政府网。
② 参见国家文物局官网。

9. 其他方面主要政策

在其他政策方面,主要有《文物违法行为举报管理办法(试行)》《国家文物局文博人才培训基地管理办法(试行)》《关于推动文化文物单位文化创意产品开发的若干意见》《国家文物局培训项目管理办法(试行)》《国家文物局文博人才培训基地评估细则(试行)》(见表4-47)。

表4-47 其他方面主要政策[①]

序号	政策文件	发布时间	发布机构	主要内容
1	《文物违法行为举报管理办法(试行)》	2015年8月10日	国家文物局	文物违法行为举报管理工作按照属地管理、分级负责、便民高效、公开公正的原则实施。鼓励公民、法人和其他组织举报文物违法行为。各级文物行政部门保障举报人依法行使举报权利,保护举报人个人信息安全。国家文物局指导全国文物违法行为举报管理工作,受理涉及全国重点文物保护单位、馆藏一级文物,以及涉嫌损毁省级文物保护单位的违法行为举报信息,并予督办、转办,对重大案件线索组织调查核实
2	《国家文物局文博人才培训基地管理办法(试行)》	2016年3月24日	国家文物局	国家文物局文博人才培训基地坚持行业指导、协同创新、需求导向、突出特色的原则,构建多层次、多类型的文博人才培养体系,推动文博事业全面发展

[①] 参见国家文物局官网;国务院法制办公室:《中华人民共和国新法规汇编》2016年第6辑,中国法制出版社2016年版;中国政府网。

续表

序号	政策文件	发布时间	发布机构	主要内容
3	《关于推动文化文物单位文化创意产品开发的若干意见》	2016年5月11日	文化部、国家发展改革委、财政部、国家文物局	推动文化创意产品开发,要始终把社会效益放在首位,实现社会效益和经济效益相统一;要在履行好公益服务职能、确保文化资源保护传承的前提下,调动文化文物单位积极性,加强文化资源系统梳理和合理开发利用;要鼓励和引导社会力量参与,促进优秀文化资源实现传承、传播和共享;要充分运用创意和科技手段,注意与产业发展相结合,推动文化资源与现代生产生活相融合,既传播文化,又发展产业、增加效益,实现文化价值和实用价值的有机统一。力争到2020年,逐步形成形式多样、特色鲜明、富有创意、竞争力强的文化创意产品体系,满足广大人民群众日益增长、不断升级和个性化的物质和精神文化需求
4	《国家文物局培训项目管理办法(试行)》	2017年11月13日	国家文物局	本办法所称培训项目,是指国家文物局及其直属单位、国家文物局文博人才培训基地举办的三个月以内的各类培训。培训项目实行计划管理,由国家文物局人事司负责统筹,各司室主办。国家文物局举办的培训项目应纳入年度培训计划;各直属单位及国家文物局文博人才培训基地举办的培训项目应纳入相应的年度培训计划
5	《国家文物局文博人才培训基地评估细则(试行)》	2018年2月26日	国家文物局	为加强国家文物局文博人才培训基地(以下简称培训基地)的建设和管理,根据《国家文物局文博人才培训基地管理办法(试行)》制定本评估细则。国家文物局定期组织对培训基地的评估,原则上每三年评估一次

在其他方面,上述政策从文物违法行为管理、文创产品开发、博物馆人才培养等多方面共同指导博物馆事业的发展。

第五章　中国博物馆体制的历史沿革与结构变迁

我国博物馆体制自近代建立以来先后经历了构建、嬗变、演进的过程。学者们对博物馆建设、博物馆发展方向、博物馆功能的研究较多,但对我国博物馆体制的构建与变迁的研究相对较少。我国近代博物馆事业在晚清时期正式兴起,其体制渊源与近代公共文化领域的形成有关,同时也深受近代民族国家理念的影响。本章在近代公共文化领域的视角下,从纵深层面探析我国博物馆体制的起源与早期发展,进而有效把握中华人民共和国成立后文博体制的建立及改革,并对未来深化博物馆体制改革的方向提出建议。

第一节　近代博物馆的兴起与公共文化领域的形成

我国古物收藏历史悠久,但该传统长期集中在宫廷、宗祠、庙宇等私人领域,属于达官贵人、文人雅士等少数人的"特权",具有一定的局限性、封闭性。19世纪五六十年代,在西方文化的影响下,中国近代博物馆事业正式产生,使得古物鉴赏、研究等活动由私人领域转向博物馆、保存所等公共领域,促使市民正确认识历史文物的价值和意义,在启迪民智、传播历史文化、解放思想等方面产生积极作用。傅才武教授认为,公共文化领域,即是在剧场、戏院、电影院、舞厅、图书馆、通俗教育馆、博物馆、咖啡馆、俱乐部等公共文化空间基础上形成的"生活世界"和"价值批判领域"。[1]近代以来的博物馆成为中国新型的公共文化空间,构成公共文化领域中的一部分,它是透视人民文化生活的社会生活空间,也是体现大众话语权的民主讨论空间。文博管理体制是作为公共文化空间的近代博物馆在执行社会动员、传播沟通、舆论宣传、对外交流、资源共享等功能的过程中,经过讨论、议定、实践而形

---

[1] 傅才武:《近代中国国家文化体制的起源、演进与定型》,中国社会科学出版社2016年版,第285页。

成的管理体系和运营机制的集合。文博体系的形成促进了中国社会的近代化转型,近代博物馆管理体制的建设成为当今博物馆管理体制的历史来源之一。

一、博物馆构建公共文化空间

鸦片战争后,随着西方势力的侵入,外国人在中国建立了徐家汇博物院、香港博物院、上海博物院、美国博物院等一批博物馆,使奇珍异宝、古玩字画等文物由私人收藏转变为向公众公开,极大地改变了中国文物的鉴赏方式,构成新型公共文化供给及消费的模式,形成了新型的公共文化空间。博物馆的空间形态在建筑层面给予公众一定的心理暗示,影响并激励着公众的参与行为。[1]外国人建立的博物馆大多位于租界中交通便利、人群聚集的地方,博物馆建筑为中西结合的样式,规模较大,空间舒适,体现出外国人企图使当时的中国人接受西方文化的意图。

晚清时期,随着一些先进的知识分子开始"睁眼看世界",人们逐步认知到保护文物与建设博物馆对于文化传承、国民教育、民族振兴的重大意义,于是开始尝试建立中国人自己的博物馆,并在建筑形态、参观空间上运用更加中式的元素,以满足国人的精神需求。中国人兴建自己的博物馆,一方面能够缓和国人对西方文化的反感,另一方面也起到利用传统文化唤醒民众的作用。于是,各地有识之士自发建立了京师同文馆博物馆、北京官书局陈列室、南通博物苑等博物馆。随着清末新政的实行,国立历史博物馆、古物陈列所、故宫博物院、国立中央博物院等大型博物馆逐渐出现,各地方政府也筹备建立了河南博物院、陕西历史博物馆、四川博物馆等地方博物馆。这些博物馆成为公共文化领域的物质基础,其建构进程体现了近代中国人对民主、平等、自由等公共意识的探索。博物馆在公共意识基础上构建了近代国人的公共文化空间。

随着博物馆事业的发展,一个新的公共文化空间开始形成,其最重要的体现是博物馆可作为学校教育的补充,成为整个社会教育的一部分。正如张謇提出:"然以少数之学校,授学有秩序,毕业有程限,其所养成之人材,岂能蔚为通儒,尊其绝学?盖有图书馆、博物院,以为学校之后盾,使承学之彦,有所参考,有所实验,得以综合古今,搜讨而研论之耳。"[2]再如,浙江省西

---

[1] 赵国香:《近代博物馆与中国公共空间关系试析——以来华西方人所建博物馆为例》,《博物院》2018年第4期。
[2] 李明勋、尤世玮:《张謇全集·公文》,上海辞书出版社2012年版,第113页。

湖博物馆设历史部、文化部、自然科学部，明确指出要布置展览工作，"该馆于搜集研究所得之物品，均分送各部陈列室公开陈列，任人参观，同时于来馆参观之民众，遇有疑问难处，视情形之如何，或作口头指导，或作表证指导，此外如有通函沟问者，则施行文字指导"[①]。博物馆集中收藏并陈列了反映历史文明进程、社会变革的文物，通过布置公开展览，辅以口头讲解，有助于普及文化知识，开启民智，促进民族觉醒，凝聚民族精神。

近代文物保护专业人士、博物馆学研究学者等知识群体的出现，为博物馆公共文化领域舆论机制的生成提供条件。近代以来，新式学堂的兴起、新式教育体制的建立和西方先进文化的影响，培养出一大批自然科学、人文艺术等领域的知识分子，其中也包括博物馆学方向的学者。这批全新的知识群体在近代博物馆建设中率先成为"发声者"。他们通过学术著作向公众普及博物馆知识，号召成立中央古物保管委员会、中国博物馆协会、各地博物馆等组织机构，发挥着领导社会舆论的作用。

中国博物馆协会以及地方保护古物古迹有关组织的出现促成了博物馆公共文化领域的资源整合机制。中国博物馆协会、地方古物发掘保护组织形成了文物博物馆工作者的共同体。共同体谋求博物馆馆际互助，促进文物对公领域的扩张，作为专业群体搭建了博物馆与市民之间的沟通桥梁，推动更多市民进入博物馆参观，促进了我国文物博物馆事业的发展。

二、博物馆推动公共资源的共享

博物馆的建造推动了公共资源的共享，使古物藏品由私人转向公有。在过去，长期以来占据主流的古物收藏观念是"封闭之习过深，凡属文艺之精奥，大都私于一姓，匿不示人"。历史遗留下的珍贵古物归私人所有，成为达官显贵的标识，其社会作用尚未凸显，同时国家力量在文物保护中的不当缺位也导致大量古物被毁。一批先进知识分子积极宣扬"古物是公器"的理念，认为建造博物馆是将古物"私家所藏，播于公众，永永宝藏"的最佳途径。[②]这种古物保护的博物馆化作为一种公共事务的建设，要求政府必须承担主要的责任、领导社会力量，在国家层面、法律层面全面推动博物馆事业，奠定博物馆公共文化领域的非物质基础。

清末至民国时期，清政府、北洋政府、南京国民政府都成立了专门机构对文博事业进行统一的管理，自上而下构建博物馆系统的组织结构。从晚

---

① 《省立西湖博物馆之接管与扩充》，《浙江教育行政周刊》1933年第4卷第22期。
② 徐玲：《近代中国博物馆的公共性构建》，《文博》2012年第1期。

清时期成立的庶务科,再到北洋政府时期的社会教育司、古物保存所,到南京国民政府时期的教育厅和中央古物保管委员会,各类机构均在中央统一领导、地方配合之下开展工作。另外,文物博物馆法治化进程也有所加快,一套相对完善的文物博物馆政策法令体系逐渐形成,对规范文物保护、征集、发掘等有关事项,以及处理文物涉外事件作出规定。尤其是《古物保存法》的颁布,在法律层面强调了古物是社会共同的遗产,其性质应由"私"转"公"。相关法律的颁布推动形成了一个相对法治化、民主化、大众化的文博交流网络。

新式报刊、政府公报、研究院院报中对博物馆前沿信息的报道,以及博物馆馆刊的创立发行,构建了文物及博物馆信息的公共资源共享平台。例如,《科学》《文物周刊》《科学教育》《教育通讯》等越来越多的刊物加大了对博物馆相关研究成果的登载,《河南博物馆馆刊》《浙江省立西湖博物馆馆刊》《上海市博物馆馆刊》等博物馆专门刊物的发行,也使得长期以来不被重视的博物馆信息通过在报纸及杂志上刊登,日益渗透进社会生活的方方面面,成为公众生活的组成部分。报纸及专业刊物成为博物馆与民众沟通的重要媒介,它们向公众传播展览及藏品信息,使得过去的私人珍藏成为公共资源。

博物馆积极开展藏品陈列、展览开放、文物演讲等业务活动,促进公众参与,进而形成博物馆公共文化领域的群众基础。博物馆通过设定参观时间、划分参观时间段来满足公众的参观需求;通过出售门票及信息登记的形式进行参观者的目标身份管理;通过陈列特定内容展览、举办特定的演讲活动对公众进行主题教育。这些博物馆活动推动公众了解和认识世界、学习自然科学和历史文化知识,显示出博物馆信息传播的公共性,使得博物馆活动进入公众生活,凸显了博物馆通俗化、多样化、生活化的一面。

三、博物馆凝聚民族精神

1840年之后,中华民族饱受列强的侵略凌辱,随着民族危机的加深,一些先觉者在与外国人交往中逐步产生了近代民族国家的观念,近代国人的民族国家意识日益觉醒。梁启超在《新民说》中呼吁,"然则今日吾中国所最急者,惟第二之参政问题,与第四之民族建国问题而已"[①],明确提出建立近代意义上的"民族国家"的任务。孙中山也曾倡导新的公民及国家理念,认为国家要负起责任,唤醒民众成为"自觉的"公民。于是,这种"唤醒民众"的

---

① 朱文斌:《东南亚华文诗歌及其中国性研究》,浙江大学出版社2017年版,第24页。

决心,促使那些先觉者努力奋斗,致力于唤起人们的公民身份和民族认同。①他指出公共事务的建设对于重新协调个人与国家之间关系具有重大作用,受到当时革新者的大力推崇,于是博物馆等公共设施应运而生。对于古物,康有为在意大利游历之时提出:"古物存,可令国增文明。古物存,可知民敬贤英。古物存,能令民心感兴。"②基于古物有效保护的缺失,私人发掘并盗取古物现象的日益严重,以及博物馆的公共性质充分契合了近代中国民族国家理念,于是从国家和社会层面都产生了古物保护及博物馆化的迫切要求。近代民族国家理念催生了博物馆等公共设施的建设,推动博物馆公共文化领域的形成,而博物馆也对中国社会变革及动员方式产生重大影响。

首先,博物馆为陈列西方先进自然科学机器设备提供理想的空间,推动中国社会的器物变革。近代中国博物馆事业兴起之时,以自然科学类博物馆居多,鸦片战争失败后,一批先觉者叹服于西方洋枪洋炮的威力,认识到科学技术的力量,一场学习西方器物技术的御辱自救运动兴起。洋务运动为博物馆事业的兴起提供了政治环境。另外,博物馆等公共设施的兴建也为器物学习提供了空间和场地,推动了洋务运动的发展。京师同文馆和格致书院中都设有博物馆,对中国早期工业化进程及社会变革产生了积极的影响。正如康有为在《上海强学会章程》中谈到,今创设博物院,"凡古今中外,兵农工商各种新器,如新式铁舰、轮车、水雷、大器及各种电学、化学、光学、重学、天学、地学、物学、医学诸机器,各种矿质及动植物种类,皆为备购,博览兼收,以为益智集思之助"③。

其次,在清末博物馆的发展有了组织及制度上的保障,推动了中国社会的制度变革。维新派将博物馆纳入教育体制的变革中,突出博物馆对培养人才的重要意义。郑观应在讨论考试制度的文章中指出:"所出之题务须有裨时务,如测量、测候、地理、地舆、博物院、赛珍会、息兵会、派员游历、使臣出洋,与夫各国风土人情、文学武备,皆可出题。"④明确指出要把"博物院"有关知识列为新式教育考试出题制度的内容之一。

维新变法运动期间,博物馆制度建设进一步发展,康有为、梁启超在其著作中阐明关于博物馆建设的构想、规划以及具体措施,把博物馆建设作为

---

① 〔美〕费约翰:《唤醒中国:国民革命中的政治·文化与阶级》,李霞等译,三联书店2004年版,第11页。
② 康有为:《欧洲十一国游记(一)》,湖南人民出版社1980年版,第102页。
③ 清华大学历史系编:《戊戌变法文献资料系日》,上海书店出版社1998年版,第145页。
④ 郑观应:《盛世危言》,内蒙古人民出版社2006年版,第36页。

改良教育制度、培养人才的重要手段。清末新政时期,进一步加强教育制度的改革,废科举,设学部,学部下设五司十二科,其中"专门庶务科,员外郎一员,主事一员,掌保护奖励各种学术技艺……又凡关于图书馆、博物馆、天文台等事均归办理","会计司建筑科……掌本部直辖各学堂图书馆、博物馆之建造营缮"[①]。学部及专门机构的设置为博物馆的发展提供了制度保障。

立宪运动时期,张謇创办南通博物苑。南通博物苑的创办是实施地方自治、推动南通构建近代市民社会的重要途径之一。彼时,有识之士希望效仿西方建立现代文化体制,开设古物陈列所、国立历史博物馆、故宫博物院等公共文化机构,为教育及文化变革创造条件。在博物馆管理和运营上,学习西方引入博物馆理事会制度和基金制度,希望把西方资本主义文化体制移植到中国。博物馆事业在中国社会变革的背景下得到发展,同时也推动了科学技术的发展、民主观念的传播、自然知识的普及。博物馆成为革命动员的武器,用于传播先进思想和革命观念,推动中国社会的制度革新。

最后,博物馆作为公共文化领域的组成部分以独特的社会动员形式对民族国家建设作出响应。博物馆组织的创建打破了地缘的限制,既推动了馆际合作与交流,又形成了以近代博物馆刊物为介质的社会公共意见表达机制和以从事博物馆学研究的学者及学术团体为主体的组织机制。博物馆公共空间的形成,带动了国家、社会及个人对文物保护的重视。国家开展了有组织的文物发掘、征集、保护运动,也倡导社会和个人开展自发性的文物盗窃举报行为。1935年,中国博物馆协会成立,沟通政府、博物馆、市民社会三方的行业组织形成。协会进行行业自治和协调管理,博物馆界各方力量得到整合。在抗战爆发以后,全国博物馆界实现组织机构联合,先后完成文物内迁、文物内迁清理,形成战时文物保护机制。同时,博物馆作为战时人民大众的精神寄托,还通过布置展览、举办讲演等活动进行革命宣传教育,呼吁民众团结爱国。

第二节　新中国博物馆体制的渊源与制度变迁

近代博物馆的兴建与博物馆管理体制的构建作为当今博物馆事业的历史背景,对新中国博物馆事业的创建、发展、演进产生深远的影响。苏联博物馆体制作为新中国博物馆体制的最直接参考,推动了我国公有化博物

---

① 鞠方安:《中国近代中央官制改革研究》,商务印书馆2014年版,第93—94页。

体制的建立,并在新中国成立之初起到较好的服务人民和社会动员作用。改革开放后,博物馆体制进行了调整,对近代博物馆体制中的优秀经验进行吸纳,博物馆体制改革总体方向始终以传承历史文化、进行社会教育、传递社会价值为中心,坚持博物馆事业为人民服务、为社会主义服务。

一、新中国博物馆体制构建的历史背景

新中国成立之初,我国面临着百废待兴的局面和特殊的国际环境。新中国在接收并改造旧有博物馆的基础上,开始探索社会主义新型博物馆事业的建设之路。在这一过程中,苏联博物馆体制对新中国博物馆事业的创建与发展产生了重大影响。

(一)对民国博物馆体系的继承与改造

新中国成立之初,人民政府接管了国民政府及外国人创办的博物馆共21所。由于社会环境动荡不安,这些博物馆在中华人民共和国成立前夕多半陷于停滞状态。但这些博物馆所留存的文物藏品、管理机构、运营体制是新中国博物馆事业的重要基础,国家对民国时期博物馆事业进行继承与改造。

在新中国成立初期,国家明确提出博物馆事业以继承与改造旧馆为主。在博物馆运营及人员、经费的管理上,一方面,继承了原有的博物馆财政制度,基本以国家财政拨款作为主要运营资金;另一方面,对博物馆人事制度进行改革,对工作人员团队进行调整。以故宫博物院为例,取消了原有的理事会制度,院长之下设立陈列部、保管部、群众工作部以及办公处,实行馆长负责制,健全馆内党组织,充实领导干部,加强职工队伍的教育。故宫博物院于1951年1月参加"三反"运动,一年之内调配干部219人,提拔干部90人[1],积极开展组织纪律检查、评薪定级的工作,健全组织机构,加强馆内领导协调,带动干部职工熟悉业务工作,提高专业技术,在人事组织方面保障国家博物馆事业走向正轨。

(二)仿造苏联构建新型公有化文博体制

所谓"苏联模式",指苏维埃时期苏联共产党建设社会主义的一种组织体系和思想体系,包括政治上的无产阶级专政、经济上的公有制、思想文化上的政党意识形态与文化管理的"合二为一"等方面。以"文化机构直属政府部门""事业单位""干部任免制"三大理念为核心的苏联公有化文化管理

---

[1] 吕济民主编:《当代中国的博物馆事业》,当代中国出版社1998年版,第44页。

模式是新中国成立初期我国博物馆体制的最直接的参考。[①]"苏联模式"的博物馆体制归属于文化体制之下,体现为执政党对文博机构在人事、财务、业务活动等方面进行直接的行政领导。据此,国家及地方各级文化文物行政部门对国有博物馆及文博机构实行高度集中统一的领导与管理,国家统一制定发展规划、颁布政策制度、任命干部、下发财政资金、调配人力物力资源、审定业务活动等。在这一体制之下,党和国家行政部门掌握绝对的主动权,文博机构对各项事务"处处请示、事事汇报",主动上交管理与决策权。

除国家宏观领导方面,苏联博物馆在馆内组织上还推行馆长负责制基础上的集体领导与分工责任制,积极发挥博物馆科学研究功能,组织陈列服务于政治建设,这些都深刻影响到我国博物馆的组织建构、制度制定、业务分工。在1956年之后,我国各地博物馆基本实行馆长分工负责制,在组织架构上大体上由馆长、副馆长、博物馆办公室组成馆内领导核心层,保管部、陈列部和群众工作部组成业务执行部门,俗称"三部制",安全保卫部、人事财务部组成行政后勤部门,博物馆组织架构渐趋完善。馆长分工负责制及"三部制"逐渐程序化、模式化,直接影响到博物馆各项功能的发挥及业务活动的开展。

中华人民共和国成立初期博物馆的展陈活动与意识形态建构密切相关。法国学者亨利·列斐伏尔提出以"空间—历史—社会"三者建构的"空间生产理论",认为"空间是政治的、意识形态的。它真正是一种充斥着各种意识形态的产物"。博物馆作为社会公共空间,既蕴藏着深厚的历史底蕴,又富有一定的时代内涵,在中华人民共和国成立之初体现出强烈的政治色彩与政治倾向。20世纪50年代之后,博物馆展陈主题多以马列主义、辩证和历史唯物主义、共产主义思想为出发点,管理社会舆论,进行社会教育,帮助人民群众正确认识自然,了解历史,提高政治觉悟与文化水平,为生产发展服务,为社会主义建设服务。[②]

我国仿照苏联博物馆制度建立起公有化的文博体制,很快使新中国的博物馆事业进入第二次大发展时期。但同时这种管理与运营模式也逐渐固化,产生了一定的积弊,成为改革开放后博物馆体制改革的动因之一。

---

① 傅才武:《近代中国国家文化体制的起源、演进与定型》,中国社会科学出版社2016年版,第272页。
② 杨汶、戴炜:《建国初期苏联博物馆事业对我国的影响》,《文史博览(理论)》2013年第2期。

二、改革开放后博物馆体制的制度变迁

随着社会经济的不断发展,人民群众的精神文化需求日益增长。同时,在文化体制改革逐步推进、文旅融合战略实施发展的情况下,博物馆自身也面临着生存与发展的外部压力。在内、外多重因素的影响下,改革开放后我国博物馆体制改革不断推进并深化。

(一)博物馆体制改革的驱动因素

1. 博物馆自身面临体制机制的障碍

中华人民共和国成立后,博物馆被纳入国家文化事业体制,接受上级行政部门的管理,按管理目标对人、财、物进行分配,业务开展必须事事向上级请示,社会动员功能强大但博物馆自身的运营较为低效。新中国成立初期,这种体制的建立使博物馆事业从战时停滞状态中得以恢复、发展,在20世纪50年代一度出现博物馆建设的繁荣局面。但随着社会的发展,包括博物馆在内的事业单位在运营上面临着体制机制上的障碍,上级行政部门对博物馆的微观事务干预过多,博物馆在人事、财务以及业务方面缺失自主权,运营经费来源单一,加之缺乏合理有效的激励机制以及政府财政的压力,导致博物馆发展活力、创新能力不足,出现"养人不办事""吃大锅饭"的现象。为了更好地生存与发展,博物馆系统迫切需要调整。

21世纪以来,博物馆逐步被纳入国家公共文化服务体系之中,实行免费开放政策。免费开放提升了博物馆的公共服务效能,但与此同时也带来一些弊病,例如人流量增加之后造成的博物馆安全隐患增加,博物馆服务能力的减弱,缺乏创收和激励机制可能导致的人才流失等。此外,现代博物馆管理与运营机制尚在探索之中,以理事会制度为核心的博物馆法人治理结构和以独立策展人制度为基础的博物馆陈列展览机制尚未真正发挥作用。博物馆数量不断增长的同时其发展质量也亟待提高,博物馆体制改革必须进一步深化。

2. 改革开放背景下的内外驱动

改革开放后,市场经济不断发展,博物馆事业的发展则相对滞后于社会经济的发展。同时,为进一步解放和发展生产力,我国认识到文化同样是生产力、是综合国力的重要组成部分,推动文化与市场接轨是文化发展的必然选择。为此,要进一步区分文化事业与文化产业,公益性文化单位与经营性文化单位。作为公益性文化单位,在文化体制改革的大背景下,博物馆的体制改革逐步展开,国家对博物馆的管理逐步由行政管理向公共管理发展。

随着社会经济的不断发展,博物馆具有的文化传承、科学研究、社会教育、公共服务等功能日益凸显。但是不同区域间博物馆发展不平衡、建设不充分的问题尚待解决,博物馆藏品的陈列与讲解员的讲解水平有待进一步提高,博物馆展览传播渠道有待进一步挖掘,博物馆陈列需要与现代科技进一步融合。在国家文旅融合战略背景下,博物馆作为文化旅游的前沿阵地,其发展迎来更多机遇。博物馆事业的总体发展水平尚不能满足人民日益增长的美好生活需要,在人均占有量及服务质量上,与世界博物馆强国还有很大的距离。博物馆亟须从"以物为中心"转向"以人为中心",进一步为市民服务、为社区服务、为游客服务。在新时代要求下,博物馆体制改革要有利于提升公民素质、助推旅游经济发展、培育国民文化认同、增强国家文化软实力建设,进一步发挥扩大中华文明国际影响力,发挥推动世界文明互鉴、构建人类命运共同体等国际性作用。

(二)博物馆体制改革的进程

改革开放后,我国博物馆体制改革逐步推进。随着国家对事业单位管理上的优化升级,博物馆系统在人事制度、财政制度、运营制度等方面发生变化。

1978年至1983年是我国博物馆体制改革开启时期。在改革开放的时代大背景下,我国博物馆事业被赋予了新的内涵,在财务制度上率先进行变革。1980年2月,国务院颁发《关于实行"划分收支、分级包干"的财政管理体制的暂行规定》,我国实行"分级管理、分灶吃饭"的新财政管理体制,全国各地的博物馆事业经费改由各级地方财政支出。新的财政管理体制一方面增加了地方财政权限,有利于因地制宜发展地方事业,财政资金对博物馆事业的支持更加灵活;另一方面则有利于事权与财权、权力与责任的统一,使得博物馆事业单位财政支出更加透明。同时,国家对博物馆事业由行政微观管理过渡到宏观管理,更加注重战略指引,适当简政放权,从顶层设计上开启了博物馆体制改革的探索。

1984年至2002年是我国博物馆体制改革的探索时期。1984年全国博物馆整顿改革座谈会后,国家逐步从"管博物馆"过渡到"办博物馆",国家行政管理部门开始转变职能,从传统文化体制下的"政事不分、管办不分"转向市场体制下的"政事分开、管办分离",国家文物局及各地行政部门从"按目标分配划拨人、财、物资源"的微观管理模式转向"制定政策、发布法规、做好规划"的宏观管理模式。这一时期,我国博物馆系统在人事任命与管理、财务支出以及业务运营上拥有更多的自主权。在人事制度方面,从馆长分工负责制转变为馆长负责制，改任命制为聘任制，推行个人岗位责任制和奖惩制度，聘任制度以及激励机制的实施大大提高了文博单位干部职工的积极性。在财务制度方面，实施"以文补文"扩大博物馆资金来源，博物馆单位可在兼顾社会效益和经济效益的前提下开展有偿服务和经营活动。各地文博单位以为人民服务、促进社会教育为出发点，兴办起有偿展览服务，以及商业、餐饮业、娱乐业等经营活动。至此，我国博物馆的经费来源由"定额拨款"转变为"定额拨款＋以文补文"，人事制度由任命制发展为聘任制。

2003年至2012年是我国博物馆体制改革的全面推进时期。这一时期，博物馆单位被纳入我国公共文化服务体制之中。国家对博物馆事业的管理逐步向公共管理与公共服务转型，全面履行在宏观引导、战略指导、制度保障、管理协调、服务供给、资源整合、人才培养、绩效考核等方面支持博物馆事业发展的职能。同时，广东、上海等地的博物馆抓住历史机遇，率先探索以理事会制度为核心的法人治理结构改革。在人事制度上，为全面落实国家《关于深化文化事业单位人事制度改革的实施意见》，各博物馆单位积极健全领导人员选拔制度、人员聘用制度、岗位管理制度、分配制度以及激励机制等，采取"定岗定编，竞争上岗，择优聘用"的办法，充分激发博物馆事业单位的活力与创造力。在财务制度上，为适应公共文化服务体制建设的需求，公共博物馆实行免费开放制度，贯彻"收支两条线"的原则，博物馆的各项运营经费由财政全额拨款，国家经费不能用于经营开发与投资活动，同时博物馆的各项收入都需要上缴国库。

2013年至今是我国博物馆体制改革的深化时期。在国家加快深化文化体制改革的背景下，国家在战略层面对博物馆体制改革予以更加全面的支持。吸引社会力量参与博物馆管理与运营是这一时期文博体制改革的一个新趋势。首先，为进一步提高博物馆公共服务的水平，国家有关部门积极践行博物馆绩效考评制度，对博物馆经费使用、陈列展览、社会教育、管理运行、观众评价及其他工作进行评估定级、考评指导。其次，在内部运营方面，博物馆理事会制度得到更广泛的实施，通过吸纳政府部门代表、专业人士及各界群众等社会力量，健全博物馆内部控制体系，完善博物馆内部决策机制，使博物馆管理与决策更加科学化、规范化、多元化。再次，政府购买公共文化服务为博物馆人事岗位与业务项目提供了更多可能性，一方面，政府购买服务吸引社会力量参与博物馆陈列展览设计与布置、文创策划开发、文物保护与认养；另一方面，博物馆积极招聘政府购买公共服务类工作人员，可以提供更多博物馆相关专业岗位，吸纳更多人加入博物馆讲解、安保、后勤服务等工作领域中。

三、博物馆体制改革的现状与问题

当前,我国博物馆体制改革进入深化阶段,博物馆结构体系不断完善,服务功能逐步增强,相关法律法规日益健全,行业管理更加精细,运营机制渐趋专业。但同时,博物馆体制改革仍面临着一些问题,如博物馆整体发展水平不高、体制机制尚待完善、博物馆事业经费来源单一、博物馆公共服务质量提升缓慢等。

(一)博物馆体制机制尚待完善

博物馆免费开放后,相关政策的动态调整机制尚未确立,博物馆相对固化的体制机制建设滞后于市场经济和博物馆行业快速发展的需要。例如,现代博物馆运营体制尚不能够有效建立,以理事会制度为核心的博物馆法人治理结构尚不能够发挥真正的功能;由于博物馆职业资格认证制度的缺位,博物馆从业人员的专业水平参差不齐;内部激励机制的缺乏和发展空间的限制,导致博物馆人才流失问题显现;博物馆从业人员的工作积极性与创造性,与日益刚性的政策"天花板"之间的矛盾开始显现。博物馆在人事、资金、运营等方面的体制机制尚未完善,大量地方博物馆存在发展水平低、参观人次少的现象。

(二)博物馆事业经费来源单一

国外博物馆的资金来源较为多元,主要有政府财政补贴、博物馆运营收入、社会捐赠、信托基金等。我国博物馆作为国家公益性事业单位,其管理与运营经费主要依靠国家财政拨款。当前我国博物馆数量逐年增加,相应地也增加了国家财政负担。免费开放后博物馆门票收入缺失,但参观人数大大增加,博物馆服务设施维护、人员补充、安全保卫等成本迅速上涨,而国家财政拨款有限;并且按照"收支两条线"原则,博物馆自营收入需上缴国家。另外,一些国家实行的文物捐赠、文物租借制度使得个人或机构可以将文物捐赠给博物馆或租借给博物馆进行展览,从而可以节约文物收集成本,但我国博物馆主要依靠文物专项基金来进行文物收集,这容易导致博物馆的新增文物数量不足且成本过高。

(三)博物馆公共服务质量提升缓慢

博物馆提供的公共服务是一种准公共物品。准公共物品具有有限的非竞争性的特点,即"在一定的消费容量下,单个会员对某个俱乐部物品的消费不会影响其他会员对该物品的消费,一旦超过某个临界点,非竞争性就会消失,拥挤就会出现"①。当前,在免费开放制度下,博物馆的公共服务质量提升遭遇"瓶颈"。目前博物馆主要从人员安全、藏品安全、环境清洁等方面提升服务质量,而观众则更希望了解藏品信息、考古知识,并希望有机会参与博物馆的互动活动中,但由于经费、人员、场地的限制,一些博物馆无法完全满足观众的公共文化消费需求。例如,博物馆藏品利用率低,其讲解服务一般分场次进行,免费语音讲解和微信讲解尚未完全普及,导致许多观众无法了解到文物背景和相关知识。博物馆尚未实现从"以物为中心"到"以人为中心"的转变,博物馆为民、惠民、便民服务措施有待进一步丰富。

第三节 博物馆制度变迁的未来方向

随着我国文化体制改革的深化,博物馆体制改革也受到新的经济结构、社会结构变迁的影响。随着文物保护、博物馆事业的快速发展,进一步深化博物馆体制改革成为当务之急。根据我国博物馆事业的发展现状与时代诉求,当前博物馆体制改革应着眼于文物产权登录制度、博物馆策展人制度、博物馆文旅融合发展、博物馆文创运营机制等方面,推动博物馆管理更加社会化、运营更加多元化。

一、建立文物产权登录制度

2012年,国务院下发《关于开展第一次全国可移动文物普查的通知》,提出要对可移动文物进行调查、认定和登记,掌握可移动文物现状等基本信息。2015年公布的《中华人民共和国文物保护法修订草案(送审稿)》其中第十四条提出要建立文物登录制度,完善文物资源管理,推动文物信息共享,具体标准及办法由国务院文物主管部门制定。但目前,我国尚未有严格意义上的文物产权登录制度,这为我国文物保护工作带来了极大的困难。

建立文物产权登录制度是当前我国进一步加强文物保护、确保文物安全、维护文物管理秩序的有效途径。首先,应加快出台有关文物产权登录制度的法律政策,公开文物产权登录制度的实施细则和管理办法,以及可移动文物和不可移动文物的产权登录编码制度,同时明确文物产权所属人将受到法律保护。其次,为避免过去管理主体的分散带来的麻烦与不便,应规定国家和地方各级文物行政部门作为文物产权登录制度的统一管理主体的角

---

① 周自强:《准公共物品供给理论分析》,南开大学出版社2011年版,第47页。

色,完善文物产权登录制度鉴定、评定机制以及后续的产权登录社会公开制度,将登录工作制度化、规范化、程序化,并接受社会各界的监督与反馈。①

二、完善博物馆策展人制度

"策展人"产生于西方博物馆行业,是指以自身独立的学术思想、展览理念为基础进行展览策划的不隶属于任何展览场馆或组织的人员。随着全球化进程的加快,世界各种文化加速交流、碰撞。改革开放以来,人民大众对艺术文化的需求日益多样化,同时受到西方展览理念、组织模式的影响,我国文化艺术领域开始引入、借鉴西方策展方式。经过四十多年的发展,我国出现大批新型独立的策展人。我国独立策展人主要活跃于当代艺术领域,但在文物博物馆行业则十分缺失。

近年来,随着公众观展品位的提升,如何组织、策划、宣传、推广博物馆展览,让文物"活"起来,成为文博领域人士极度关注的问题之一。博物馆的运营也逐渐由过去的以"藏品"为中心转向以"人"为中心,因此,完善博物馆策展人制度成为提升展览品质、推动博物馆走向国际化的有效途径。2011年,国家文物局印发《博物馆事业中长期发展规划纲要(2011—2020年)》,提出要建立策展人制度,推进博物馆陈列展览精品工程。2012年12月,国家文物局发布《关于加强博物馆陈列展览工作的意见》,提出要借鉴国内外先进经验,创新运行机制,探索实行策展人制度。在国家政策的支持下,以国家博物馆、南京博物院、河南博物院、苏州博物馆等为代表的博物馆积极探索并实行"展览项目制"和符合中国国情的"策展人制度"。例如,南京博物院从自身"一院六馆"的展陈策划中演变出有自身特色的策展人制度,即由六个人做领头策展人,负责每个场馆的设计与策划,每个领头策展人带领四五个来自不同部门的成员组成一个团队,馆长是总负责人。南京博物院的馆长、副馆长作为后盾解决行政困难,策展人在展品选择、展览设计、社会教育等展陈的整个链条上都有一定的话语权。但目前策展人制度在展览经费、展览决策权等方面还面临一定的制约。

未来,国家应加大支持力度,加快创新博物馆体制机制,为策展人提供更开放、包容、多元、自主的策展空间。具体可以从以下三个方面作出努力。

(1)明确策展人职责范围,在整个策展过程中给予策展人充分的话语权。在现行博物馆管理体制下,领导层应下放策展权限,在策展人策展过

---

① 蔡武进、傅才武:《我国文博管理制度改革发展的基本路径》,《福建论坛(人文社会科学版)》2017年第10期。

程中当好行政后盾,调配馆内相关资源,保证策展人在藏品选择、展览设计、宣传教育等方面享有足够的决策权和执行权。

(2)扩大策展资金来源,保证策展资金充足。目前博物馆的业务经费主要来自国家下拨的文化事业经费,在使用过程中有一定的局限。要推出更加优质的展览,必须保证资金充足,国家可在政策上支持博物馆吸纳社会资金,鼓励博物馆在符合规定的条件下借助门票、文创、出版等方式增加博物馆收益,通过建立博物馆事业发展基金会获得社会赞助,实现资金收益与展览策划的良性循环。[①]

(3)加大策展人才的引进与培养,激发策展活力。当前我国博物馆领域优秀策展人稀缺,博物馆在积极引进优秀策展人的同时,还应在馆内工作岗位上选取优秀人才作为策展骨干储备队伍,加强其在策展专业理论、审美搭配、教育推广等方面的知识学习和能力培养。此外,还应推动博物馆奖惩机制的建立与完善,进一步细化奖惩条例,对优秀策展人及相关人员予以奖励,激发全馆的策展活力。

三、进行博物馆文旅融合发展规划

文化是实现旅游价值的灵魂和内核,旅游是实现文化价值的载体和途径,文化和旅游的融合已成为现实社会发展的必然要求。2018年,国务院机构改革方案决定将文化部、国家旅游局的职责整合,组建文化和旅游部,从宏观组织层面上推动了文化和旅游融合发展的进程。作为文化和旅游相融合的重要环节,博物馆参观游览兼具历史溯源、艺术观赏、教育推广、科学研究等多方面的价值与功能,逐渐成为公共文化服务和旅游发展的有效载体与前沿阵地。此外,《国家宝藏》等一大批文博类节目的热播,点燃了社会公众对参观博物馆与进行文物鉴赏的热情,掀起了博物馆旅游的热潮。在文旅融合的战略背景下,博物馆的发展迎来更多机遇,如何推动展陈方式的多元化,打造独特的博物馆文化品牌,吸引更多游客前来参观成为目前博物馆的工作重点。

(1)加强博物馆数字化建设。在互联网快速发展的时代,博物馆应充分应用多样化的科学技术手段,在藏品保护、展示与解说上开创新方法、新手段。博物馆可通过建设数字博物馆,打造虚拟博物馆;搭建"移动互联网+博物馆"的平台,开发博物馆官方网站、微信公众号、微博、智能

[①] 宋雯:《从独立策展人在中国的发展初探博物馆策展人制度》,郑州大学硕士学位论文,2019年。

APP等。

（2）增加博物馆互动体验活动。博物馆可通过各类节庆活动、创意活动、科普研学活动，借助动漫展示、穿越剧场、PPT讲堂、互动游戏等方式，打造既新颖又体现博物馆文化内涵的体验活动。博物馆文化体验活动既要在馆内全年常态化开展，更要走进社区、学校等地。这将打破单纯的视觉感受带来的束缚，加深游客对博物馆的文化记忆与空间记忆，有助于打造博物馆文化品牌，推动文化的交流与传播。

（3）加大文化创意产品的开发。在创意流行的时代，新颖鲜活且具有实用性的博物馆文创产品作为旅游商品具有较高的自身附加值。博物馆可依托馆藏资源、地域文化、品牌形象，通过引入社会力量参与研发、生产、经营，借助各类线上线下的营销平台，推进文化创意产品的开发与销售。

四、完善博物馆文创的运营机制

随着我国文化创意产业的发展，文博行业深度进入到文化创意领域，文化创意产品的开发成为文博事业创新发展的重要环节。我国一些文博单位在文化创意产品开发方面大胆探索、积极实践，当前我国博物馆文化创意产品的开发呈现以下特征：(1)博物馆文创开发的经营模式呈现多元化、市场化发展趋势，具体包括出租承包经营、内部独立经营、内部与公司合作经营、公司独立运作模式等多种模式。(2)以故宫博物院、湖南省博物馆、苏州博物馆为代表的博物馆文创开发规模日益扩大，发展速度明显加快，文创品牌影响力与知名度显著提高。(3)博物馆文创与旅游市场联系紧密，激发了博物馆发展活力。但同时博物馆文化创意产品开发也面临着诸多问题，如博物馆文创收入分配问题、博物馆文创开发资金来源问题等。博物馆文创开发的制度保障与配套支持力度还不够，还面临体制机制上的障碍。公共博物馆属于公共文化服务体系，被划分为公益一类，博物馆的公益性质与文创开发的经营性质之间存在一定的对立。在缺乏激励的情况下，博物馆文创开发积极性并不高。此外，受到财政机制的制约，一方面，国家各级财政对博物馆发展的资金拨款未将文创产品开发列入预算中，博物馆文创开发没有明确的资金来源渠道；另一方面，国有博物馆的收入需上缴国库或财政专户，不能自主支配。[①]

综上所述，我国博物馆文创开发尚在起步阶段，由于在政策保障、资金支持、专业人才等方面缺乏支持，博物馆文化创意开发的积极性、创造性、能

---

① 何晓雷：《博物馆文化创意产品开发的特征、问题及对策》，《学习与实践》2016年第12期。

动性明显不足。2016年5月,《关于推动文化文物单位文化创意产品开发的若干意见》对博物馆等文化文物单位文化创意产品开发作出相关部署。同年10月,国家文物局印发《关于促进文物合理利用的若干意见》,提出要落实文化创意产品开发政策,支持文博单位与社会力量合作,推广PPP模式等。在相关文创政策的指导下,北京市于2018年6月出台《关于推动北京市文化文物单位文化创意产品开发试点工作的实施意见》,选定首都博物馆、中国人民革命军事博物馆等一批文博单位进行文创产品开发试点工作,其中明确指出将文化创意产品开发与公益服务分开,文化创意产品开发取得的事业收入、经营收入和其他收入等按规定纳入该单位预算统一管理,可用于加强公益文化服务、藏品征集、继续投入文化创意产品开发、对符合规定的人员予以绩效奖励等。在该政策的支持下,北京市文博试点单位的博物馆文创开发成绩显著。

在未来,国家加快出台相关法规政策,完善体制机制,是提高博物馆文创开发积极性的关键。各地文博管理单位可在国家统一指导下,借鉴北京市的试点经验,推动文博单位文创开发体制机制创新。在开发模式上,坚持事企分开的原则,鼓励具备条件的文物博物馆单位采取合作、授权、独立开发等方式开展文创产品开发,鼓励文博单位与社会力量进行深度合作,鼓励社会力量参与博物馆文创产品研发、生产和经营。在财务支持上,进一步完善资金投入方式,加大中央、地方各级财政对文创产品开发工作的支持力度;明确文博事业单位文创开发取得的各项收益可按规定纳入本单位预算统一管理,用于藏品征集、公益文化活动、继续投入文创产品开发、人员绩效奖励等方面。在人才培养上,大力培养创意研发、专业技术、营销推广等人才,畅通国有和民营、事业单位和企业之间人才流动渠道。

博物馆未来的改革必然顺应社会经济文化的发展。在博物馆事业法人制度全面推行的基础上,博物馆管理制度的设计要更多考虑博物馆服务与民众文化消费需求相契合,博物馆体制改革应立足于提升公共服务效能。

结 语

博物馆的诞生使得私人收藏变为公众共享,同时为民众提供了学习、休闲、交流的公共空间。晚清时期,中国先进知识分子开始筹建博物馆,其目的是以博物馆作为学校教育的补充。一说百闻不如一见,通过博物馆实现教育的目的既易明了,又易记忆,施于教育,优点即在于此。同时,当时的有识之士还将博物馆建设看作制度改革的组成部分,一方面博物馆建设可以推动民众认识中华民族的传统文化符号及其价值,同时也可以学习西方的先进科学技术;另一方面博物馆作为公共文化空间,是近代公共领域的一部分,可以作为传播信息、沟通交流的场所。

对于博物馆的管理,在清末及民国时期基本仿照西方制度,将博物馆事业纳入国家社会教育体系与法制体系之中,博物馆的经费来源于政府财政拨款、运营收入、社会捐赠。博物馆的宏观管理由教育部门及内政部门负责,博物馆的具体运营由博物馆理事会具体负责。博物馆在当时的主要社会功能是辅助教育和对外交流。这一时期博物馆的管理制度主要为:文物保管陈列制度、理事会制度、基金制度、捐赠制度等。这一时期的制度建设为我国当下的博物馆事业改革提供诸多可取经验。在社会转型时期,博物馆事业的兴起推动了新型公共文化空间的构建与公共资源的共享,促进民族觉醒,凝聚民族精神。

中华人民共和国成立后,在民国时期博物馆建设的基础上,我国博物馆领域构建起公有化制度,推动建立起新型社会主义性质的博物馆事业。1978年文化体制改革之前,博物馆的主要工作是考古和科学研究,其经费来源基本为财政拨款,其人员均为事业编制,在当时主要承担意识形态宣传和考古科研的功能。改革开放后,受到社会主义市场经济与文化体制改革的影响,博物馆体制改革经历了开启、探索、推进、深化四个阶段,在人事制度、财务制度、运营制度等方面进行了积极的探索。人事制度由行政任命转向竞聘制度,经费来源由基本费用拨款发展到全额财政拨款,运营管理由行政命令发展到法人治理。目前,我国博物馆事业被纳入公共文化服务体系之中,体制改革处于进一步深化阶段,基本完成了事业单位法人制度的改革。

在未来,加强有关政策的动态调整、支持社会力量参与是博物馆行业领域改革的时代诉求与关注重点。博物馆体制改革应着眼于建立文物产权登录制度、完善博物馆策展人制度、进行博物馆文旅融合发展规划、完善博物馆文创运营机制等方面,推动博物馆管理与运营更加多元化、社会化、科学化。

参考文献

一、中文文献

（一）中文专著

[1] 郑霞:《数字博物馆研究》,浙江大学出版社2016年版。
[2] 李明勋、尤世玮:《张謇全集·公文》,上海辞书出版社2012年版。
[3] 王韬:《漫游随录》,岳麓书社1985年版。
[4] 傅才武:《近代中国国家文化体制的起源、演进与定型》,中国社会科学出版社2016年版。
[5] 段勇:《当代中国博物馆》,江苏译林出版社2017年版。
[6] 费耕雨、费鸿年:《博物馆学概论》,中华书局1948年版。
[7] 陈端志:《博物馆学通论》,上海市博物馆,1936年。
[8] 陈端志:《博物馆》,商务印书馆1937年版。
[9] 荆三林:《博物馆学大纲》,中国文化服务社陕西分社1979年版。
[10] 曾昭燏、李济:《博物馆》,正中书局1943年版。
[11] 傅振伦:《博物馆学概论》,商务印书馆1957年版。
[12] 包遵彭主编:《中国博物馆史》,中华丛书编审委员会印行,1964年。
[13] 王宏均主编:《中国博物馆学基础(修订本)》,上海古籍出版社2001年版。
[14] 梁吉生:《中国博物馆协会及其学术活动》,上海古籍出版社2001年版。
[15] 王云霞:《文化遗产法教程》,商务印书馆2012年版。
[16] 郑奕:《博物馆教育活动研究》,复旦大学出版社2015年版。
[17] 李炎、王佳:《区域文化产业研究》,云南大学出版社2016年版。
[18] 任康丽、黄建军:《博物馆室内外环境艺术设计》,华中科技大学出版社2015年版。

[19] 周超:《日本文化遗产保护法律制度及中日比较研究》,中国社会科学出版社2017年版。

[20] 单霁翔:《甲午集》,故宫出版社2015年版。

[21] 胡娟:《法护名城》,武汉大学出版社2015年版。

[22] 傅才武、宋丹娜:《文化市场演进与文化产业发展——当代中国文化产业发展的理论与实践研究》,湖北人民出版社2008年版。

[23] 文化部文物局教育处、南开大学历史系:《博物馆学参考资料(下册)》,1986年。

[24] 吕济民:《中国博物馆史论》,紫禁城出版社2004年版。

[25] 马建辉、王晓宁:《中国高校博物馆建设研究》,新华出版社2015年版。

[26] 龙闪:《苏联文化体制沿革史》,中国社会科学出版社1996年版。

[27] 谢辰生口述、姚远主编:《谢辰生口述》,生活·读书·新知三联书店2018年版。

[28] 马承源主编:《上海文物博物馆志》,上海社会科学出版社1997年版。

[29] 中国考古学会编:《中国考古学年鉴:1984》,文物出版社1984年版。

[30] 吕济民主编:《当代中国的博物馆事业》,当代中国出版社1998年版。

[31] 国务院法制办公室编:《中华人民共和国法规汇编:1949—1952》,中国法制出版社2014年版。

[32] 陈全方:《当代陕西文博》,三秦出版社1990年版。

[33] 苏尚尧主编:《中华人民共和国中央政府机构:1949—1990》,经济科学出版社1993年版。

[34]《中国历史学年鉴》编辑组:《中国历史学年鉴:1979》,生活·读书·新知三联书店1980年版。

[35] 国家文物局编:《中国文化遗产事业法规文件汇编(1949—2009)》,文物出版社2009年版。

[36] 国家文物事业管理局编:《新中国文物法规选编》,文物出版社1987年版。

[37] 湖南省博物馆编印:《文物工作手册》,1977年。

[38] 寿孝鹤等主编:《1949—1985中华人民共和国资料手册》,社会科学文献出版社1986年版。

[39] 国家文物局博物馆司:《博物馆工作手册》,华龄出版社2007年版。

[40] 国务院法制局编:《中华人民共和国法规汇编:1991年1月—12月》,中国法制出版社1992年版。

[41] 北京市文物事业管理局编:《文物工作手册》,北京燕山出版社1990

年版。

[42] 康式昭主编:《中国改革全书:1978—1991(文化体制改革卷)》,大连出版社1992年版。

[43] 国务院办公厅秘书局、中央编委办公室综合司编:《中央政府组织机构》,中国发展出版社1995年版。

[44] 浙江省文物局编:《文物法规选编》,1999年。

[45] 甘肃省人事厅编:《事业单位人事制度改革与人事管理文件选编(上)》,甘肃文化出版社2008年版。

[46] 尹青山等主编:《中国改革开放政策大典》,中国建材工业出版社1993年版。

[47] 刘宝明:《当代北京博物馆史话》,当代中国出版社2008年版。

[48] 常德市地方志编纂委员会、常德市文物局编:《常德市文物志(1988—2010)》,方志出版社2014年版。

[49] 中国文物报社编:《大考古——考古·文明·思想》,济南出版社2004年版。

[50] 中共中央文献研究室编:《十六大以来重要文献选编(下)》,中央文献出版社2008年版。

[51] 孙刚:《公共文化新视觉:公共文化服务体系建设中的政府主导作用研究》,中国地质大学出版社2018年版。

[52] 国务院办公厅秘书局、中央机构编制委员会办公室综合司编:《中央政府组织机构:2008》,党建读物出版社2009年版。

[53] 中共广东省委党校、广东行政学院编:《建设社会主义文化强国与广东实践》,广东人民出版社2018年版。

[54] 中共上海市委党史研究室编:《上海改革开放实录(2002—2012)》,上海书店出版社2016年版。

[55] 浙江文物年鉴编委会编:《浙江文物年鉴:2011》,浙江古籍出版社2012年版。

[56] 陈建明主编:《湘博志:湖南省博物馆年鉴(2003—2005)》,湖南美术出版社2007年版。

[57] 山东省文物局编:《文物保护法律法规汇编》,山东大学出版社2015年版。

[58] 国务院法制办公室编:《中华人民共和国法规汇编:2012》,中国法制出版社2014年版。

[59] 全国人大常委会办公厅、中共中央文献研究室编:《人民代表大会制度重要文献选编(四)》,中国民主法制出版社、中央文献出版社2015

年版。

[60] 阮可：《现代公共文化服务体系——理论与浙江实践》，浙江大学出版社2014年版。

[61] 徐清泉主编：《上海公共文化服务发展报告(2016)》，上海社会科学院出版社2016年版。

[62] 国务院法制办公室：《中华人民共和国新法规汇编》2016年第6辑，中国法制出版社2016年版。

[63] 黎先耀：《中国博物馆指南》，中国旅游出版社1988年版。

[64] 史勇：《中国近代文物事业简史》，甘肃人民出版社2009年版。

[65] 江琳：《从"文物保护"到"文化保护"——近代中国文物保护的制度与实践研究(1840—1949)》，新华出版社2015年版。

[66] 张耀南等：《戊戌百日志》，北京燕山出版社1998年版。

[67] 上海商务印书馆编译所编纂：《大清新法令(1901—1911)》，商务印书馆2010年版。

[68] 诸葛文：《让你受益匪浅的极简国学》，中国法制出版社2017年版。

[69] 钟叔河：《走向世界——近代中国知识分子考察西方的历史》，中华书局1985年版。

[70] 贾鸿雁、张天来编：《中华文化遗产概览》，东南大学出版社2015年版。

[71] 单霁翔：《从"数量增长"走向"质量提升"——关于广义博物馆的思考》，天津大学出版社2014年版。

[72] 黄继东：《大陆国宝迁台秘事》，北方文艺出版社2017年版。

[73] 故宫博物院编：《故宫博物院早期院史(1925—1949年)》，故宫出版社2016年版。

[74] 中国第二历史档案馆编：《中华民国史档案资料汇编·文化》，江苏古籍出版社1994年版。

[75] 北京大学考古系资料室编：《中国考古学文献目录：1900—1949》，文物出版社1991年版。

[76] 河南省文物管理局文物志编辑室编：《河南省文物志二稿(上)》，2007年。

[77] 内政部年鉴编纂委员会编：《内政年鉴·四》，商务印书馆1936年版。

[78] 谭旦冏：《中央博物院廿五年之经过》，1960年。

[79] 《博物馆学概论》编写组编：《博物馆学概论》，高等教育出版社2019年版。

[80] 内政部总务司第二科：《内政部法规编·礼俗类》，内政部统计处，

1944年。
[81] 贵州省地方志编纂委员会编:《贵州省志·文物志》,贵州人民出版社2003年版。
[82] 王玲:《公共文化空间与城市博物馆旅游发展——以上海为例》,浙江大学出版社2014年版。

(二)中文译著

[1] 〔法〕安德烈·德雷瓦、方斯瓦·梅黑斯:《博物馆学关键概念》,张婉真译,法国阿尔芒·柯兰出版社2010年版。
[2] 〔美〕G.Ellis Burcaw:《新博物馆学手册》,张云、曹志建、吴瑜等译,重庆大学出版社2011年版。
[3] 〔美〕珍妮特·马斯汀:《新博物馆理论与实践导论》,钱春霞等译,江苏美术出版社2008年版。
[4] 〔美〕大卫·卡里尔:《博物馆怀疑论:公共美术馆中的艺术展览史》,丁宁译,江苏美术出版社2009年版。
[5] 〔法〕雅克·萨卢瓦:《法国博物馆》,汤延英、狄荷花译,商务印书馆2000年版。

(三)中文期刊

[1] 中国博物馆学史课题组:《知识·理论·体系·学科——中国博物馆学研究轨迹检视》,《中国博物馆》2006年第2期。
[2] 陈春晓:《博物馆视角下的近代中国知识体系的蜕变》,《中原文物》2010年第6期。
[3] 杨志刚:《博物馆与中国近代以来公共意识的拓展》,《复旦学报(社会科学版)》1999年第3期。
[4] 程美宝:《从博物馆藏品看中国"近代史"》,《近代史研究》2010年第2期。
[5] 赵国香:《近代博物馆与中国公共空间关系试析——以来华西方人所建博物馆为例》,《博物院》2018年第4期。
[6] 罗松晨:《博物馆的文化自信与传承创新》,《文物鉴定与鉴赏》2019年第1期。
[7] 艾智科:《近代中国博物馆的发展及其空间意义》,《中国文物科学研究》2011年第1期。
[8] 王金玉:《周代档案府及其收藏》,《档案管理》1993年第1期。

[9] 胡明想:《古代兰台述略》,《档案学研究》1999年第4期。

[10] 曾主陶:《唐宋时期的馆阁制度》,《文献》1991年第2期。

[11] 赵晶:《明代宫廷书画收藏考略》,《浙江大学学报(人文社会科学版)》2018年第3期。

[12] 徐玲:《近代中国博物馆的公共性构建》,《文博》2012年第1期。

[13] 梁吉生:《近代中国第一座国立博物馆——国立历史博物馆》,《中国文化遗产》2005年第4期。

[14] 陈锐:《论康有为对近代博物馆的认知和宣传》,《文史博览(理论)》2007年第1期。

[15] 吕建昌:《略论近代工业遗址博物馆》,《中国博物馆》2008年第1期。

[16] 安琪:《民族文化与博物馆叙事——近代西南的"器物民族志"》,《民族文学研究》2010年第3期。

[17] 李飞:《他山之石:博物馆助推中国近代社会变革》,《中国博物馆》2013年第3期。

[18] 刘冠缨:《西学东渐与近代中国博物馆兴起》,《文物世界》2019年第2期。

[19] 王秀伟、黄文川:《辛亥革命对中国近代博物馆事业发展的影响》,《文史博览(理论)》2012年第9期。

[20] 李飞:《由"集新"到"集旧":中国近代博物馆的一个演进趋向》,《东南文化》2013年第2期。

[21] 李飞:《中国近代早期博物馆史研究三题》,《博物院》2018年第2期。

[22] 沈钢、江幼玲:《中国近代第一所博物馆南通博物苑》,《民主》2009年第5期。

[23] 方胜强:《浅析中外博物馆管理体制差异》,《才智》2018年第16期。

[24] 苏东海:《试论我国博物馆经营体制的改革》,《中国博物馆》1998年第2期。

[25] 沈斌:《文物博物馆管理体制的创新路径分析》,《文物鉴定与鉴赏》2019年第7期。

[26] 贺德孝:《免费体制下的博物馆运营现状及对策探讨》,《客家文博》2014年第2期。

[27] 丁一哲:《试论多种模式下博物馆运营方式的选择——以我国台湾地区和韩国的博物馆为例》,《中国民族博览》2019年第4期。

[28] 方智:《自媒体时代博物馆微信的运营研究》,《智库时代》2019年第44期。

[29] 王云霞、胡姗辰:《〈国际博物馆协会博物馆职业道德准则〉的法律意义》,《东南文化》2018年第1期。

[30] 余刚:《博物馆免费开放后的运营管理分析》,《文化创新比较研究》2018年第2期。

[31] 龚淼、江河:《博物馆微信公众号的设计和运营探索》,《博物馆研究》2017年第1期。

[32] 马小晶、吴为昊:《博物馆维保管理体制一体化的构建与创新》,《领导科学论坛》2019年第13期。

[33] 毕玉霞:《对文物博物馆管理体制创新的思考》,《黑龙江史志》2014年第21期。

[34] 何晓雷:《博物馆文化创意产品开发的特征、问题及对策》,《学习与实践》2016年第12期。

[35] 徐玲:《博物馆与近现代中国文物保护》,《中国博物馆》2019年第1期。

[36] 陈雅婧:《从"文化行政管理"到"文化资本运营"——关于日本国立博物馆法人化改革的探究》,《博物馆研究》2019年第2期。

[37] 窦宇:《博物馆连锁体系的形成机制与运营形态》,《艺术管理(中英文)》2019第3期。

[38] 尹静雅:《关于博物馆文化体制改革的思考》,《文物鉴定与鉴赏》2018年第21期。

[39] 李震:《韩国国立民俗博物馆管理体制与业务运行探析》,《古今农业》2010年第4期。

[40] 张辉:《建立博物馆系统化工作体制的探讨》,《中国博物馆》1985年第2期。

[41] 钱刚:《公共文化服务体制视域下的博物馆功能定位分析》,《艺术科技》2019年第2期。

[42] 刘洪:《加强博物馆文化建设的几点思考》,《中国博物馆》2004年第2期。

[43] 吴力斌:《略谈博物馆新媒体重要性及其运营——以刘少奇同志纪念馆为例》2019年第3期。

[44] 胡锐韬:《流动博物馆运营模式探析——以广东省流动博物馆为例》,《中国博物馆》2017年第2期。

[45] 刘容:《免费开放博物馆文创产品开发的现状与观念困扰》,《东南文化》2019年第5期。

[46] 吴新:《国内博物馆绩效考评指标探讨》,《文博》2016年第5期。

[47] 廖敦如:《我的教室在博物馆:英美"馆校合作"推展及对我国的启示》,《博物馆学季刊》2005年第1期。

[48] 潘汝欣:《英美法中文物保护规定的评析》,《云南大学学报法学版》2013年第1期。

[49] 武文龙:《大英博物馆借国内电商提升文创销量》,《艺术市场》2018年第9期。

[50] 陆坤:《博物馆运作的新契机:英国企业慈善行为动机和战略慈善参与研究》,《科学教育与博物馆》2019年第4期。

[51] 章义平:《关于博物馆文化衍生产品开发的认识与思考》,《东南文化》2011年第5期。

[52] 李军:《地域中心化:卢浮宫与普适性博物馆的生成》,《文艺研究》2008年第7期。

[53] 邵甬、阮仪三:《关于历史文化遗产保护的法制建设——法国历史文化遗产保护制度发展的启示》,《城市规划汇刊》2002年第3期。

[54] 索秀芬:《考察法国博物馆机构几点启示》,《中国博物馆》2007年第4期。

[55] 朱晓云:《法国博物馆保管员体系与职业教育》,《中国美术馆》2016年第4期。

[56] 李泽宇:《法国地方性文化政策和去中心化》,《中外交流》2019年第2期。

[57] 杭侃:《让文物活起来的一些思考》,《公关世界》2019年第20期。

[58] 李军:《从缪司神庙到奇珍室:博物馆收藏起源考》,《文艺研究》2009年第4期。

[59] 项隆元:《中日两国近代博物馆事业产生之比较》,《东南文化》1991年第6期。

[60] 余子龙:《日本国立博物馆行政法人化改革探析》,《中国民族博览》2015年第9期。

[61] 安来顺:《20世纪博物馆的回顾与展望》,《中国博物馆》2001年第1期。

[62] 杨雁:《美国博物馆和图书馆服务协会战略计划给我们带来的启示》,《公共图书馆》2012年第4期。

[63] 李妍:《美国税收政策如何助力艺术博物馆的发展》,《中国博物馆》2016年第1期。

[64] 秦东旭:《美国博物馆理事会制度生成与演进研究》,《科学教育与博物馆》2019年第1期。

[65] 郭艳梅、王飞、殷晓晔:《国外博物馆管理研究综述》,《大东方》2016年第3期。

[66] 狐爱民:《美国博物馆资金来源研究》,《商业会计》2015年第5期。

[67] 梁丹妮:《纽约大都会博物馆理事会制度研究》,《上海文化》2014年第6期。

[68] 王裕昌、廖元琨、赵天英:《美国博物馆及其数字化建设的启示》,《中国博物馆》2013年第3期。

[69] 吕济民:《苏联博物馆事业发展史略》,《中国博物馆》1991年第2期。

[70] 杨汶、戴炜:《建国初期苏联博物馆事业对我国的影响》,《文史博览(理论)》2013年第2期。

[71] 吕济民:《苏联博物馆考察纪实》,《中国博物馆》1987年第1期。

[72] 傅振伦:《苏联博物馆界概况》,《国立沈阳博物院筹备委员会汇刊》1947年第1期。

[73] 黄春雨:《社区博物馆理论与实践的思考》,《中国博物馆》2011年第1期。

[74] 傅才武、何璇:《四十年来中国文化体制改革的历史进程与理论反思》,《山东大学学报(哲学社会科学版)》2019年第2期。

[75] 傅才武:《当代公共文化服务体系建设与传统文化事业体系的转型》,《江汉论坛》2012年第1期。

[76] 郑广荣:《改革开放以来中国博物馆事业管理述略》,《中国博物馆》1995年第3期。

[77] 王巍:《新中国考古学70年发展与成就》,《历史研究》2019年第4期。

[78] 马自树:《中国博物馆和文化政策》,《中国博物馆》1994年第4期。

[79] 张文彬:《中国博物馆国际化的进程回顾与展望》,《中国博物馆》2006年第3期。

[80] 陈宇:《国内博物馆基金会发展浅析》,《文艺生活》2015年第8期。

[81] 陈波、耿达:《博物馆免费开放绩效评价指标体系研究》,《艺术百家》2013年第2期。

[82] 陆建松、韩翊玲:《我国博物馆国际交流与合作的现状、问题及其政策思考》,《四川文物》2011年第3期。

[83] 蔡武进、傅才武:《我国文博管理制度改革发展的基本路径》,《福建论坛(人文社会科学版)》2017年第10期。

[84] 孙晓勇、黄彦震:《关于博物馆教育国际化发展策略的思考》,《黑龙江省社会主义学院学报》2012年第3期。

[85] 何晓雷:《博物馆文化创意产品开发的特征、问题及对策》,《学习与实践》2016年第12期。

[86] 徐忠文:《扬州博物馆》,《中国博物馆通讯》2003年第8期。

[87] 薛梅:《扬州双博馆》,《文博连线》2013年第3期。

[88] 蒋华:《略论适合中国国情的博物馆机构设置》,《中国博物馆》1986年第2期。

[89] 周飞强:《门票问题与博物馆公共性》,《博物馆研究》2007年第1期。

[90] 尹静雅:《关于博物馆文化体制改革的思考》,《文物鉴定与鉴赏》2018年第21期。

[91] 宋新潮:《关于博物馆理事会制度建设的若干思考》,《东南文化》2014年第5期。

[92] 孙其媛:《"互联网+"时代下的博物馆管理模式初探》,《辽宁省博物馆馆刊》2015年第1期。

[93] 段小明:《中国博物馆策展人制度本土化的历程与发展》,《东南文化》2018年第5期。

[94]《新中国成立前夕华北地区有关保护文物古迹文件选编》,《档案天地》1999年第S1期。

[95] 周婧景、严建强:《民国时期的博物馆理事会及其启示》,《东南文化》2014年第4期。

[96] 李军:《晚清民国时期对博物馆教育功能的认识》,《东南文化》2014年第1期。

[97] 江琳:《民国时期文物保护事业的体制之争》,《江苏师范大学学报(哲学社会科学版)》2014年第3期。

[98]《省立西湖博物馆之接管与扩充》,《浙江教育行政周刊》1933年第4卷第22期。

[99] 李万万:《国立中央研究院历史博物馆筹备处时期的展览实践》,《文物天地》2016年第1期。

[100]《消息:文物观光协会》,《新北辰》1935年第11期。

[101]《中国文物研究会在沪成立》,《广西文献通讯》1948年第3期。

(四)中文报纸

[1] 刘世风:《法国:政府主导管理博物馆》,载于《中国文物报》2013年11

月13日。
[2] 刘江伟、李韵:《让博物馆成为"一带一路"的形象大使》,载于《光明日报》2019年4月16日。
[3] 郑欣淼:《乾隆皇帝的收藏与鉴赏》,载于《中国艺术报》2014年2月26日。
[4]《精英主导的纽约大都会博物馆》,载于《东方早报》2011年10月26日。
[5] 胡高伟:《博物馆分类与专业科技博物馆》,载于《中国文物报》2019年11月26日。
[6] 张楠:《第三次全国文物普查数据发布》,载于《中国科学报》2012年1月6日。
[7] 李雪:《"十二五"时期我国文物博物馆事业蓬勃发展》,载于《中国文化报》2015年11月17日。
[8] 赵娜:《外国博物馆是如何树立和推广博物馆品牌?》,载于《中国文物报》2019年11月26日。
[9] 李彦平:《文旅融合背景下的研学旅行和博物馆公众教育》,载于《中国文物报》2019年11月22日。
[10] 张颖岚:《以"公众教育"为纽带的博物馆运营》,载于《中国文物报》2015年7月21日。
[11] 埃瑞克·勒费布尔:《博物馆体制内的保存修复策略》,载于《中华读书报》2016年8月10日。
[12] 张舜玺:《法国博物馆运营的资金来源》,载于《学习时报》2016年2月18日。
[13] 高素娜:《激活文物 创新制度》,载于《中国文化报》2019年11月24日。
[14] 郑海鸥:《法人治理,让文化服务更精准》,载于《人民日报》2017年11月9日。
[15] 彭蕾:《中国近代博物馆的法人治理结构》,载于《中国文物报》2019年5月16日。
[16] 张晋平:《国际博协深入讨论"博物馆定义"》,载于《中国文物报》2004年11月5日。
[17] 刘世风:《英国政府"一臂之距"管理博物馆》,载于《中国文物报》2013年10月16日。
[18] 张舜玺:《博物馆运营的资金来源》,载于《学习时报》2016年2月18日。

[19] 黄磊:《法国博物馆管理体制、发展现状的启示》,载于《中国文物报》2005年7月2日。
[20] 郑欣淼:《最重要的是转换思路——上海博物馆的启示》,载于《中国文物报》2000年1月12日。
[21] 刘珂菁:《中小型博物馆购买公共文化服务的路径选择》,载于《中国文物报》2019年6月21日。

(五)析出文献

[1] 浙江省文化厅文改办:《浙江省博物馆、浙江图书馆改革试点纪实》,引自郭沫勤、孙若风主编,中国文化报社编:《中国文化设施建设与经营管理研究》,中国文联出版社2006年版。
[2] 彭顺生:《国外遗产资源保护及其特点》,引自彭顺生编:《世界遗产旅游概论》(第2版),中国旅游出版社2017年版。
[3] 李林娜:《美国博物馆业掠影》,引自龙华烈士纪念馆编:《烈士与纪念馆研究》(第5辑),中共党史出版社2001年版。
[4] 马志翔:《谈谈陕西省博物馆的聘任制、目标责任制》,引自中国博物馆协会编:《中国博物馆学会成立十周年纪念暨学术讨论会文集》,紫禁城出版社1993年版。

(六)硕博论文

[1] 池永梅:《公共博物馆在欧洲的起源》,厦门大学硕士学位论文,2018年。
[2] 孟庆金:《现代博物馆功能演变研究》,大连理工大学博士学位论文,2011年。
[3] 刘华:《〈申报〉(1912—1949)博物馆史料初步整理与分析》,吉林大学硕士学位论文,2016年。
[4] 彭露:《1949年以前中国博物馆学学科构建初探——以1949年前博物馆学通论性专著为对象》,重庆师范大学硕士学位论文,2016年。
[5] 王宣懿:《传承中的裂变——中国近代博物馆与民族主义相关问题研究(1840—1925)》,中央美术学院硕士学位论文,2016年。
[6] 陈为:《博物馆与中国近代社会变革研究》,中国艺术研究院硕士学位论文,2011年。
[7] 张瀚予:《当代博物馆伦理问题研究》,中国艺术研究院博士学位论文,2012年。

[8] 宋雯:《从独立策展人在中国的发展初探博物馆策展人制度》,郑州大学硕士学位论文,2019年。

[9] 迟昭:《日本美术博物馆学艺员制度研究》,中央美术学院硕士学位论文,2017年。

[10] 徐婧:《基于考古遗址保护与展示的国内遗址博物馆案例调查研究》,西安建筑科技大学硕士学位论文,2014年。

[11] 章磊:《中国国有博物馆的效率体制与市场关系体制》,北京化工大学硕士学位论文,2005年。

[12] 郭辉:《严修与近代天津博物馆》,华东师范大学硕士学位论文,2010年。

[13] 孟庆金:《现代博物馆功能演变研究》,大连理工大学博士学位论文,2010年。

[14] 严啸:《博物馆的媒体化:一种公共话语的阐释》,上海大学硕士学位论文,2014年。

[15] 柳懿洋:《博物馆集群化运营模式研究——以史密森学会为例》,中央美术学院硕士学位论文,2017年。

[16] 於照:《博物馆理事会制度改革问题研究》,宁波大学硕士学位论文,2017年。

[17] 刘家宁:《近代天津博物馆发展战略研究》,天津大学硕士学位论文,2013年。

[18] 陈锐:《晚清西方博物馆观念在中国的传播》,湖南大学硕士学位论文,2007年。

[19] 张娟娟:《近代中国博物馆源起探析》,南京师范大学硕士学位论文,2006年。

[20] 易丹妮:《欧洲早期博物馆的兴起:背景与历程》,浙江大学硕士学位论文,2014。

[21] 陈雅靖:《日本国立博物馆的中国艺术资源运营研究》,上海大学上海美术学院博士学位论文,2018年。

[22] 金晶:《张謇与中国近代民间博物馆教育的兴起》,华东师范大学硕士学位论文,2016年。

[23] 李策:《历史博物馆旅游运营研究》,湘潭大学硕士学位论文,2008年。

[24] 李睿琦:《英国文物进出境管理政策研究》,陕西师范大学硕士学位论文,2017年。

[25] 王楠:《法国博物馆运营模式研究》,对外经济贸易大学硕士学位论

文,2011年。
[26] 孔德超:《法国文化遗产法研究》,中国人民大学博士学位论文,2010年。
[27] 朱华俊:《日本博物馆教育研究》,华中师范大学硕士学位论文,2018年。
[28] 项佳媛:《博物馆的国家所有权问题研究》,中国社会科学院大学硕士学位论文,2012年。
[29] 陆芳芳:《美国博物馆教育研究》,浙江大学硕士学位论文,2013年。
[30] 王智洋:《国家文化特性引导下的"文化社会"——20世纪中期美国文化制度研究(1945—1969)》,南京艺术学院硕士学位论文,2016年。
[31] 钱程:《基于用户体验理论的扬州双博馆微信导览系统设计》,扬州大学硕士学位论文,2016年。
[32] 卞建龙:《免费开放条件下完善城市博物馆机构职能研究》,郑州大学硕士学位论文,2014年。
[33] 汤颖:《扬州市公立博物馆免费开放的问题和对策研究》,扬州大学硕士学位论文,2017年。
[34] 马树华:《中华民国政府的文物保护》,山东师范大学硕士学位论文,2000年。
[35] 郑滨:《1860—2009中国文物保护历程研究》,山东大学硕士学位论文,2010年。

(七)会议文献

[1] 吕建昌:《博物馆"社区"概念及社区博物馆》,中国博物馆百年学术研讨会,2005年。
[2] 宗苏琴:《互为依托 相得益彰——从扬州双博馆的实践看"博物馆与旅游"》,江苏省博物馆学会2010学术年会,2010年。

二、外文文献

[1] J. Lynne Teather. "The Museum Keepers: The Museums Association and the Growth of Museum Professionalism". *Museum Management and Curatorship*, Vol. 9, No. 1, March 1990.
[2] Des Griffin. "Museums-Governance, Management and Government: Or, Why are so many of the Apples on the Ground so far from the Tree?". *The International Journal of Management Education*, Vol.16, No.3, November

2018.

[3] Morten Lundbaek."Organization of Museums in Denmark and the 1984 Museum Act". *International Journal of Museum Management and Curatorship*, Vol. 4, No. 1, March 1985.

[4] Nevra Erturk."A Management Model for Archaeological Site Museums in Turkey". *Museum Management and Curatorship*, Vol.21, No.4, December 2006.

[5] Timothy Ambrose."The Development of the Scottish Museums Council 1984—94". *Museum Management and Curatorship*, Vol.14, December 1995.

[6] Luca Zan. "Management and the British Museum". *Museum Management and Curatorship*, Vol.18, No.3, September 2000.

[7] Susana López."The Cultural Policy of the European Community and its Influence on Museums". *Museum Management and Curatorship*, Vol.12, No.2, June 1993.

[8] Kelly Elizabeth Yasaitis."Collecting Culture and the British Museum". *Curator the Museum Journal*, Vol.49, No. 2, May 2010.

[9] Simon Roodhouse."Where is Museum Training in the United Kingdom Going Now?". *Museum Management and Curatorship*, Vol.17, No.3, September 1998.

[10] Julia D. Harrison."Ideas of Museums in the 1990s". *Museum Management and Curatorship*, Vol.13, No.2, June 1994.

[11] Zhiyong Yu, Xingshe Zhou, Zhiwen Yu, Jong Hyuk Park, Jianhua Ma. "iMuseum: A Scalable Context-aware Intelligent Museum System".*Computer Communications*, Vol.31, No.18, December 2008.

[12] Dalia Abdelaziz Elsorady."Assessment of the Compatibility of New Uses for Heritage Buildings: The Example of Alexandria National Museum, Alexandria".*Journal of Cultural Heritage*, Vol. 15, No.5, September–October 2014.

[13] Shih-Hsien Chin, Cheng Chen, Po-Chang Ko, Shih-Yang Lin."Design of Museum Advertisement Picture Management System based on Web". *Journal of Visual Communication and Image Representation*, Vol.63, August 2019.

[14] Miroslav Mudra. "Projected Automated Registration System for

Czechoslovak Museums". *Museum International (Edition Francaise)*, Vol. 30, Issue 3—4, January/December 1978.

[15] Flora Amato, Angelo Chianese, Antonino Mazzeo, Vincenzo Moscato, Francesco Piccialli. "The Talking Museum Project". *Procedia Computer Science*, Vol. 21, 2013.

[16] Jeroen De Reu, Gertjan Plets, Geert Verhoeven, Philippe De Smedt, Wim De Clercq. "Towards a Three-dimensional Cost-effective Registration of the Archaeological Heritage". *Journal of Archaeological Science*, Vol. 40, Issue. 2, February 2013.

三、其他

[1] 英国博物馆协会官网。
[2] 美国自然历史博物馆官网。
[3] 法国卢浮宫博物馆官网。
[4] 都灵埃及博物馆官网。
[5] 冬宫博物馆官网。
[6] 法国文化部官网。
[7] 日本文部科学省官网。
[8] 日本博物馆协会官网。
[9] 国立文化财机构官网。
[10] 东京国立博物馆官网。
[11] 中国文化遗产研究院官网。
[12] 中华人民共和国文化和旅游部官网。
[13] 国家文物局官网。
[14] 新华网。
[15] 中国历史文化遗产保护网。
[16] 中国产业信息网。
[17] 扬州博物馆官网。